한국어문회(한자능력검정회) 주관

한자능력 검정시험

한권으로 급수따기

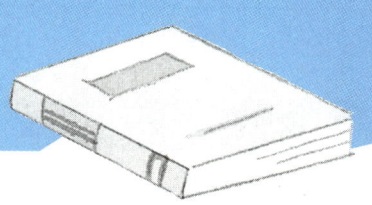

검정대비 시리즈 ④

개정된 출제 기준 완벽 대비(필순 문제)
배정 한자 500자 완전 문제화
풍부한 한자 쓰기 연습
유형별 한자 익히기, 확인평가
기출 예상문제 및 답안지 수록

5급

이 책의 구성과 특징

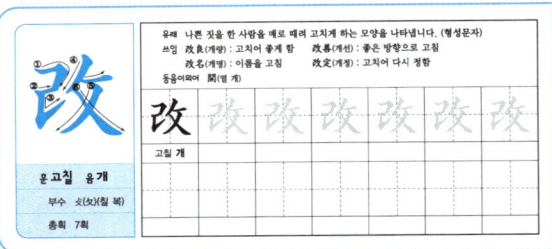

한자 배우기

5급에서 새로 배우게 될 한자 200자를 13단원으로 나누어 각 단원별로 훈과 음, 필순은 물론 글자의 유래와 쓰임, 상대어와 유의어 등을 함께 제시하여 한자를 재미있게 익히도록 하였습니다.

확인평가

각 단원별로 새롭게 배운 한자를 철저한 출제 경향 분석에 따른 실제 시험 형식에 따라 점검해보고 자신의 부족한 부분을 점검하고 보완하도록 합니다.

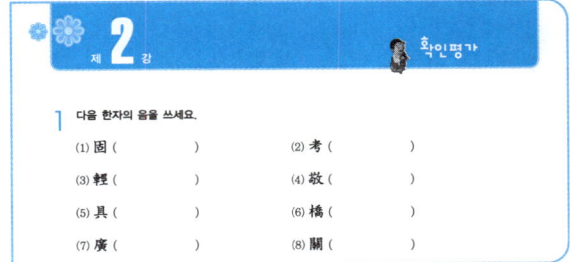

5급 배정 500자 다지기

별도의 한자 노트가 필요 없이 쓰기 연습을 충분히 할 수 있도록 5급 과정에 배정된 500자 한자를 다시 한 번 모아 익히도록 하였습니다.

한자 익히기

한자의 생성, 부수, 필순 등의 원리를 배우고 5급 한자 범위의 한자성어와 함께 반의어, 유의어, 비슷한 한자를 통해 더욱 실력을 다질 수 있으며 읽기 어려운 한자를 따로 정리하였습니다.

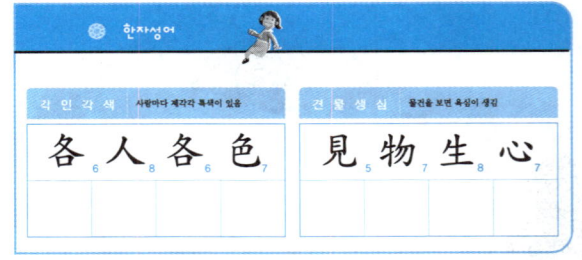

기출 예상문제

이미 출제된 문제를 충실히 분석하고 달라진 출제 기준에 따라 엄선된 예상문제를 실제 시험에서와 같이 마지막 점검을 하여 시험에 대한 자신감을 길러줍니다.

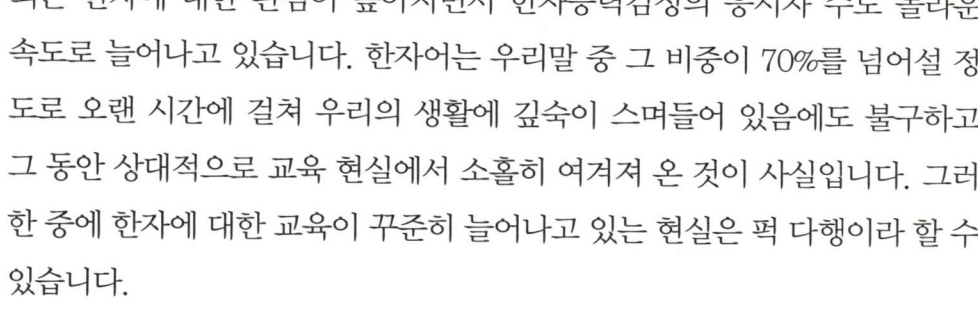
머리말

최근 한자에 대한 관심이 높아지면서 한자능력검정의 응시자 수도 놀라운 속도로 늘어나고 있습니다. 한자어는 우리말 중 그 비중이 70%를 넘어설 정도로 오랜 시간에 걸쳐 우리의 생활에 깊숙이 스며들어 있음에도 불구하고 그 동안 상대적으로 교육 현실에서 소홀히 여겨져 온 것이 사실입니다. 그러한 중에 한자에 대한 교육이 꾸준히 늘어나고 있는 현실은 퍽 다행이라 할 수 있습니다.

중국이 이미 세계 무대의 중심에 우뚝 서 한자 문화권이 넓게 형성되었으며 논술 시험의 비중이 높아져 한자의 이해가 그 어느 때보다 절실한 상황이며, 더욱이 우리말을 정확히 알고 구사하기 위해서라도 한자는 반드시 넘어야 할 산임을 정확히 알게 된 것입니다.

그리하여 한자능력검정시험이 국가 공인을 얻어 자격 취득시 초·중·고등 생활 기록부에 등재되고, 대학교 특례입학의 자격이 주어지고 있으며 공무원, 군인 등의 인사고과에 반영되며 입사시험에 필수 사항이나 우대 사항으로 대우를 해 주는 회사도 많이 늘어나고 있습니다.

이에 본 교재는 한국어문회에서 시행하는 국가공인 한자능력검정시험에 대비하여 새로이 개정 증면되어 한자의 기본을 더욱 튼튼히 하고 철저한 분석과 풍부한 예제로 이 한 권으로 자격증을 획득하기에 조금도 부족함이 없도록 하였습니다. 빠르게 변하고 필요한 정보가 더욱 요구되는 이 시기에 여러분들의 귀한 시간을 아껴드림과 아울러 정확한 합격의 길로 인도하여 드릴 것을 확신합니다.

한자능력검정시험 안내

한자능력검정시험 요강

- **주　　관** : (사)한국어문회 (☎ 02-1566-1400) (http://www.hanja.re.kr)
- **시　　행** : 한국한자능력검정회
- **시험일시** : 연 3회 – 교육급수 : 4, 7, 10월
  　　　　　　　　　 공인급수 : 5, 8, 11월
- **응시자격**
  - 제한없음, 능력에 맞게 급수를 선택하여 응시하면 됩니다.
  - 1급은 2급 합격자에 한하여 응시할 수 있고, 서울, 부산, 대구, 광주, 대전, 제주에서만 실시합니다.
- **접 수 처**
  - 서울 : (사)한국어문회 ☎ 02-1566-1400(서울교대 정문 맞은 편 교대벤처타워 501호)
  　　　　종로 이그젬센터[6서당] ☎ 02-730-6116(1호선 종각역 3번 출구 국세청 뒤)
  - 기타지역 : 한자능력검정시험 지역별 접수처 및 응시처 참조
- **접수시 준비물**
  반명함판사진 3매 / 응시료(현금) / 한자 이름 / 주민등록번호 / 급수증 수령주소

급수별 출제 유형

구 분	공인급수					교육급수					
	1급	2급	3급	3급Ⅱ	4급	4급Ⅱ	5급	6급	6급Ⅱ	7급	8급
읽기 배정 한자	3,500	2,355	1,817	1,400	1,000	750	500	300	300	150	50
쓰기 배정 한자	2,005	1,817	1,000	750	500	400	300	150	50	0	0
독음	50	45	45	45	30	35	35	33	32	32	24
훈음	32	27	27	27	22	22	23	22	29	30	24
장단음	10	5	5	5	5	0	0	0	0	0	0
반의어	10	10	10	10	3	3	3	3	2	2	0
완성형	15	10	10	10	5	5	4	3	2	2	0
부수	10	5	5	5	3	3	0	0	0	0	0
동의어	10	5	5	5	3	3	3	2	0	0	0
동음이의어	10	5	5	5	3	3	3	2	0	0	0
뜻풀이	10	5	5	5	3	3	3	2	2	2	0
필순	0	0	0	0	0	0	3	3	3	2	2
약자	3	3	3	3	3	3	3	0	0	0	0
한자쓰기	40	30	30	30	20	20	20	20	10	0	0

● 쓰기 배정 한자는 한두 급수 아래의 읽기 배정 한자이거나 그 범위 내에 있습니다.
● 출제 유형표는 기본 지침 자료로서, 출제자의 의도에 따라 차이가 있을 수 있습니다.

급수별 합격 기준

급수별 합격기준	8급	7급	6급Ⅱ	6급	5급	4급Ⅱ	4급	3급Ⅱ	3급	2급	1급
출제문항수	50	70	80	90	100	100	100	150	150	150	200
합격문항수	35	49	56	63	70	70	70	105	105	105	160
시험시간(분)				50					60		90

급수별 수준 및 대상

급수	수준 및 특성	권장대상
8급	• 읽기 50자, 쓰기 없음 • 유치원이나 초등학생의 학습 동기 부여를 위한 급수	초등학생
7급	• 읽기 150자, 쓰기 없음 • 한자 공부를 처음 시작하는 분을 위한 초급 단계	초등학생
6급Ⅱ	• 읽기 300자, 쓰기 50자 • 한자 쓰기를 시작하는 첫 급수	초등학생
6급	• 읽기 300자, 쓰기 150자 • 기초 한자 쓰기를 시작하는 급수	초등학생
5급	• 읽기 500자, 쓰기 300자 • 학습용 한자 쓰기를 시작하는 급수	초등학생
4급Ⅱ	• 읽기 750자, 쓰기 400자 • 5급과 4급의 격차를 해소하기 위한 급수	초등학생
4급	• 읽기 1000자, 쓰기 500자 • 초급에서 중급으로 올라가는 급수	초등학생
3급Ⅱ	• 읽기 1,000자, 쓰기 750자 • 4급과 3급의 격차를 해소하기 위한 급수	중학생
3급	• 읽기 1,817자, 쓰기 1,000자 • 신문 또는 일반 교양어를 읽을 수 있는 수준	고등학생
2급	• 읽기 2,355자, 쓰기 1,817자 • 일상 한자어를 구사할 수 있는 수준	대학생·일반인
1급	• 읽기 3,500자, 쓰기 2,005자 • 국한 혼용 고전을 불편없이 읽고, 공부할 수 있는 수준	대학생·일반인

자격 취득시 혜택

1. 초·중·고등학생 생활기록부 등재
2. 대학 수시모집 및 특기자 전형 지원
3. 대입면접 가산·학점반영·졸업인증
4. 기업체 인사·승진·인사고과 반영

◯ 초·중·고등학생 생활기록부 등재[자세히]

구분	효력	생활기록부 등재란	관련 규정
1급~4급	국가공인자격증	'자격증' 란	교육부 훈령 제616호 11조
4급Ⅱ~8급	민간자격증	'세부사항' 란	교육부 훈령 제616호 18조

● 생활기록부의 '세부사항' 등재(4Ⅱ~8급)는 교육부 훈령의 권장 사항으로, 각급 학교 재량에 따릅니다.

5급 신출한자 (200자)

可 옳을 가	10	觀 볼 관	21	都 도읍 도	35	法 법 법	50
加 더할 가	10	廣 넓을 광	21	獨 홀로 독	36	變 변할 변	50
價 값 가	10	橋 다리 교	22	落 떨어질 락	36	兵 병사 병	50
改 고칠 개	11	具 갖출 구	22	朗 밝을 랑	36	福 복 복	51
客 손 객	11	救 구원할 구	22	冷 찰 랭	37	奉 받들 봉	51
去 갈 거	11	舊 예 구	26	良 어질 량	37	比 견줄 비	51
擧 들 거	12	局 판 국	26	量 헤아릴 량	37	費 쓸 비	52
件 물건 건	12	貴 귀할 귀	26	旅 나그네 려	38	鼻 코 비	52
建 세울 건	12	規 법 규	27	歷 지날 력	38	氷 얼음 빙	52
健 굳셀 건	13	給 줄 급	27	練 익힐 련	38	士 선비 사	53
格 격식 격	13	己 몸 기	27	令 하여금 령	42	仕 섬길 사	53
見 볼 견	13	汽 물끓는김 기	28	領 거느릴 령	42	史 사기 사	53
決 결단할 결	14	技 재주 기	28	勞 일할 로	42	思 생각 사	54
結 맺을 결	14	基 터 기	28	料 헤아릴 료	43	査 조사할 사	54
景 볕 경	14	期 기약할 기	29	流 흐를 류	43	寫 베낄 사	54
敬 공경 경	18	吉 길할 길	29	類 무리 류	43	産 낳을 산	58
輕 가벼울 경	18	念 생각 념	29	陸 뭍 륙	44	相 서로 상	58
競 다툴 경	18	能 능할 능	30	馬 말 마	44	商 장사 상	58
告 고할 고	19	團 둥글 단	30	末 끝 말	44	賞 상줄 상	59
考 생각할 고	19	壇 단 단	30	亡 망할 망	45	序 차례 서	59
固 굳을 고	19	談 말씀 담	34	望 바랄 망	45	仙 신선 선	59
曲 굽을 곡	20	當 마땅 당	34	買 살 매	45	船 배 선	60
課 공부할 과	20	德 큰 덕	34	賣 팔 매	46	善 착할 선	60
過 지날 과	20	到 이를 도	35	無 없을 무	46	鮮 고울 선	60
關 관계할 관	21	島 섬 도	35	倍 곱 배	46	選 가릴 선	61

說 말씀 설	61
性 성품 성	61
洗 씻을 세	62
歲 해 세	62
束 묶을 속	62
首 머리 수	66
宿 잘 숙	66
順 순할 순	66
示 보일 시	67
識 알 식	67
臣 신하 신	67
實 열매 실	68
兒 아이 아	68
惡 악할 악	68
案 책상 안	69
約 맺을 약	69
養 기를 양	69
魚 고기 어	70
漁 고기잡을 어	70
億 억 억	70
熱 더울 열	74
葉 잎 엽	74
屋 집 옥	74
完 완전할 완	75
要 요긴할 요	75
曜 빛날 요	75
浴 목욕할 욕	76
友 벗 우	76
牛 소 우	76
雨 비 우	77
雲 구름 운	77
雄 수컷 웅	77
元 으뜸 원	78
願 원할 원	78
原 언덕 원	78
院 집 원	82
位 자리 위	82
偉 클 위	82
以 써 이	83
耳 귀 이	83
因 인할 인	83
任 맡길 임	84
財 재물 재	84
材 재목 재	84
再 두 재	85
災 재앙 재	85
爭 다툴 쟁	85
貯 쌓을 저	86
的 과녁 적	86
赤 붉을 적	86
典 법 전	90
傳 전할 전	90
展 펼 전	90
切 끊을 절	91
節 마디 절	91
店 가게 점	91
情 뜻 정	92
停 머무를 정	92
調 고를 조	92
操 잡을 조	93
卒 마칠 졸	93
種 씨 종	93
終 마칠 종	94
罪 허물 죄	94
州 고을 주	94
週 주일 주	98
止 그칠 지	98
知 알 지	98
質 바탕 질	99
着 붙을 착	99
參 참여할 참	99
唱 부를 창	100
責 꾸짖을 책	100
鐵 쇠 철	100
初 처음 초	101
最 가장 최	101
祝 빌 축	101
充 찰 충	102
致 이를 치	102
則 법칙 칙	102
打 칠 타	106
他 다를 타	106
卓 높을 탁	106
炭 숯 탄	107
宅 집 택	107
板 널 판	107
敗 패할 패	108
品 물건 품	108
必 반드시 필	108
筆 붓 필	109
河 물 하	109
寒 찰 한	109
害 해할 해	110
許 허락할 허	110
湖 호수 호	110
化 될 화	111
患 근심 환	111
效 본받을 효	111
凶 흉할 흉	112
黑 검을 흑	112

이 책의 순서

5급

 **한자 익히기**

- 1강_ 可 加 價 改 客 去 擧 件 建 健 格 見 決 結 景 009
- 2강_ 敬 輕 競 告 考 固 曲 課 過 關 觀 廣 橋 具 救 017
- 3강_ 舊 局 貴 規 給 己 汽 技 基 期 吉 念 能 團 壇 025
- 4강_ 談 當 德 到 島 都 獨 落 朗 冷 良 量 旅 歷 練 033
- 5강_ 令 領 勞 料 流 類 陸 馬 末 亡 望 買 賣 無 倍 041
- 6강_ 法 變 兵 福 奉 比 費 鼻 氷 士 仕 史 思 査 寫 049
- 7강_ 産 相 商 賞 序 仙 船 善 鮮 選 說 性 洗 歲 束 057
- 8강_ 首 宿 順 示 識 臣 實 兒 惡 案 約 養 魚 漁 億 065
- 9강_ 熱 葉 屋 完 要 曜 浴 友 牛 雨 雲 雄 元 願 原 073
- 10강_ 院 位 偉 以 耳 因 任 財 材 再 災 爭 貯 的 赤 081
- 11강_ 典 傳 展 切 節 店 情 停 調 操 卒 種 終 罪 州 089
- 12강_ 週 止 知 質 着 參 唱 責 鐵 初 最 祝 充 致 則 097
- 13강_ 打 他 卓 炭 宅 板 敗 品 必 筆 河 寒 害 許 湖 105
  化 患 效 凶 黑

부록

- 5급 한자 500자 다지기 116
- 육서 익히기 158
- 부수 익히기 160
- 필순 익히기 163
- 약자/상대어·반의어/유의어/모양이 닮은 한자 164
- 한자성어 170
- 주의하여 읽기 180

 **시험대비**

- 기출 예상문제(4회) 181
- 답안지 양식(4회) 189
- 정답(확인평가 13회, 기출 예상문제 4회) 197

한 . 자 . 능 . 력 . 검 . 정

한자 배우기

5급

제 1강

可 옳을 가	加 더할 가
價 값 가	改 고칠 개
客 손객	去 갈 거
健 굳셀 건	格 격식 격
決 결단할 결	結 맺을 결

擧 들 거	件 물건 건	建 세울 건
	見 볼 견	
	景 볕 경	

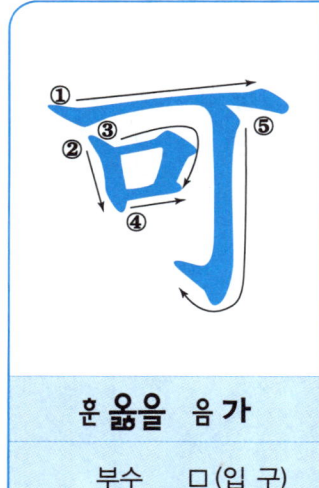

- 훈 옳을 음 가
- 부수 口(입 구)
- 총획 5획

- 유래 웃을 때 숨이 막히지 않고 목구멍으로 나오듯 쾌히 허락한다는 뜻입니다.
- 쓰임 可觀(가관) : 가히 볼 만함   可能(가능) : 할 수 있음
         可當(가당) : 합당함   不可(불가) : 할 수 없음
- 유의어 能(능할 능)
- 동음이의어 家(집 가), 歌(노래 가), 價(값 가), 加(더할 가)

可 可 可 可 可 可

옳을 가

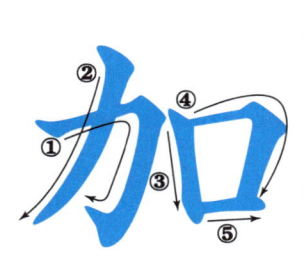

- 훈 더할 음 가
- 부수 力(힘 력)
- 총획 5획

- 유래 팔의 힘만이 아니라 입으로도 힘을 내도록 소리 지른다는 뜻입니다.
- 쓰임 加速(가속) : 속력을 올림   加重(가중) : 무게를 증가함
         加入(가입) : 단체나 조직에 들어감   倍加(배가) : 갑절로 늘어남
- 비슷한 글자 功(공 공)

加 加 加 加 加 加

더할 가

- 훈 값 음 가
- 부수 亻(人)(사람 인)
- 총획 15획

- 유래 사람이 가게에서 물건을 사고 판다는 뜻입니다.
- 쓰임 價格(가격) : 물건의 값   定價(정가) : 정해진 가격
         物價(물가) : 상품들의 가격 동향   高價(고가) : 비싼 가격
- 약자 価

價 價 價 價 價 價

값 가

훈 고칠 음 개

부수 攴(攵)(칠 복)

총획 7획

- ✿ 유래 나쁜 짓을 한 사람을 매로 때려 고치게 하는 모양을 나타냅니다.
- ✿ 쓰임 改良(개량) : 고치어 좋게 함   改善(개선) : 좋은 방향으로 고침
  改名(개명) : 이름을 고침   改定(개정) : 고치어 다시 정함
- ✿ 동음이의어 開(열 개)

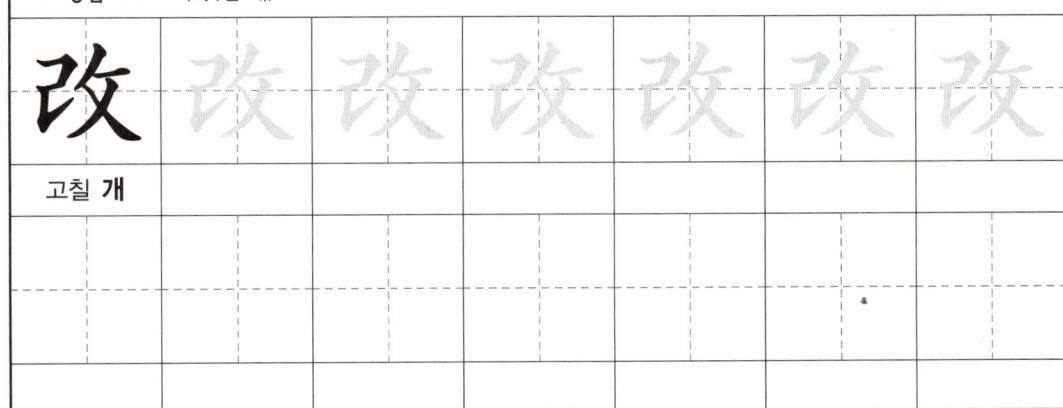

고칠 개

훈 손 음 객

부수 宀(집 면)

총획 9획

- ✿ 유래 찾아온 사람이 집안에 머무르며 말하는 모양으로 손님을 뜻합니다.
- ✿ 쓰임 客室(객실) : 손님이 드는 방   客地(객지) : 고향이 아닌 다른 곳
  觀客(관객) : 구경하는 사람   客觀的(객관적) : 보편타당한 시각
- ✿ 비슷한 글자 各(각각 각)

손 객

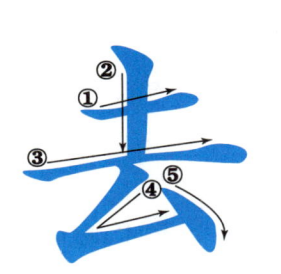

훈 갈 음 거

부수 厶(사사 사)

총획 5획

- ✿ 유래 사람이 밥을 먹고 떠나는 모습을 나타냅니다.
- ✿ 쓰임 過去(과거) : 지나간 시간   去來所(거래소) : 사고파는 장소
- ✿ 반의어 來(올 래)
- ✿ 유의어 過(지날 과)

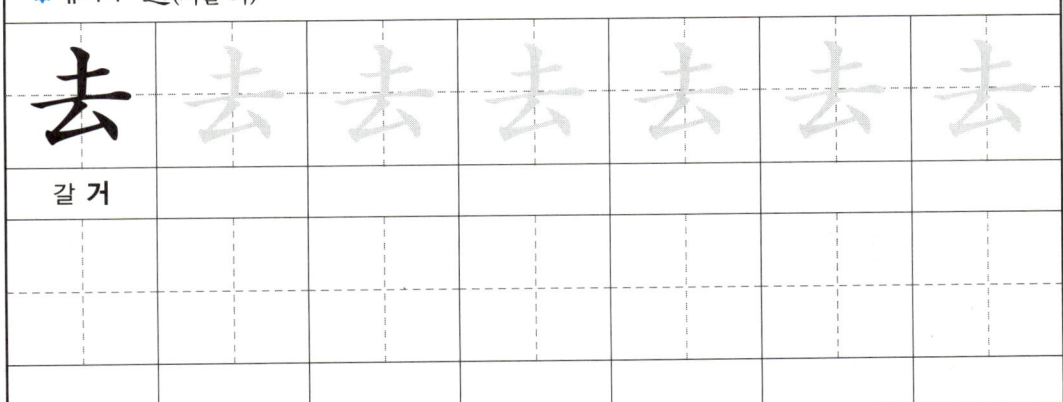

갈 거

- 훈 들 음 거
- 부수 手(손 수)
- 총획 18획

- 유래 여럿이 손을 모아 물건을 드는 모양을 나타냅니다.
- 쓰임 擧手(거수) : 손을 듦   擧國(거국) : 온 나라
        擧行(거행) : 시행함   擧事(거사) : 큰 일을 일으킴
- 약자 挙

擧 擧 擧 擧 擧 擧

들 거

- 훈 물건 음 건
- 부수 亻(人)(사람 인)
- 총획 6획

- 유래 사람이 소를 잡고 있는 모양으로 소는 '버려 둘 수 없는 것'을 나타냅니다.
- 쓰임 事件(사건) : 문제가 되는 일   件數(건수) : 사건의 수
        要件(요건) : 요긴한 일이나 조건   物件(물건) : 사고파는 물품
- 유의어 物(물건 물), 品(물건 품)

件 件 件 件 件 件

물건 건

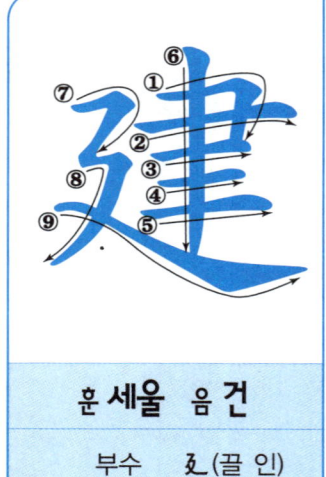

- 훈 세울 음 건
- 부수 廴(끌 인)
- 총획 9획

- 유래 붓을 세워 방위, 지세를 확인하고 장소를 정했듯이 세운다는 의미입니다.
- 쓰임 建國(건국) : 나라를 세움   再建(재건) : 다시 세움
        建物(건물) : 사람이 살기 위해 세운 건축물   建軍(건군) : 군대를 창설함
- 비슷한 글자 健(굳셀 건)

建 建 建 建 建 建

세울 건

012 한자 배우기 제1강

- 훈 굳셀 음 건
- 부수 亻(人)(사람 인)
- 총획 11획

✿ 유래 사람이 글자를 줄줄 쓰는 것처럼, 거침없이 자라는 모양에서 '건강하다'라는 뜻을 나타냅니다.
✿ 쓰임 健全(건전) : 튼튼하고 온전함   健實(건실) : 건전하고 착실함
　　　　健在(건재) : 건강하게 있음   健兒(건아) : 씩씩하고 굳센 사나이

健 — 굳셀 건

- 훈 격식 음 격
- 부수 木(나무 목)
- 총획 10획

✿ 유래 나무에서 뻗어 나가는 가지는 일정한 형식에 따라 뻗어 나간다는 뜻입니다.
✿ 쓰임 格上(격상) : 격을 올림   格式(격식) : 격에 맞는 양식
　　　　性格(성격) : 특유한 성질   格言(격언) : 속담이나 금언
✿ 비슷한 글자 路(길 로)

格 — 격식 격

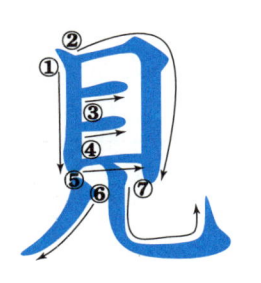

- 훈 볼 음 견(뵈올 현)
- 부수 見(볼 견)
- 총획 7획

✿ 유래 사람 위에 큰 눈이 붙어 있는 모양으로 '보다'라는 뜻입니다.
✿ 쓰임 見聞(견문) : 보고 들음   見學(견학) : 실제로 보고 배움
　　　　意見(의견) : 어떤 일에 대한 생각   發見(발견) : 새로 찾아 냄
✿ 비슷한 글자 具(갖출 구)

見 — 볼 견

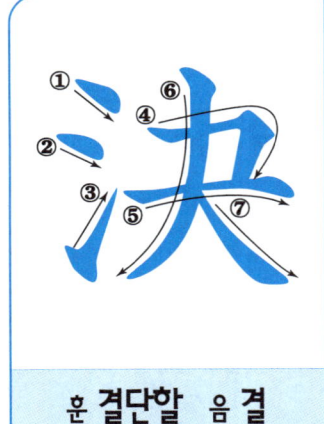

- 훈 **결단할** 음 **결**
- 부수 氵(水)(물 수)
- 총획 7획

● 유래 물이 흐르도록 둑을 터서 물꼬를 터 놓는다는 뜻입니다.
● 쓰임 決心(결심) : 마음을 굳게 작정함   決戰(결전) : 승부를 결판내는 싸움
　　　決然(결연) : 꿋꿋한 태도   對決(대결) : 맞서 싸움
● 유의어 定(정할 정)

決 決 決 決 決 決
결단할 **결**

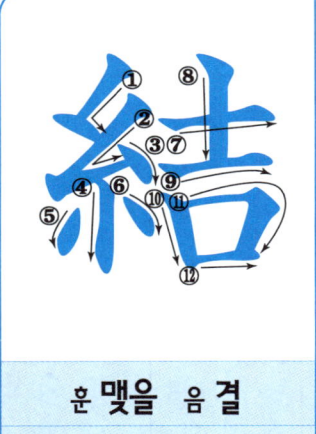

- 훈 **맺을** 음 **결**
- 부수 糸(실 사)
- 총획 12획

● 유래 그릇의 뚜껑을 실로 단단히 묶는 것에서 '맺다'라는 뜻을 나타냅니다.
● 쓰임 結果(결과) : 어떤 일의 결말   結成(결성) : 단체를 만듦
　　　結束(결속) : 하나로 뭉침   結末(결말) : 일의 끝
● 비슷한 글자 終(마칠 종)

結 結 結 結 結 結
맺을 **결**

- 훈 **볕** 음 **경**
- 부수 日(날 일)
- 총획 12획

● 유래 높이 뜬 해가 궁전을 밝게 비친다는 데서 '빛'을 뜻합니다.
● 쓰임 光景(광경) : 일이 벌어지는 장면   景致(경치) : 아름다운 모습
　　　夜景(야경) : 밤의 경치   景觀(경관) : 빼어난 경치
● 유의어 陽(볕 양)   ● 비슷한 글자 量(헤아릴 양)

景 景 景 景 景 景
볕 **경**

제 **1** 강 확인평가

1 다음 한자의 음을 쓰세요.

(1) 價 (　　　　)   (2) 客 (　　　　)

(3) 去 (　　　　)   (4) 件 (　　　　)

(5) 健 (　　　　)   (6) 見 (　　　　)

(7) 改 (　　　　)   (8) 加 (　　　　)

(9) 景 (　　　　)   (10) 結 (　　　　)

2 다음 뜻에 맞는 한자를 例에서 골라 기호를 쓰세요.

> 例
> ① 可　　② 價　　③ 客　　④ 擧　　⑤ 件
> ⑥ 建　　⑦ 格　　⑧ 決　　⑨ 結　　⑩ 景

(1) 옳다 (　　　　)   (2) 결단하다 (　　　　)

(3) 들다 (　　　　)   (4) 세우다 (　　　　)

(5) 격식 (　　　　)   (6) 손님 (　　　　)

3 다음 음과 뜻에 맞는 한자를 쓰세요.

(1) 맺을 결 (　　　　)   (2) 고칠 개 (　　　　)

(3) 값 가 (　　　　)   (4) 굳셀 건 (　　　　)

제1강 - 확인평가

4 다음 한자어의 음을 쓰세요.

(1) 擧手 (   )   (2) 景致 (   )

(3) 參見 (   )   (4) 結成 (   )

(5) 定價 (   )   (6) 改善 (   )

(7) 建國 (   )   (8) 合格 (   )

(9) 許可 (   )   (10) 客地 (   )

(11) 事件 (   )

5 다음 음과 뜻에 맞는 한자어를 한자로 쓰세요.

(1) 결심 : 마음을 결정함 (   )

(2) 참가 : 모임이나 단체에 참석하거나 가입함. (   )

(3) 거래 : 물건을 사고 파는 일 (   )

(4) 건아 : 튼튼하고 건장한 사내 (   )

6 다음 문장의 밑줄 친 한자어를 한자로 쓰세요.

(1) 이번 국회의원 선거에도 국민들의 참여가 높지 않았습니다. (   )

(2) 이 물건의 값은 얼마입니까? (   )

(3) 과거에 비해 우리는 경제적인 풍요를 누리고 있다. (   )

한.자.능.력.검.정

한자 배우기

5급

제 2강

한자	훈음
敬	공경 경
輕	가벼울 경
競	다툴 경
告	고할 고
考	생각할 고
固	굳을 고
曲	굽을 곡
課	공부할 과
過	지날 과
關	관계할 관
觀	볼 관
廣	넓을 광
橋	다리 교
具	갖출 구
救	구원할 구

- 훈 **공경** 음 **경**
- 부수 攵(攴)(칠 복)
- 총획 13획

- 유래 참된 마음을 가지고자 스스로를 채찍질한다는 뜻입니다.
- 쓰임 敬老(경로) : 어른을 공경함 敬語(경어) : 높임말
  敬禮(경례) : 인사함 敬愛(경애) : 공경하고 사랑함
- 동음이의어 京(서울 경), 景(볕 경), 輕(가벼울 경), 競(다툴 경)

敬 | 敬 | 敬 | 敬 | 敬 | 敬

공경 **경**

- 훈 **가벼울** 음 **경**
- 부수 車(수레 거)
- 총획 14획

- 유래 수레(車)가 좁은 길을 빨리 달린다는 데서 '가볍다'는 뜻을 나타냅니다.
- 쓰임 輕重(경중) : 무겁고 가벼움 輕油(경유) : 끓는점이 높은 기름
  輕視(경시) : 가볍게 여김 輕減(경감) : 덜어서 가볍게 함
- 약자 軽
- 반의어 重(무거울 중)

輕 | 輕 | 輕 | 輕 | 輕 | 輕

가벼울 **경**

- 훈 **다툴** 음 **경**
- 부수 立(설 립)
- 총획 20획

- 유래 두 사람이 마주 보고 서서 말로 '다툰다'는 뜻을 나타냅니다.
- 쓰임 競馬(경마) : 말을 타고 하는 경주 競技(경기) : 서로 겨루는 일
  競走(경주) : 달리기를 겨룸 競合(경합) : 서로 맞서 겨룸
- 유의어 爭(다툴 쟁)

競 | 競 | 競 | 競 | 競 | 競

다툴 **경**

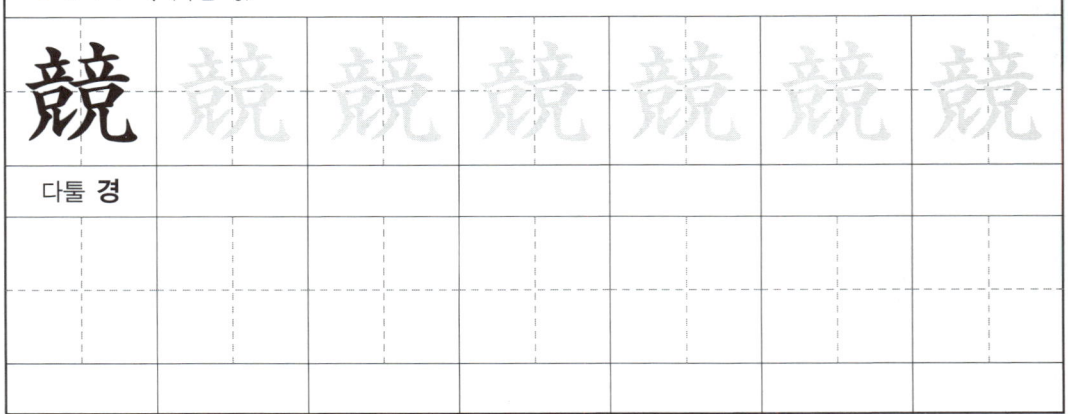

- 유래   소를 제물로 바쳐서 바라는 바를 신에게 '알린다'는 뜻을 나타냅니다.
- 쓰임   告白(고백) : 속마음을 털어 놓음   公告(공고) : 일반에 널리 알림
  廣告(광고) : 널리 알림   告別(고별) : 이별을 고함
- 동음이의어   固(굳을 고), 高(높을 고), 考(생각할 고), 苦(쓸 고), 古(예 고)

告   告   告   告   告   告

고할 고

훈 고할   음 고
부수   口(입 구)
총획   7획

- 유래   나이가 들면 어떤 일을 깊이 생각하게 되므로 '생각한다'는 뜻을 나타냅니다.
- 쓰임   長考(장고) : 오래 생각함   考案(고안) : 연구하여 생각해 냄
  思考(사고) : 생각함   考査(고사) : 시험을 치름
- 유의어   思(생각 사)

考   考   考   考   考   考

생각할 고

훈 생각할   음 고
부수   耂(늙을 로)
총획   6획

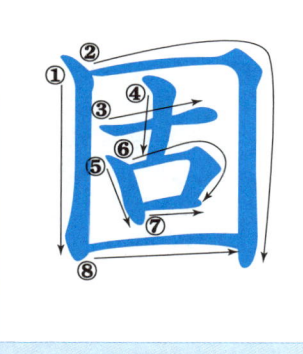

- 유래   오래 된 성벽은 튼튼하다는 데서 '굳다'는 뜻을 나타냅니다.
- 쓰임   固有(고유) : 본디부터 지닌 특별한 것   固體(고체) : 일정한 형태로 굳은 물체
  固定(고정) : 일정한 상태로 변하지 않음   固着(고착) : 굳어져 변하지 않음
- 비슷한 글자   因(인할 인)

固   固   固   固   固   固

굳을 고

훈 굳을   음 고
부수   口(나라 국)
총획   8획

- 훈 굽을 음 곡
- 부수 曰(가로 왈)
- 총획 6획

- 유래 대나무나 싸리나무를 구부려서 만든 광주리 모양을 본 떠 만든 글자입니다.
- 쓰임 作曲(작곡) : 악곡을 지음 名曲(명곡) : 널리 알려진 노래
  曲目(곡목) : 악곡의 이름 曲線(곡선) : 부드럽게 굽은 선
- 반의어 直(곧을 직)
- 유의어 歌(노래 가)

曲 굽을 곡

- 훈 공부할(과정) 음 과
- 부수 言(말씀 언)
- 총획 15획

- 유래 공부한 결과에 대하여 말로 물어 본다고 하여 '시험하다'는 뜻을 나타냅니다.
- 쓰임 課題(과제) : 부과된 문제 日課(일과) : 날마다 일정하게 하는 일
  課外(과외) : 정해진 교육 과정 밖 公課金(공과금) : 관청에 내는 세금
- 비슷한 글자 果(실과 과)

課 공부할 과

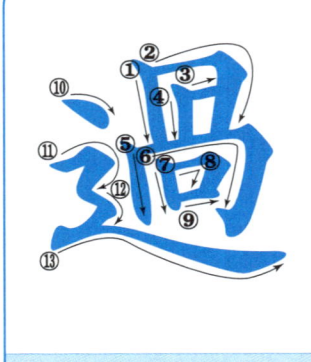

- 훈 지날 음 과
- 부수 辶(쉬엄쉬엄갈 착)
- 총획 13획

- 유래 입이 비뚤어진 사람의 말이 잘못 나가 '허물'을 나타냅니다.
- 쓰임 過去(과거) : 지나간 때 功過(공과) : 공로와 과실
  過勞(과로) : 무리하게 일을 함 過多(과다) : 지나치게 많음
- 유의어 去(갈 거)

過 지날 과

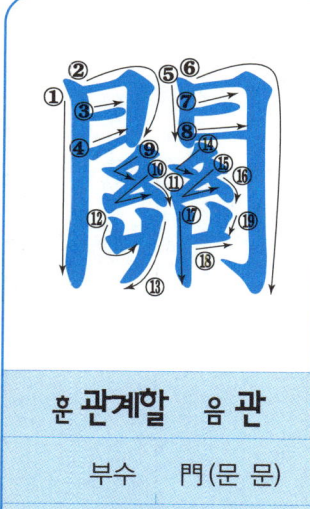

- 유래 문을 걸어 잠근다는 뜻을 나타냅니다.
- 쓰임 關門(관문) : 중요한 길목   關心(관심) : 마음이 끌림
       通關(통관) : 세관을 통과함   關與(관여) : 어떤 일에 관계함
- 약자 関

關 관계할 관

훈 관계할 음 관
부수 門(문 문)
총획 19획

- 유래 황새(雚)가 먹이를 찾기 위해 자세히 '본다' 는 뜻을 나타냅니다.
- 쓰임 觀光(관광) : 여행   觀客(관객) : 구경하는 사람
       觀望(관망) : 형세를 바라봄 觀念的(관념적) : 사실성이 없고, 추상적임
- 약자 观

觀 볼 관

훈 볼 음 관
부수 見(볼 견)
총획 25획

- 유래 누런 빛의 땅(黃)처럼 넓은 집(广)이라는 데서 '넓다' 의 뜻이 되었습니다.
- 쓰임 廣大(광대) : 넓고 큼   廣告(광고) : 세상에 널리 알림
       廣場(광장) : 넓은 곳   廣野(광야) : 넓은 벌판
- 약자 広   - 동음이의어 光(빛 광)

廣 넓을 광

훈 넓을 음 광
부수 广(집 엄)
총획 15획

- 훈 다리 음 교
- 부수 木(나무 목)
- 총획 16획

- 유래 개울에 나무(木)를 높게 걸쳐 놓은 모양으로 '다리'를 나타냅니다.
- 쓰임 大橋(대교) : 규모가 큰 다리   陸橋(육교) : 도로를 가로지른 다리
  鐵橋(철교) : 기차가 다니는 다리
- 동음이의어 交(사귈 교), 校(학교 교), 敎(가르칠 교)

橋 橋 橋 橋 橋 橋
다리 교

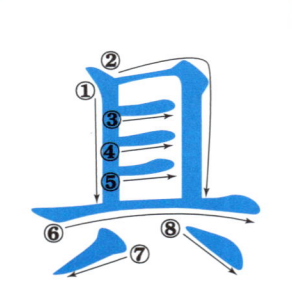

- 훈 갖출 음 구
- 부수 八(여덟 팔)
- 총획 8획

- 유래 양손에 돈(貝)을 들고 있다는 것을 나타냅니다.
- 쓰임 具色(구색) : 골고루 갖춤   家具(가구) : 가재 도구
  器具(기구) : 간단한 기계나 도구   具現(구현) : 구체적으로 나타냄
- 유의어 備(갖출 비)   ✿ 동음이의어 球(공 구), 區(구분할 구), 九(아홉 구)

갖출 구

- 훈 구원할 음 구
- 부수 攵(攴)(칠 복)
- 총획 11획

- 유래 도와 주기를 바라는(求) 사람을 구하여 이끌어 준다(攵)는 뜻을 나타냅니다.
- 쓰임 救國(구국) : 나라를 구함   救出(구출) : 구해 냄
  救命(구명) : 생명을 구함   救民(구민) : 사람들을 구해 냄
- 비슷한 글자 球(공 구)

구원할 구

제 2 강 확인평가

1 다음 한자의 음을 쓰세요.

(1) 固 (　　　)　　(2) 考 (　　　)

(3) 輕 (　　　)　　(4) 敬 (　　　)

(5) 具 (　　　)　　(6) 橋 (　　　)

(7) 廣 (　　　)　　(8) 關 (　　　)

(9) 課 (　　　)　　(10) 曲 (　　　)

2 다음 뜻에 맞는 한자를 例에서 골라 기호를 쓰세요.

> 例
> ① 敬　② 競　③ 告　④ 曲　⑤ 課
> ⑥ 過　⑦ 觀　⑧ 廣　⑨ 橋　⑩ 救

(1) 공경 (　　　)　　(2) 굽다 (　　　)

(3) 다리 (　　　)　　(4) 구원하다 (　　　)

(5) 다투다 (　　　)　　(6) 넓다 (　　　)

3 다음 음과 뜻에 맞는 한자를 쓰세요.

(1) 공부할 과 (　　　)　　(2) 가벼울 경 (　　　)

(3) 관계할 관 (　　　)　　(4) 갖출 구 (　　　)

4 다음 한자어의 음을 쓰세요.

(1) 敬老 (   )   (2) 關心 (   )

(3) 固體 (   )   (4) 考査 (   )

(5) 大橋 (   )   (6) 家具 (   )

(7) 告白 (   )   (8) 過去 (   )

(9) 觀光 (   )   (10) 競走 (   )

(11) 課外 (   )

5 다음 음과 뜻에 맞는 한자어를 한자로 쓰세요.

(1) 작곡 : 악곡을 지음 (   )

(2) 광야 : 넓은 들 (   )

(3) 경시 : 가볍게 봄 (   )

(4) 구명 : 목숨을 구해 줌 (   )

6 다음 문장의 밑줄 친 한자어를 한자로 쓰세요.

(1) 서커스를 보니 관객들이 구름처럼 몰려들었다. (   )

(2) 63빌딩에서 내려다본 서울의 야경은 매우 아름답다. (   )

(3) 영희는 필기구를 사러 문방구에 갔다. (   )

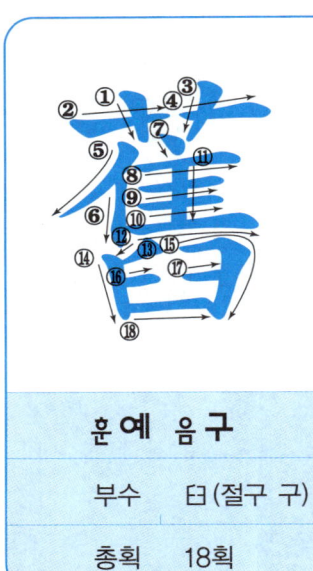

- 유래 풀(艹)을 새(隹)가 물어다가 절구(臼) 모양의 둥지를 만드는 데 오래 걸린다는 의미
- 쓰임 舊面(구면) : 본 적이 있음 　舊式(구식) : 옛날 방식
　　　　親舊(친구) : 친하게 사귀는 벗 　舊屋(구옥) : 오래된 집
- 약자 旧
- 반의어 新(새 신)

舊 舊 舊 舊 舊 舊
예 구

훈 예　음 구
부수　臼(절구 구)
총획　18획

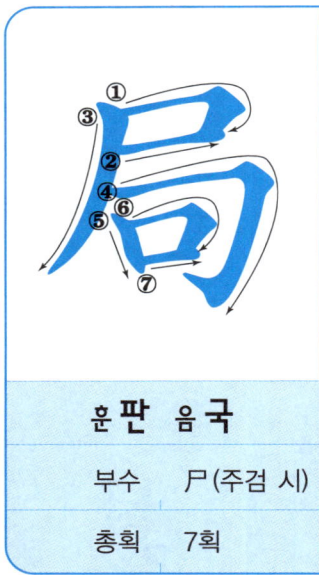

- 유래 자(尺)로 재듯이 원칙에 따라 말(口)을 하고 일을 처리한다는 뜻을 나타냅니다.
- 쓰임 局面(국면) : 일이 되어가는 형편　結局(결국) : 마침내
　　　　時局(시국) : 사회의 안팎 사정　局番(국번) : 전화국의 번호
- 비슷한 글자 屋(집 옥), 居(있을 거)
- 동음이의어 國(나라 국)

局 局 局 局 局 局
판 국

훈 판　음 국
부수　尸(주검 시)
총획　7획

- 유래 양 손(虫)에 돈(貝)을 담아 간직하였다는 데서 유래되었습니다.
- 쓰임 貴下(귀하) : 상대편을 높이는 말　貴族(귀족) : 상류 계층
　　　　品貴(품귀) : 물건이 귀함　貴中(귀중) : 단체를 높여 부르는 말
- 비슷한 글자 責(꾸짖을 책)

貴 貴 貴 貴 貴 貴
귀할 귀

훈 귀할　음 귀
부수　貝(조개 패)
총획　12획

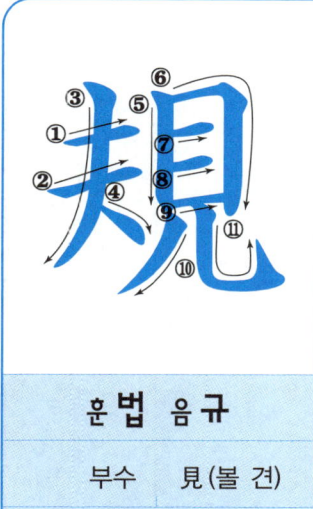

- 유래 훌륭한 사내(夫)는 사물을 올바로 본다(見)는 데서 '바르다'의 뜻을 나타냅니다.
- 쓰임 規則(규칙): 지키기로 한 질서   規定(규정): 정해진 규칙
         規約(규약): 협의하여 정한 규칙   規格(규격): 규정에 맞는 형식
- 유의어 則(법 칙)

規 規 規 規 規 規 規

법 규

훈 법 음 규
부수 見(볼 견)
총획 11획

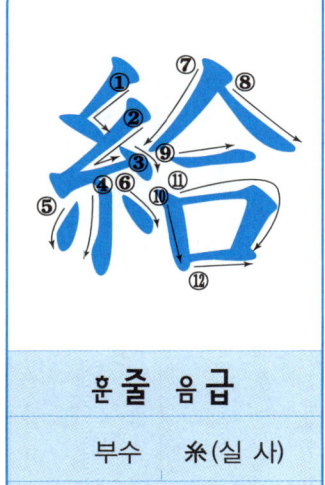

- 유래 실(糸)을 이어서 길고 넉넉하게 한다는 것을 나타냅니다.
- 쓰임 給食(급식): 음식을 배급함   月給(월급): 노동에 대한 삯
         給油(급유): 기름을 넣음   發給(발급): 발행하여 줌
- 비슷한 글자 約(맺을 약)

給 給 給 給 給 給 給

줄 급

훈 줄 음 급
부수 糸(실 사)
총획 12획

- 유래 사람의 척추 마디 모양을 나타냅니다.
- 쓰임 自己(자기): 자기 자신   利己(이기): 자기 이익만 꾀함
         知己(지기): 참다운 친구
- 유의어 身(몸 신), 體(몸 체)   - 동음이의어 記(기록할 기), 氣(기운 기), 旗(기 기)

己 己 己 己 己 己 己

몸 기

훈 몸 음 기
부수 己(몸 기)
총획 3획

한자검정능력 5급 **027**

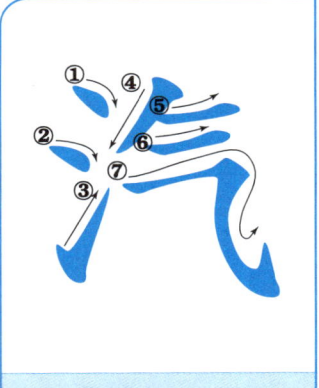

- 훈 물끓는김 음 기
- 부수 氵(水)(물 수)
- 총획 7획

- 유래 공중에 떠 있는 수증기의 모양을 본뜬 글자입니다.
- 쓰임 汽車(기차) : 철도 차량
  汽船(기선) : 증기 기관으로 가는 배
- 비슷한 글자 氣(기운 기)

물끓는김 기

- 훈 재주 음 기
- 부수 扌(手)(손 수)
- 총획 7획

- 유래 손(手)으로 헤아리는(支) 재주가 있다는 것을 나타냅니다.
- 쓰임 技能(기능) : 기술적인 재능   技術(기술) : 어떤 일을 해내는 솜씨
  技士(기사) : 기술이 공인된 사람   特技(특기) : 특별한 재능이나 기술
- 유의어 術(재주 술)

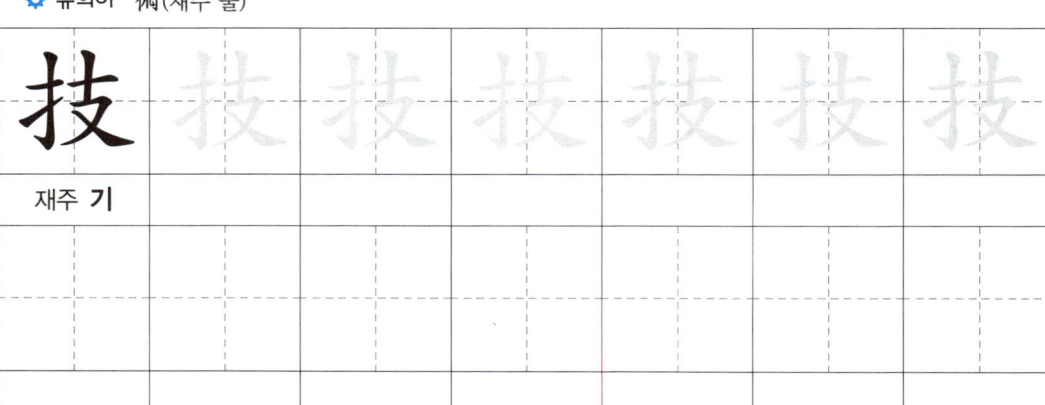

재주 기

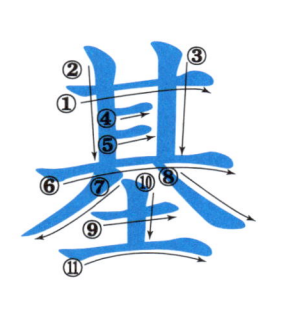

- 훈 터 음 기
- 부수 土(흙 토)
- 총획 11획

- 유래 키로 흙을 날라서 흙을 돋운 집터를 닦는 모양을 나타냅니다.
- 쓰임 基金(기금) : 어떤 목적을 위해 적립된 자금   基本(기본) : 밑바탕
  基地(기지) : 행동의 근거지
- 유의어 本(근본 본)

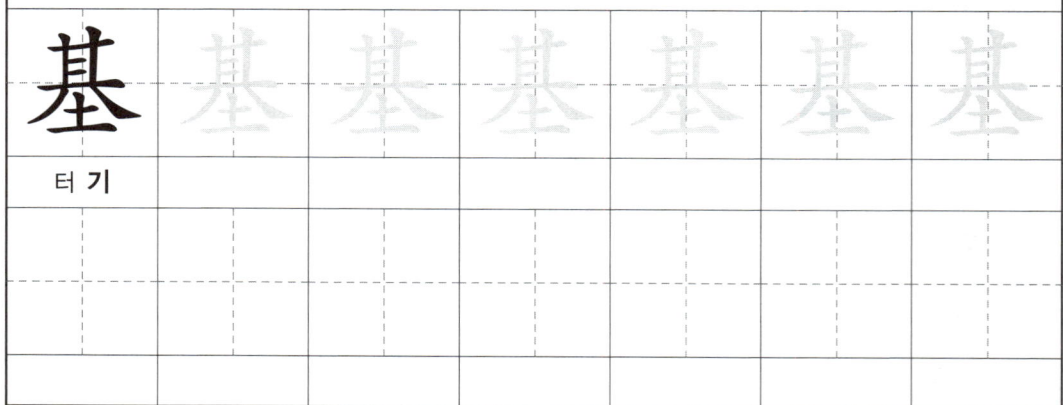

터 기

- 훈 기약할 음 기
- 부수 月(달 월)
- 총획 12획

- 유래 해와 달(月)이 정면으로 만나서 보름이 되는 때를 나타냅니다.
- 쓰임 定期(정기) : 일정한 시기   期待(기대) : 이루어지기를 바람
  期間(기간) : 일정 시기 사이   期約(기약) : 때를 정하여 약속함
- 유의어 約(맺을 약)

期 기약할 **기**

- 훈 길할 음 길
- 부수 口(입 구)
- 총획 6획

- 유래 선비(士)가 하는 말(口)은 참되고 좋은 말이라는 뜻을 나타냅니다.
- 쓰임 吉日(길일) : 좋은 날   不吉(불길) : 예감이 안 좋음
  大吉(대길) : 예감이 아주 좋음   吉凶(길흉) : 길함과 흉함
- 반의어 凶(흉할 흉)

吉 길할 **길**

- 훈 생각 음 념
- 부수 心(마음 심)
- 총획 8획

- 유래 사람(人)이 가지고 있는 마음(心)으로 '생각'을 나타냅니다.
- 쓰임 理念(이념) : 근본적인 생각   記念(기념) : 어떤 일을 기억하는 근거
  念頭(염두) : 마음, 생각   信念(신념) : 굳게 믿는 마음
- 유의어 思(생각 사), 考(생각할 고)

念 생각 **념**

훈 능할 음 능
부수 月(달 월)
총획 10획

- 유래 곰(熊)의 모양으로 곰은 재주가 여러 가지가 있어 '능하다' 는 뜻을 나타냅니다.
- 쓰임 能力(능력) : 할 수 있는 힘   有能(유능) : 능력이 있음
          可能(가능) : 할 수 있음   效能(효능) : 효과

能	能	能	能	能	能
능할 능					

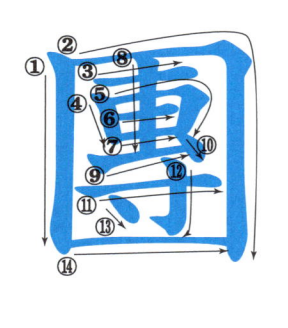

훈 둥글 음 단
부수 囗(나라 국)
총획 14획

- 유래 오로지(叀) 한 덩어리로 뭉쳤다(囗)는 뜻을 나타냅니다.
- 쓰임 入團(입단) : 단체에 들어감   球團(구단) : 구기를 사업으로 하는 단체
          團結(단결) : 여러 사람이 한데 뭉침 團地(단지) : 일정 목적을 위해 조성된 구역
- 약자 団

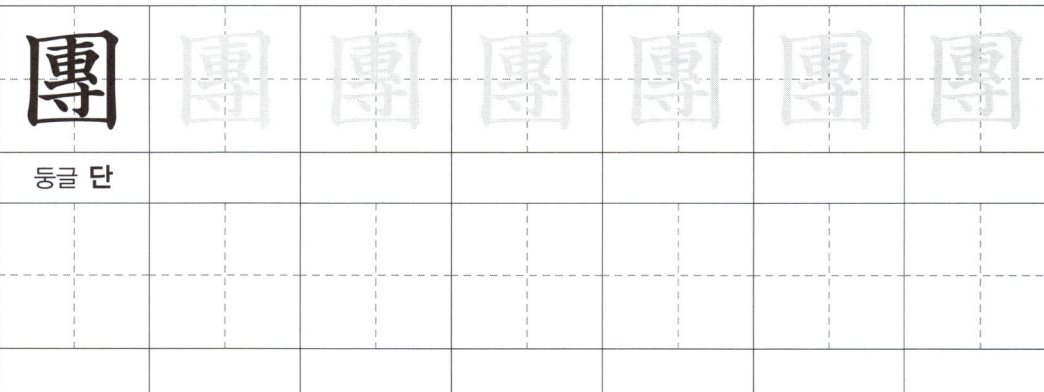

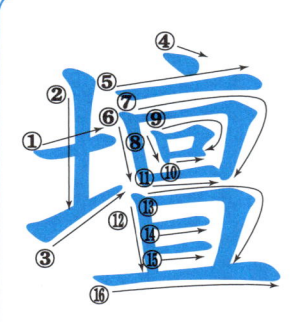

훈 단 음 단
부수 土(흙 토)
총획 16획

- 유래 여럿이 제사를 지낼 수 있도록 흙(土)으로 높게 쌓아 만든 단(亶)을 뜻합니다.
- 쓰임 壇上(단상) : 연단 등의 위   校壇(교단) : 교실에 있는 연단
          文壇(문단) : 문인들의 사회   花壇(화단) : 화초를 심는 곳
- 동음이의어 短(짧을 단)

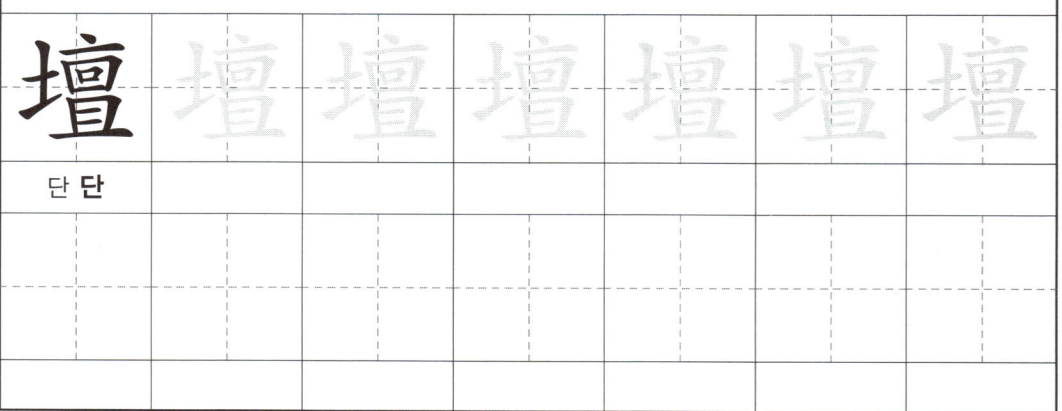

제 3 강 확인평가

1 다음 한자의 음을 쓰세요.

(1) 基 (　　　)　　(2) 技 (　　　)

(3) 汽 (　　　)　　(4) 舊 (　　　)

(5) 貴 (　　　)　　(6) 給 (　　　)

(7) 己 (　　　)　　(8) 念 (　　　)

(9) 團 (　　　)　　(10) 壇 (　　　)

2 다음 뜻에 맞는 한자를 例에서 골라 기호를 쓰세요.

例
① 舊　　② 局　　③ 規　　④ 給　　⑤ 汽
⑥ 基　　⑦ 期　　⑧ 吉　　⑨ 能　　⑩ 壇

(1) 능하다 (　　　)　　(2) 법 (　　　)

(3) 기약하다 (　　　)　　(4) 물끓는김 (　　　)

(5) 옛날 (　　　)　　(6) 길하다 (　　　)

3 다음 음과 뜻에 맞는 한자를 쓰세요.

(1) 둥글 단 (　　　)　　(2) 줄 급 (　　　)

(3) 단 단 (　　　)　　(4) 재주 기 (　　　)

4. 다음 한자어의 음을 쓰세요.

(1) 給食 (　　　　)   (2) 期末 (　　　　)

(3) 親舊 (　　　　)   (4) 信念 (　　　　)

(5) 可能 (　　　　)   (6) 敎壇 (　　　　)

(7) 基金 (　　　　)   (8) 競技 (　　　　)

(9) 汽車 (　　　　)   (10) 知己 (　　　　)

(11) 高貴 (　　　　)

5. 다음 음과 뜻에 맞는 한자어를 한자로 쓰세요.

(1) 당국 : 어떤 일을 담당하는 관청 (　　　　)

(2) 규격 : 일정한 표준 (　　　　)

(3) 길흉 : 좋은 일과 나쁜일 (　　　　)

(4) 단결 : 많은 사람이 한데 뭉침 (　　　　)

6. 다음 문장의 밑줄 친 한자어를 한자로 쓰세요.

(1) 중세에는 귀족과 평민의 신분이 엄격하게 구분되었다. (　　　　)

(2) 전문 기술이 있어야만 취업하기에 좋다. (　　　　)

(3) 까치는 우리 민족에게 복을 가져다 주는 길조입니다. (　　　　)

- 훈 **말씀** 음 **담**
- 부수 言(말씀 언)
- 총획 15획

● 유래 모닥불(炎)가에 둘러앉아 말(言)하는 데서 '이야기하다'라는 뜻입니다.
● 쓰임 相談(상담) : 서로 의논함   對談(대담) : 서로 이야기를 주고받음
  德談(덕담) : 상대에게 복을 비는 말   談合(담합) : 서로 의논함
● 유의어 話(말씀 화), 語(말씀 어), 言(말씀 언)

談	談	談	談	談	談	談
말씀 담						

- 훈 **마땅** 음 **당**
- 부수 田(밭 전)
- 총획 13획

● 유래 밭(田)이 서로 비슷하여 맞바꾸기에 '마땅하다'는 뜻을 나타냅니다.
● 쓰임 堂堂(당당) : 떳떳함   明堂(명당) : 좋은 자리
  當然(당연) : 마땅히 그러함   當選(당선) : 선출됨
● 약자 当   ● 반의어 落(떨어질 락)

當	當	當	當	當	當	當
마땅 당						

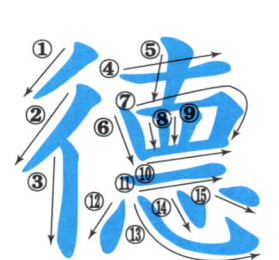

- 훈 **큰** 음 **덕**
- 부수 彳(자축거릴 척)
- 총획 15획

● 유래 행동(彳)이 올바르며 인격이 드높고 크다(悳)는 글자가 모여 '덕'을 나타냅니다.
● 쓰임 道德(도덕) : 지켜야 할 도리   德望(덕망) : 덕행이 높음
  美德(미덕) : 아름다운 덕성   人德(인덕) : 사람들에게 받는 덕

德	德	德	德	德	德	德
큰 덕						

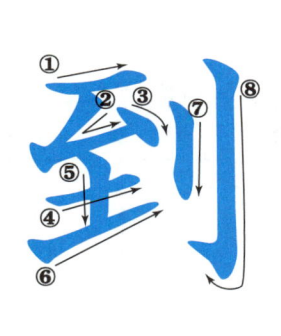

- 훈 이를 음 도
- 부수 刂(刀)(칼 도)
- 총획 8획

- 유래 칼(刀)을 지니고 위험한 곳을 지나 목적지에 이르렀다(至)는 뜻을 나타냅니다.
- 쓰임 到着(도착) : 목적지에 다다름   到來(도래) : 닥쳐옴
  當到(당도) : 어떤 곳에 도착함
- 비슷한 글자 例(법식 례)

到 이를 도

- 훈 섬 음 도
- 부수 山(메 산)
- 총획 10획

- 유래 날아가던 새(鳥)가 바다 위에 솟아 있는 산(山)에 앉는 모양을 나타냅니다.
- 쓰임 島民(도민) : 섬 주민   三多島(삼다도) : 제주도를 이르는 말
  多島海(다도해) : 섬이 많은 앞바다   落島(낙도) : 외딴 섬
- 비슷한 글자 鳥(새 조)

島 섬 도

- 훈 도읍 음 도
- 부수 阝(邑)(고을 읍)
- 총획 12획

- 유래 고을 (阝, 邑) 중에서도 많은 사람(者)들이 살고 있는 곳을 나타냅니다.
- 쓰임 都邑(도읍) : 한 나라의 서울   首都(수도) : 중앙 정부가 있는 도시
  都市(도시) : 도회지   都賣(도매) : 상품을 대량으로 판매함
- 반의어 農(농사 농)

都 도읍 도

- 훈 홀로 음 독
- 부수 犭(犬)(개 견)
- 총획 16획

- 유래 개(犭)와 닭(蜀)은 잘 싸우므로 따로 있다고 하여 '홀로'의 뜻이 된 것입니다.
- 쓰임 獨善(독선) : 자기 혼자 옳다고 우김   獨身(독신) : 혼자 생활함
  獨立(독립) : 스스로 자립함   獨學(독학) : 학비를 스스로 해결함
- 약자 独
- 동음이의어 讀(읽을 독)

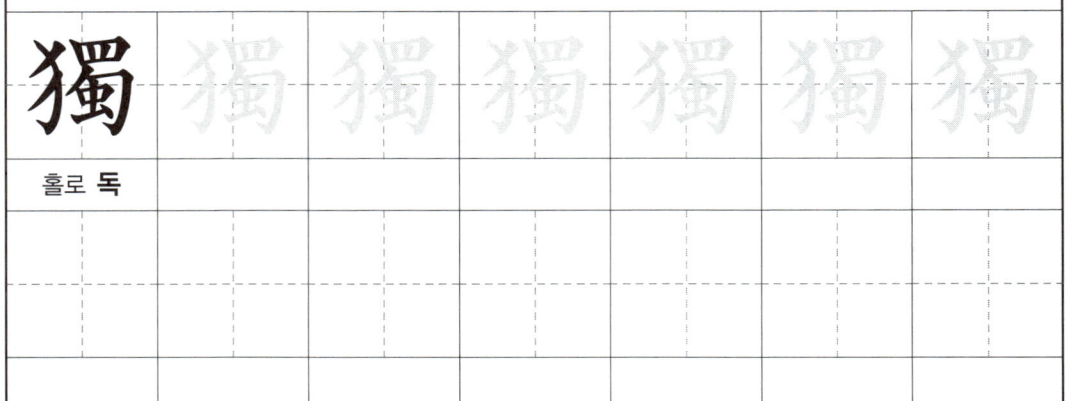

홀로 독

- 훈 떨어질 음 락
- 부수 艹(풀 초)
- 총획 13획

- 유래 초목(艹)의 잎이 물방울 떨어지듯이(洛) '떨어진다'는 것을 나타냅니다.
- 쓰임 落選(낙선) : 선거에서 떨어짐   下落(하락) : 가격 등이 내려감
  落望(낙망) : 실망함   落書(낙서) : 아무데나 글씨를 씀
- 반의어 當(마땅 당)
- 동음이의어 樂(즐길 락)

떨어질 락

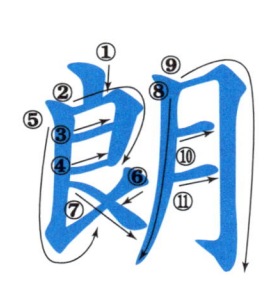

- 훈 밝을 음 랑
- 부수 月(달 월)
- 총획 11획

- 유래 착한 사람(良)의 마음은 달빛(月)처럼 환하다는 데서 '밝다'를 나타냅니다.
- 쓰임 明朗(명랑) : 맑고 밝음
  朗讀(낭독) : 소리 내어 글을 읽음
- 유의어 明(밝을 명), 昭(밝을 소)

밝을 랑

- 유래 명령(令)은 얼음(冫)처럼 '차고 쌀쌀하다'는 것을 나타냅니다.
- 쓰임 冷情(냉정) : 매정하고 쌀쌀함　　冷水(냉수) : 찬물
　　　冷待(냉대) : 차갑게 대함　　　冷氣(냉기) : 차가운 기운
- 반의어 溫(따뜻할 온)　　　　　　유의어 寒(찰 한)

冷 冷 冷 冷 冷 冷
찰 랭

훈 찰　음 랭
부수　冫(얼음 빙)
총획　7획

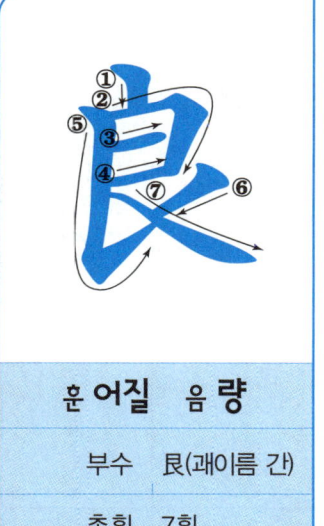

- 유래 되로 된 분량이 정확하였다는 데서 '좋다'의 의미입니다.
- 쓰임 良民(양민) : 선량한 사람　　良心(양심) : 선한 마음
　　　善良(선량) : 착하고 어짊　　良書(양서) : 좋은 책
- 유의어 善(착할 선)

良 良 良 良 良 良
어질 량

훈 어질　음 량
부수　艮(괘이름 간)
총획　7획

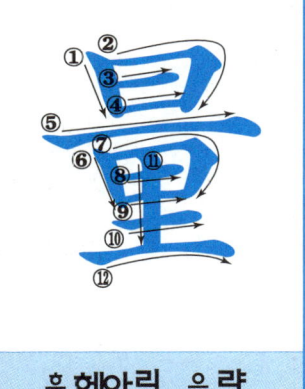

- 유래 쌀이나 조 등을 그릇에 담아 무게를 재어 '헤아리다'의 의미입니다.
- 쓰임 多量(다량) : 많은 양　　　　力量(역량) : 일을 할 수 있는 능력
　　　量産(양산) : 대량 생산　　　數量(수량) : 갯수
- 유의어 計(셀 계)

量 量 量 量 量 量
헤아릴 량

훈 헤아릴　음 량
부수　里(마을 리)
총획　12획

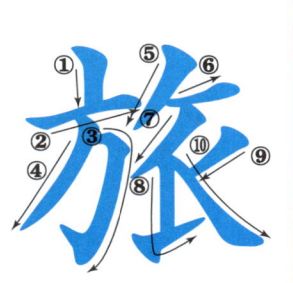

- 유래 깃발(方) 아래 같은 종족(氏) 출신의 사람들이 무리지어 모여 있는 모습을 나타냅니다.
- 쓰임 旅行(여행) : 유람을 위해 돌아다님   旅路(여로) : 나그넷길
  旅費(여비) : 여행 경비   旅客(여객) : 여행을 하고 있는 사람
- 비슷한 글자 族(겨레 족)

旅 나그네 려

훈 나그네 음 려
부수 方(모 방)
총획 10획

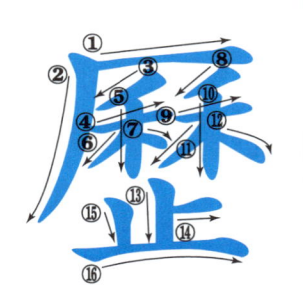

- 유래 벼(禾)를 나란히 서서 옮겨가며(止) 베어 내는 모습을 나타냅니다.
- 쓰임 陽歷(양력) : 태양력   歷史(역사) : 과거로부터의 자취
  學歷(학력) : 배움의 이력   歷任(역임) : 여러 관직을 거침
- 유의어 過(지날 과)   - 동음이의어 力(힘 력)

歷 지날 력

훈 지날 음 력
부수 止(그칠 지)
총획 16획

- 유래 끈이나 줄(糸)로 묶여져 있는 나무를 끊거나(東) 풀어 주어도 묶인 상태가 익숙해져서 탄성을 잃은 채 그대로 있는 모습을 나타냅니다.
- 쓰임 練習(연습) : 되풀이하여 익힘   訓練(훈련) : 배워서 익힘
- 유의어 習(익힐 습)

練 익힐 련

훈 익힐 음 련
부수 糸(실 사)
총획 15획

제4강 확인평가

1 다음 한자의 음을 쓰세요.

(1) 量 (　　　)　　(2) 歷 (　　　)

(3) 練 (　　　)　　(4) 島 (　　　)

(5) 德 (　　　)　　(6) 朗 (　　　)

(7) 落 (　　　)　　(8) 獨 (　　　)

(9) 當 (　　　)　　(10) 談 (　　　)

2 다음 뜻에 맞는 한자를 例에서 골라 기호를 쓰세요.

> 例
> ① 談　② 當　③ 到　④ 都　⑤ 落
> ⑥ 冷　⑦ 良　⑧ 量　⑨ 旅　⑩ 練

(1) 어질다 (　　　)　　(2) 도읍 (　　　)

(3) 차다 (　　　)　　(4) 나그네 (　　　)

(5) 떨어지다 (　　　)　　(6) 이르다 (　　　)

3 다음 음과 뜻에 맞는 한자를 쓰세요.

(1) 밝을 랑 (　　　)　　(2) 익힐 련 (　　　)

(3) 마땅 당 (　　　)　　(4) 홀로 독 (　　　)

4 다음 한자어의 음을 쓰세요.

(1) 到達 (   )   (2) 都市 (   )

(3) 力量 (   )   (4) 修練 (   )

(5) 美德 (   )   (6) 冷情 (   )

(7) 島民 (   )   (8) 歷史 (   )

(9) 當然 (   )   (10) 改良 (   )

(11) 下落 (   )

5 다음 음과 뜻에 맞는 한자어를 한자로 쓰세요.

(1) 독립 : 남에게 의지하지 않고 홀로 섬 (   )

(2) 낭독 : 소리를 높여 읽음 (   )

(3) 속담 : 옛날부터 전해져 내려오는 민간의 격어 (   )

(4) 여비 : 여행에 드는 비용 (   )

6 다음 문장의 밑줄 친 한자어를 한자로 쓰세요.

(1) 대한 민국의 수도는 서울입니다. (   )

(2) 긴 여행 끝에 마침내 집에 도착했다. (   )

(3) 우리 나라는 삼면이 바다로 둘러싸인 반도 국가이다. (   )

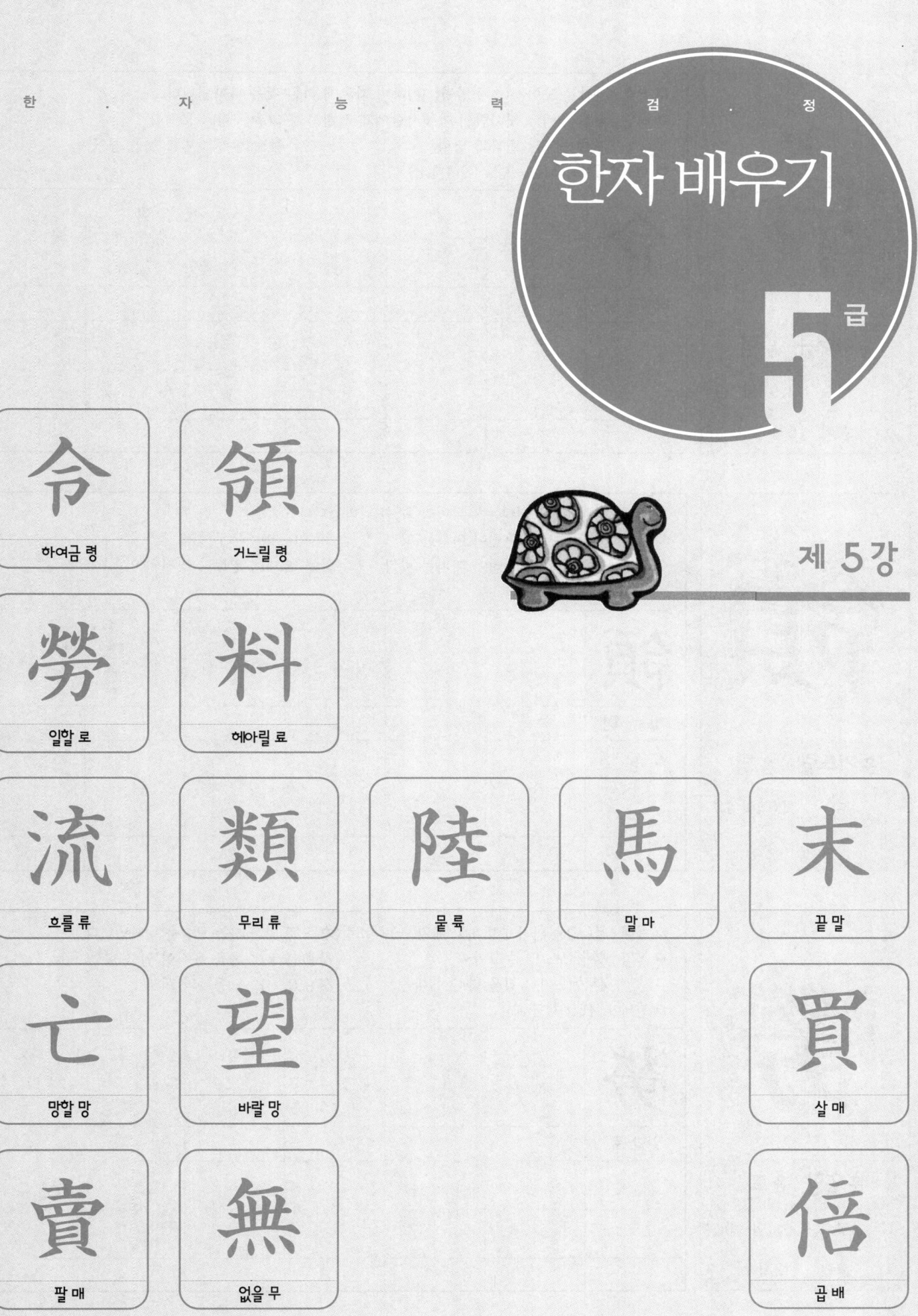

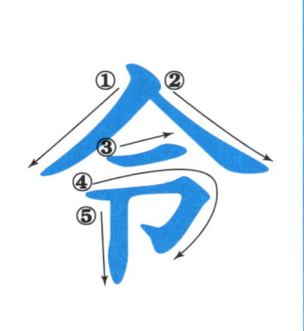

- 유래 사람을 모아서(스) 명령(卩)하여 따르게 하는 것을 나타냅니다.
- 쓰임 命令(명령) : 윗사람이 아랫사람에게 시킴   口令(구령) : 호령함
  法令(법령) : 법률과 명령   發令(발령) : 법률 등을 공표함
- 비슷한 글자 命(목숨 명), 今(이제 금)

令 令 令 令 令 令

하여금 령

훈 하여금 **음** 령

부수 人(사람 인)

총획 5획

- 유래 명령(令)을 내리는 우두머리(頁)를 나타냅니다.
- 쓰임 領土(영토) : 주권이 미치는 땅   頭領(두령) : 우두머리
  領海(영해) : 주권이 미치는 바다   領內(영내) : 영토나 영지의 안

領 領 領 領 領 領

거느릴 령

훈 거느릴 **음** 령

부수 頁(머리 혈)

총획 14획

- 유래 불(火)을 환하게 밝히고 매일(一) 쇠스랑(力)으로 밭을 가는 모습을 나타냅니다.
- 쓰임 勞苦(노고) : 수고함   勞動(노동) : 몸을 움직여 일을 함
  勞力(노력) : 힘을 다하여 애씀   勞使(노사) : 노동자와 회사
- 반의어 使(하여금 사)

勞 勞 勞 勞 勞 勞

일할 로

훈 일할 **음** 로

부수 力(힘 력)

총획 12획

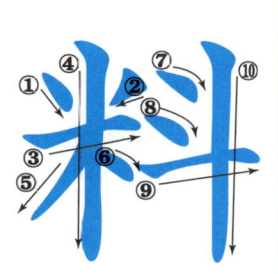

- 훈 헤아릴 음 료
- 부수 斗(말 두)
- 총획 10획

- ✿ 유래 정미한 쌀(米)을 손잡이가 달린 됫박(斗)으로 재는 모습을 나타냅니다.
- ✿ 쓰임 料金(요금) : 이용하고 내는 돈   材料(재료) : 물건을 만드는 원료
  料理(요리) : 음식을 만듦   有料(유료) : 요금을 내게 되어 있음
- ✿ 유의어 量(헤아릴 량)

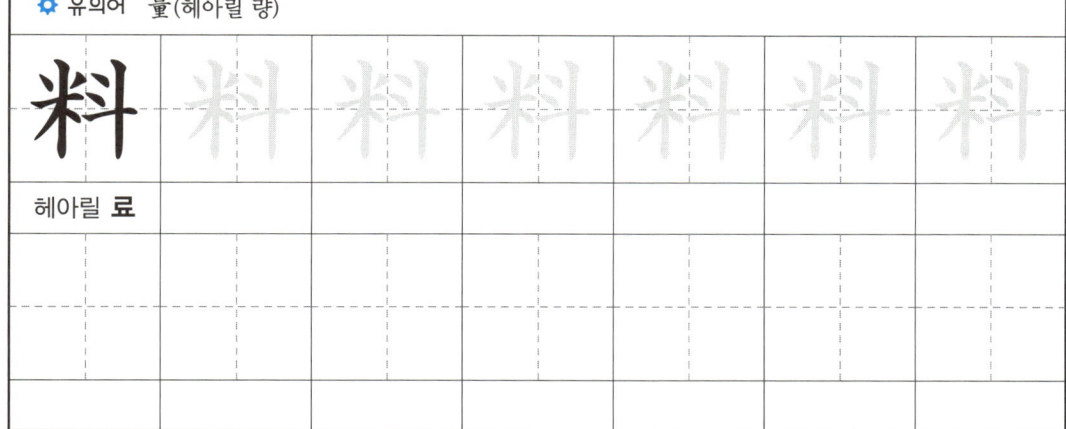

헤아릴 료

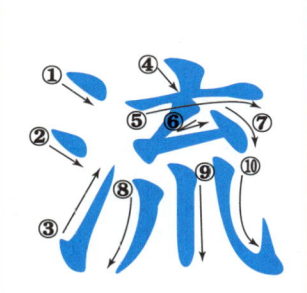

- 훈 흐를 음 류
- 부수 氵(水)(물 수)
- 총획 10획

- ✿ 유래 아기가 태어날 때 양수(氵)가 함께 흐르는 모양을 나타냅니다.
- ✿ 쓰임 上流(상류) : 강물의 위쪽   流行(유행) : 사회에 널리 퍼짐
  流動(유동) : 자유로이 움직임   時流(시류) : 그 시대의 풍조
- ✿ 비슷한 글자 洗(씻을 세)

흐를 류

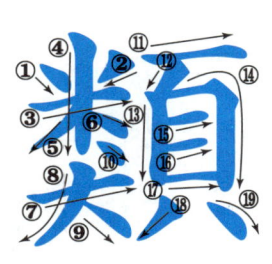

- 훈 무리 음 류
- 부수 頁(머리 혈)
- 총획 19획

- ✿ 유래 곡식(米)을 나누어 머리(頁)에 이고 힘들게 가는 사람(犬)을 나타냅니다.
- ✿ 쓰임 種類(종류) : 기준에 따라 나눈 갈래   人類(인류) : 인간, 사람
  分類(분류) : 종류대로 나눔   類例(유례) : 같거나 비슷한 예
- ✿ 비슷한 글자 題(제목 제)

무리 류

- 유래 사람들이 강가의 가파른 언덕(阝) 위로 연이어 오르는 모습을 나타냅니다.
- 쓰임 陸地(육지) : 물에 잠기지 않은 땅   陸上(육상) : 땅 위
        陸路(육로) : 땅 위의 길   陸軍(육군) : 땅에서 지키는 군인
- 반의어 海(바다 해)

陸 뭍 륙

| 훈 뭍 음 륙 |
| 부수 阝(좌부변) |
| 총획 11획 |

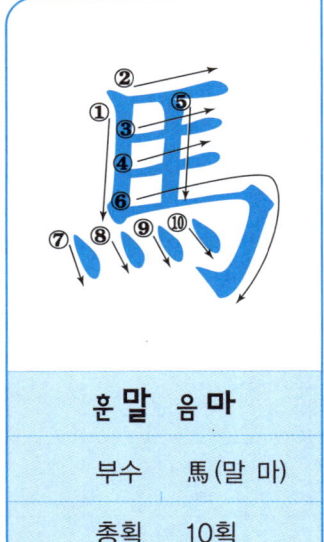

- 유래 말을 옆에서 본 모양을 나타냅니다.
- 쓰임 馬夫(마부) : 마차를 끄는 사람   馬車(마차) : 말이 끄는 차
        牛馬(우마) : 소와 말   馬上(마상) : 말 위

馬 말 마

| 훈 말 음 마 |
| 부수 馬(말 마) |
| 총획 10획 |

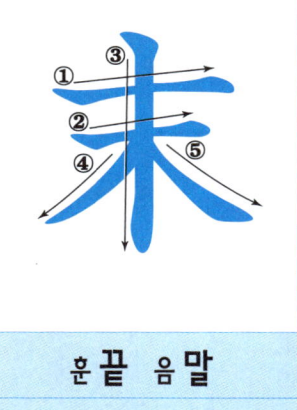

- 유래 태양(一은 日의 변형)이 나무(木)의 끝부분에 걸쳐 있는 모양을 나타냅니다.
- 쓰임 期末(기말) : 기간의 후반   末年(말년) : 마지막 무렵
        末世(말세) : 세상의 마지막   月末(월말) : 그 달의 끝무렵
- 반의어 始(비로소 시)   유의어 終(마칠 종)

末 끝 말

| 훈 끝 음 말 |
| 부수 木(나무 목) |
| 총획 5획 |

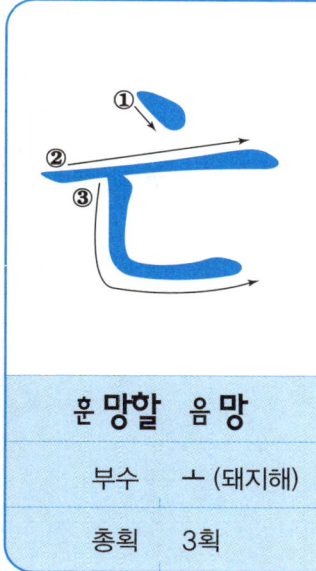

- 유래 어떤 사연으로 길(乚)을 따라 멀리 도망가는 사람의 모습을 나타냅니다.
- 쓰임 亡國(망국) : 나라가 망함   亡者(망자) : 사망한 사람
        亡命(망명) : 다른 나라로 피신함   亡身(망신) : 창피를 당함
- 유의어 死(죽을 사)

亡	亡	亡	亡	亡	亡
망할 망					

훈 망할   음 망
부수   亠 (돼지해)
총획   3획

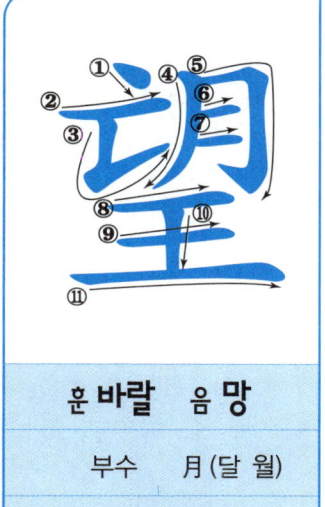

- 유래 달(月)을 보며 떠나간 사람이 돌아오기를 바라는 모습을 나타냅니다.
- 쓰임 望月(망월) : 달을 바라봄   失望(실망) : 낙심함
        可望(가망) : 될성부른 희망   望鄕(망향) : 고향을 그리워함

望	望	望	望	望	望
바랄 망					

훈 바랄   음 망
부수   月(달 월)
총획   11획

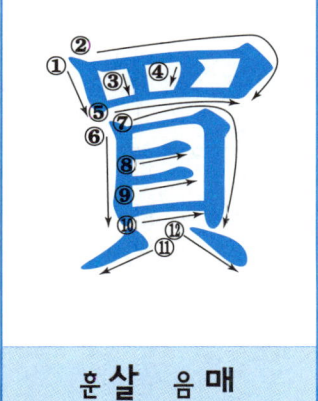

- 유래 일용품을 광주리(罒)에 있는 조개(貝)와 교환하여 사는 모습을 나타냅니다.
- 쓰임 買入(매입) : 사들임   買上(매상) : 민간으로부터 물건을 사들임
        強買(강매) : 강제로 사들임   賣買(매매) : 물건을 팔고 삼
- 반의어 賣(팔 매)

買	買	買	買	買	買
살 매					

훈 살   음 매
부수   貝(조개 패)
총획   12획

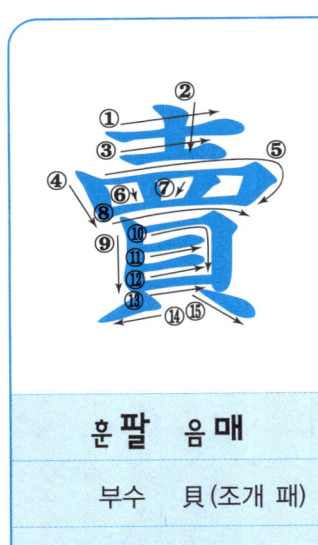

- 훈 팔 음 매
- 부수 貝(조개 패)
- 총획 15획

- 유래 자기(士)가 잡아온 조개(貝)를 필요한 물건과 바꾸거나 파는 모습을 나타냅니다.
- 쓰임 發賣(발매) : 상품을 팖   賣物(매물) : 팔려고 내놓은 물건
  賣出(매출) : 물건을 내어 팖   賣店(매점) : 물건을 파는 가게
- 약자 売
- 반의어 買(살 매)

賣 賣 賣 賣 賣 賣 賣

팔 매

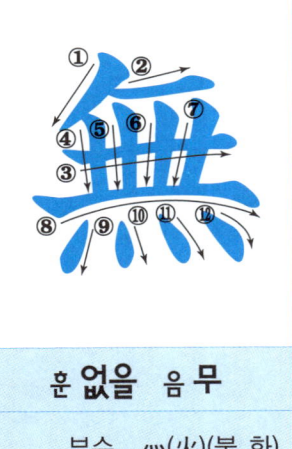

- 훈 없을 음 무
- 부수 灬(火)(불 화)
- 총획 12획

- 유래 살은 다 발라 먹고 앙상한 뼈만 남아 있는 석쇠를 들고 있는 사람(人)의 모습과 잔불(灬)로 남아 있는 게 없음을 나타냅니다.
- 쓰임 無力(무력) : 힘이 없음   無名(무명) : 이름이 알려지지 않은
- 반의어 有(있을 유)

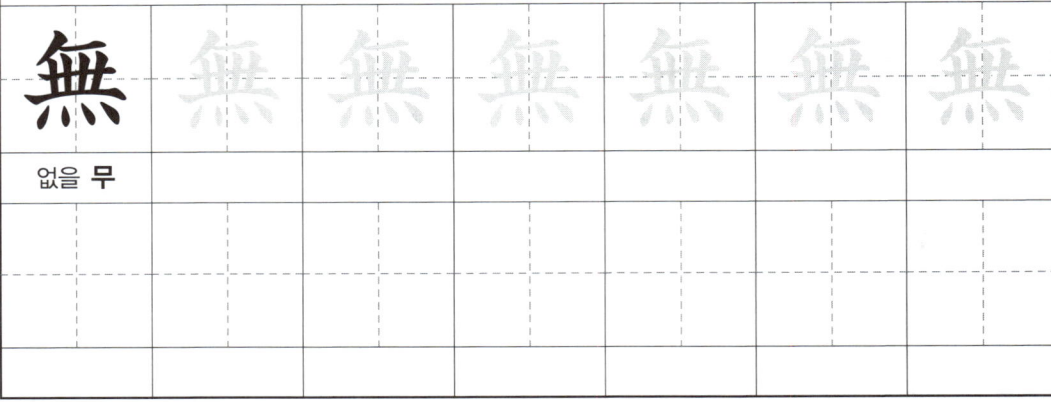

없을 무

- 훈 곱 음 배
- 부수 亻(人)(사람 인)
- 총획 10획

- 유래 악기(나팔) 소리를 곱절이나 크게 내는 사람(亻)을 나타냅니다.
- 쓰임 倍數(배수) : 2배 큰 수   倍加(배가) : 2배로 늘림
  倍前(배전) : 전보다 더함   百倍(백배) : 100배
- 비슷한 글자 部(떼 부)

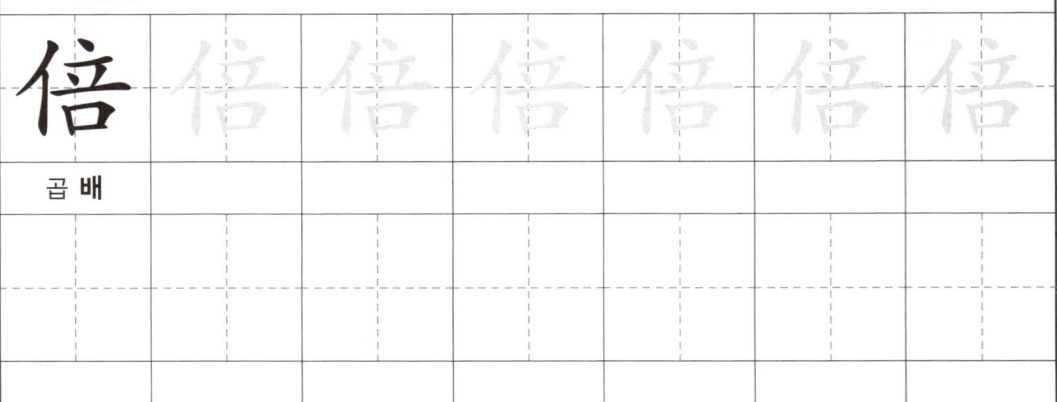

곱 배

제 5 강 확인평가

1 다음 한자의 음을 쓰세요.

(1) 勞 (　　　　) (2) 買 (　　　　)

(3) 賣 (　　　　) (4) 亡 (　　　　)

(5) 陸 (　　　　) (6) 流 (　　　　)

(7) 令 (　　　　) (8) 馬 (　　　　)

(9) 倍 (　　　　) (10) 類 (　　　　)

2 다음 뜻에 맞는 한자를 例에서 골라 기호를 쓰세요.

> 例
> ① 領　② 勞　③ 料　④ 類　⑤ 陸
> ⑥ 末　⑦ 亡　⑧ 望　⑨ 買　⑩ 無

(1) 헤아리다 (　　　　) (2) 망하다 (　　　　)

(3) 무리 (　　　　) (4) 거느리다 (　　　　)

(5) 사다 (　　　　) (6) 끝 (　　　　)

3 다음 음과 뜻에 맞는 한자를 쓰세요.

(1) 뭍 륙 (　　　　) (2) 곱 배 (　　　　)

(3) 일할 로 (　　　　) (4) 하여금 령 (　　　　)

제5강 - 확인평가

4 다음 한자어의 음을 쓰세요.

(1) 料金 (   )   (2) 法令 (   )

(3) 陸路 (   )   (4) 無名 (   )

(5) 倍數 (   )   (6) 類例 (   )

(7) 領海 (   )   (8) 敗亡 (   )

(9) 無力 (   )   (10) 馬車 (   )

(11) 結末 (   )

5 다음 음과 뜻에 맞는 한자어를 한자로 쓰세요.

(1) 과로 : 지나치게 일함 (   )

(2) 유행 : 세상에 널리 퍼져 행하여짐 (   )

(3) 실망 : 희망을 잃음 (   )

(4) 매매 : 물건을 팔고 삼 (   )

6 다음 문장의 밑줄 친 한자어를 한자로 쓰세요.

(1) 오늘날 인류의 가장 큰 재앙은 환경 오염이다. (   )

(2) 이번 주말에 가족과 함께 외식을 하기로 했다. (   )

(3) 보아의 콘서트 입장권이 발매 중이다. (   )

한 . 자 . 능 . 력 . 검 . 정

한자 배우기

5급

제 6강

法 법법	變 변할 변			
兵 병사 병	福 복복			
奉 받들 봉	比 견줄 비	費 쓸 비	鼻 코 비	氷 얼음 빙
士 선비 사	仕 섬길 사			史 사기 사
思 생각 사	查 조사할 사			寫 베낄 사

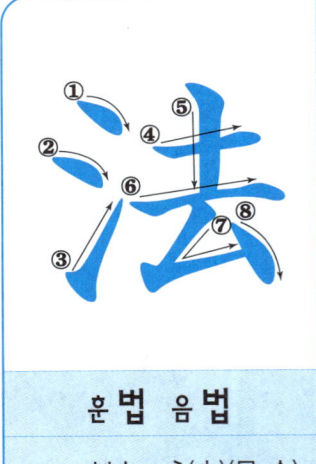

- 훈 법 음 법
- 부수 氵(水)(물 수)
- 총획 8획

- 유래 강물이 한 방향으로 흘러가는 것처럼 물(氵)이 흘러가는(去) 모습을 나타냅니다.
- 쓰임 立法(입법) : 법을 만듦   法令(법령) : 법과 명령
  法度(법도) : 법률과 제도   法則(법칙) : 지켜야 할 규칙
- 유의어 式(법 식), 典(법 전)

法					
법 **법**					

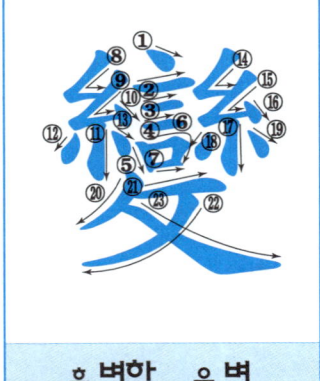

- 훈 변할 음 변
- 부수 言(말씀 언)
- 총획 23획

- 유래 피리(言)에 묶어 놓은 매듭(絲)을 의식에 따라 바꾸는 (攵) 모습을 나타냅니다.
- 쓰임 變身(변신) : 몸을 다르게 바꿈   變數(변수) : 가변적 요인
  不變(불변) : 변하지 않음   變化(변화) : 사물의 모양이 바뀜
- 약자 変
- 유의어 化(될 화)

변할 **변**

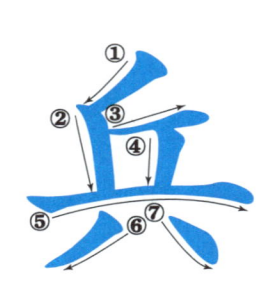

- 훈 병사 음 병
- 부수 八(여덟 팔)
- 총획 7획

- 유래 도끼(斤)를 두 손에 든 모습을 나타냅니다.
- 쓰임 兵士(병사) : 하사관 이하의 병졸   新兵(신병) : 새로 들어온 병사
  海兵(해병) : 바다를 지키는 병사   兵法(병법) : 군사 작전의 방법
- 유의어 卒(마칠 졸)
- 동음이의어 病(병 병)

병사 **병**

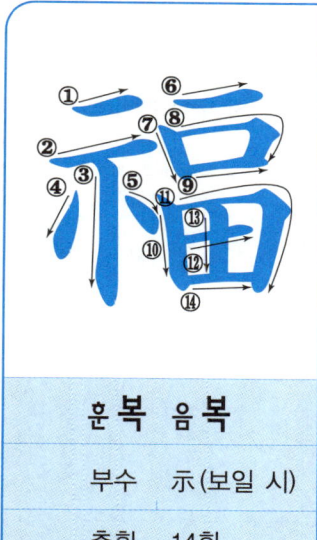

- 훈 복 음 복
- 부수 示(보일 시)
- 총획 14획

✿ 유래 상(示) 앞에 약술 병이 있는 모양으로 신에게 빌면 '복'을 받는다는 뜻입니다.
✿ 쓰임 幸福(행복) : 복된 운수 　　多福(다복) : 복이 많음
　　　　福音(복음) : 복된 소리 　　萬福(만복) : 많은 복
✿ 동음이의어 服(옷 복)

福　福　福　福　福　福　福

복 복

- 훈 받들 음 봉
- 부수 大(큰 대)
- 총획 8획

✿ 유래 많은 물건을 두 손으로 받들어 올린다(夫)는 것을 나타냅니다.
✿ 쓰임 奉仕(봉사) : 이웃이나 사회를 위해 힘씀 　奉祝(봉축) : 삼가 축하함
　　　　信奉(신봉) : 믿고 받듦 　　　　　　　奉養(봉양) : 부모를 받들어 모심
✿ 유의어 仕(섬길 사)

奉　奉　奉　奉　奉　奉　奉

받들 봉

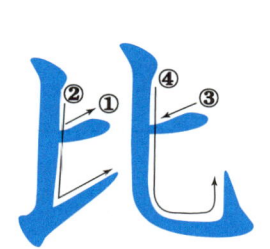

- 훈 견줄 음 비
- 부수 比(견줄 비)
- 총획 4획

✿ 유래 몸이 닿을 정도로 가까이 서서 비교해 보는 모습을 나타냅니다.
✿ 쓰임 比重(비중) : 중요성의 정도 　　對比(대비) : 다른 것과 비교함
　　　　比例(비례) : 두 양 사이의 비율 　比等(비등) : 서로 비슷함
✿ 비슷한 글자 北(북녘 북)

比　比　比　比　比　比　比

견줄 비

- 훈 쓸 음 비
- 부수 貝(조개 패)
- 총획 12획

- 유래 칼 대신 조개(貝)를 깨뜨려 날카로운 날로 엉킨 활(弗)의 줄을 자르는 모양
- 쓰임 費用(비용) : 어떤 일을 하는 데 드는 비용   學費(학비) : 학업을 닦는 데 드는 돈
  會費(회비) : 모임에 내는 돈   國費(국비) : 국고에서 내는 경비
- 유의어 用(쓸 용)

費 쓸 비

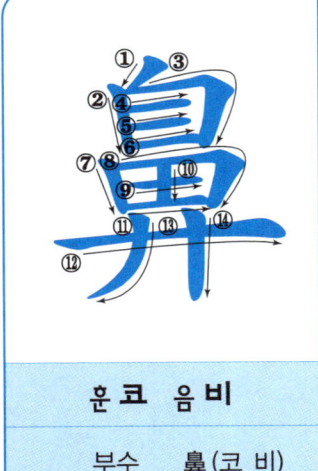

- 훈 코 음 비
- 부수 鼻(코 비)
- 총획 14획

- 유래 얼굴(田)에 있는 코(自)를 두 손(廾)으로 받쳐들고 있는 모습을 나타냅니다.
- 쓰임 鼻音(비음) : 콧소리
  耳目口鼻(이목구비) : 귀, 눈, 입, 코
- 동음이의어 比(견줄 비), 費(쓸 비)

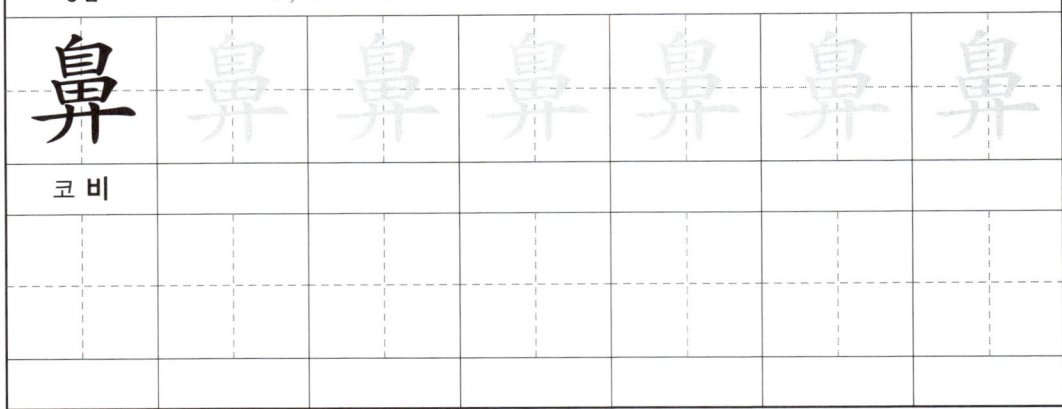

코 비

- 훈 얼음 음 빙
- 부수 水(물 수)
- 총획 5획

- 유래 얼음(冫)과 물(水)이 뒤섞여서 흘러가는 모양을 나타냅니다.
- 쓰임 氷水(빙수) : 얼음물   氷山(빙산) : 얼음으로 이루어진 산
  氷河(빙하) : 얼음덩이가 강처럼 흐르는 것   結氷(결빙) : 물이 얼어 얼음이 됨
- 비슷한 글자 水(물 수), 永(길 영)

얼음 빙

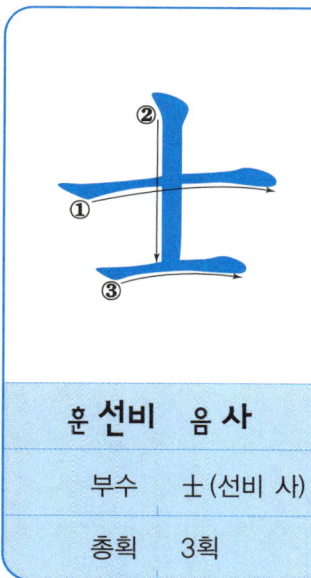

- 유래 하나를 들으면 열을 깨우치는 사람을 뜻합니다.
- 쓰임 上士(상사) : 직장에서 윗사람   士氣(사기) : 씩씩한 기개
       士大夫(사대부) : 문벌이 높은 사람   技能士(기능사) : 기술 자격증의 한 가지
- 비슷한 글자 土(흙 토)

士 士 士 士 士 士

선비 사

훈 선비 음 사
부수 士(선비 사)
총획 3획

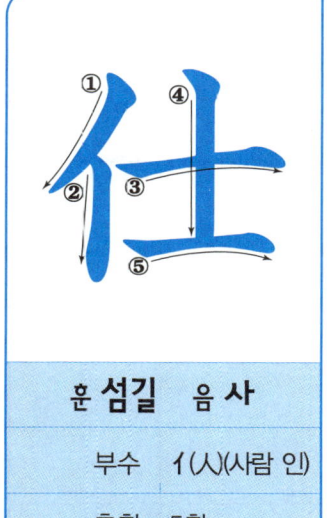

- 유래 여러 선비 중에서도 학문과 덕을 쌓은 사람이 나랏일을 본다는 뜻입니다.
- 쓰임 給仕(급사) : 사환으로 일하는 사람   出仕(출사) : 벼슬하여 관아로 나감
       奉仕(봉사) : 받들어 섬김
- 비슷한 글자 任(맡길 임)

仕 仕 仕 仕 仕 仕

섬길 사

훈 섬길 음 사
부수 亻(人)(사람 인)
총획 5획

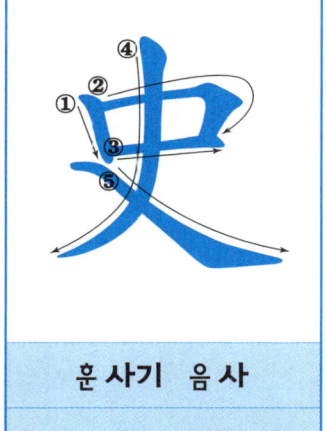

- 유래 왕의 입(口)에서 나온 소리를 손으로 기록하는 사람을 나타냅니다.
- 쓰임 史記(사기) : 역사적 사실을 적은 책   史家(사가) : 역사를 연구하는 학자
       史料(사료) : 역사 편찬에 필요한 자료   史觀(사관) : 역사를 해석하는 근본 견해
- 비슷한 글자 使(하여금 사)

史 史 史 史 史 史

사기 사

훈 사기 음 사
부수 口(입 구)
총획 5획

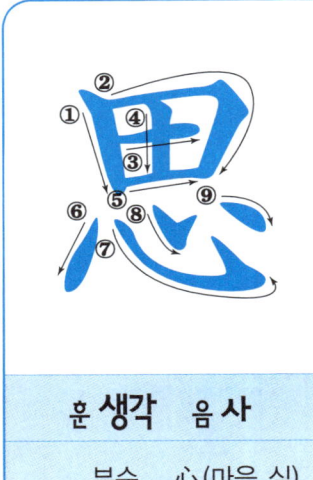

- 유래　뇌(田)가 들어 있는 머리와 마음(心)이 합쳐져 생각한다는 것을 나타냅니다.
- 쓰임　思考(사고) : 생각함　　　　意思(의사) : 어떤 일을 하려는 마음
　　　　思春期(사춘기) : 이성에 눈을 뜨는 시기
- 유의어　考(생각할 고)

思 | 思 | 思 | 思 | 思 | 思
생각 사

훈 생각　음 사
부수　心(마음 심)
총획　9획

- 유래　눈(且는 目의 변형)으로 나무(木)를 조사하는 모습을 나타냅니다.
- 쓰임　内査(내사) : 몰래 조사함　　　調査(조사) : 자세히 살펴봄
　　　　査正(사정) : 그릇된 것을 바로잡음　實査(실사) : 실제로 조사함
- 동음이의어　社(모일 사), 事(일 사), 四(넉 사), 死(죽을 사), 使(하여금 사)

査 | 査 | 査 | 査 | 査 | 査
조사할 사

훈 조사할　음 사
부수　木(나무 목)
총획　9획

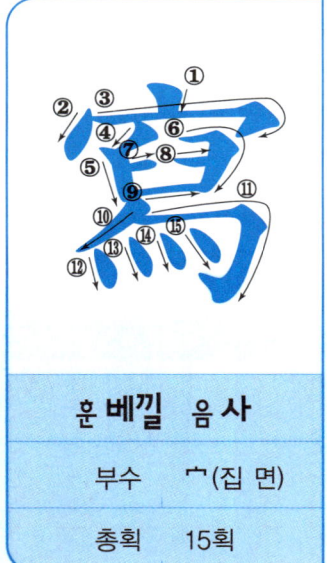

- 유래　집(宀) 안에서 신을 만들기 위해 발 크기를 재는 모양을 나타냅니다.
- 쓰임　寫本(사본) : 원본을 옮기어 베낌
　　　　寫生(사생) : 보고 그대로 그림
　　　　筆寫(필사) : 옮겨 씀

寫 | 寫 | 寫 | 寫 | 寫 | 寫
베낄 사

훈 베낄　음 사
부수　宀(집 면)
총획　15획

제 6강 확인평가

1 다음 한자의 음을 쓰세요.

(1) 兵 (　　　　)　　(2) 福 (　　　　)

(3) 士 (　　　　)　　(4) 史 (　　　　)

(5) 寫 (　　　　)　　(6) 鼻 (　　　　)

(7) 氷 (　　　　)　　(8) 費 (　　　　)

(9) 比 (　　　　)　　(10) 奉 (　　　　)

2 다음 뜻에 맞는 한자를 例에서 골라 기호를 쓰세요.

> 例
> ① 法　② 變　③ 福　④ 比　⑤ 鼻
> ⑥ 氷　⑦ 仕　⑧ 思　⑨ 査　⑩ 寫

(1) 법 (　　　　)　　(2) 베끼다 (　　　　)

(3) 생각 (　　　　)　　(4) 견주다 (　　　　)

(5) 섬기다 (　　　　)　　(6) 조사하다 (　　　　)

3 다음 음과 뜻에 맞는 한자를 쓰세요.

(1) 쓸 비 (　　　　)　　(2) 선비 사 (　　　　)

(3) 변할 변 (　　　　)　　(4) 받들 봉 (　　　　)

4 다음 한자어의 음을 쓰세요.

(1) 法則 (   )   (2) 調査 (   )

(3) 思想 (   )   (4) 兵法 (   )

(5) 史學 (   )   (6) 奉仕 (   )

(7) 對比 (   )   (8) 信奉 (   )

(9) 鼻音 (   )   (10) 氷河 (   )

(11) 變化 (   )

5 다음 음과 뜻에 맞는 한자어를 한자로 쓰세요.

(1) 사진 : 사진기로 찍어 나온 그림 (   )

(2) 회비 : 어떤 모임에서 회원들에게 걷는 돈 (   )

(3) 축복 : 행복하기를 빎 (   )

(4) 사대부 : 지난날 문벌이 높은 사람을 이르던 말 (   )

6 다음 문장의 밑줄 친 한자어를 한자로 쓰세요.

(1) 병사들의 사기를 높여 주기 위해 노력해야 한다. (   )

(2) 내신 성적의 비중이 해마다 높아지고 있다. (   )

(3) 그녀의 이목구비는 매우 뚜렷하다. (   )

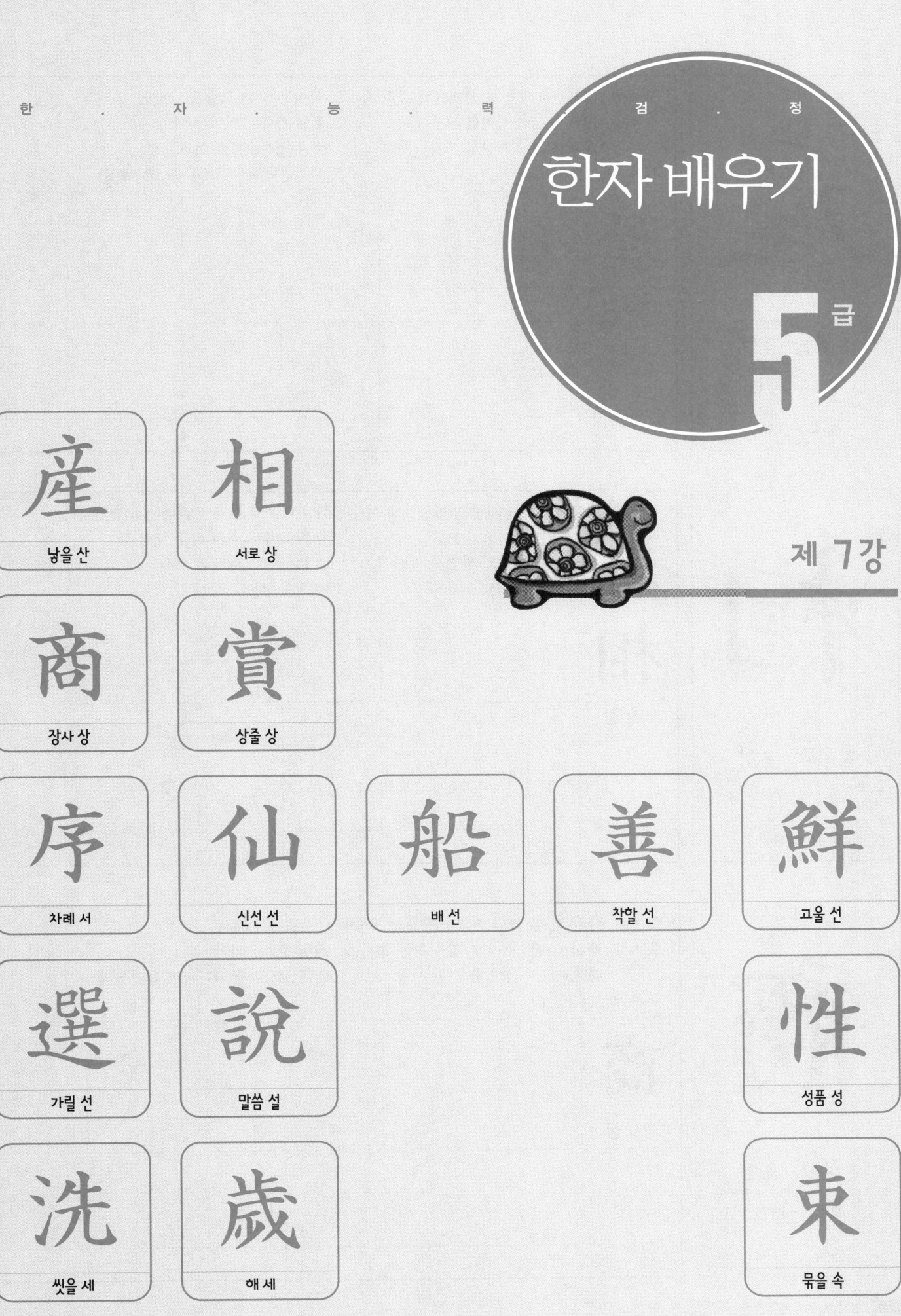

훈 낳을 **음** 산
부수 生(날 생)
총획 11획

- 유래 엉거주춤하게 선 상태에서 다리 사이로 아이를 낳는 모습을 나타냅니다.
- 쓰임 出産(출산) : 아이를 낳음   産兒(산아) : 태어난 아이
  産母(산모) : 해산한 여자   生産(생산) : 만들어냄
- 유의어 生(날 생)
- 동음이의어 山(메 산), 算(셈 산)

産 産 産 産 産 産 産
낳을 산

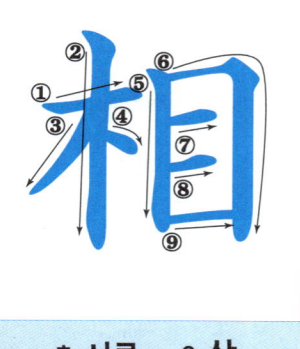

훈 서로 **음** 상
부수 目(눈 목)
총획 9획

- 유래 싸울 때 나무(木)를 엄폐물로 하여 눈(目)만 내놓고 서로 응시하는 모습입니다.
- 쓰임 相談(상담) : 서로 의논함   相對(상대) : 서로 마주 대함
  相關(상관) : 서로 관련을 가짐   實相(실상) : 실제의 모습
- 비슷한 글자 根(뿌리 근)
- 동음이의어 上(윗 상)

相 相 相 相 相 相 相
서로 상

훈 장사 **음** 상
부수 口(입 구)
총획 11획

- 유래 나팔(辛)을 불어 손님을 부르는 모습을 나타냅니다.
- 쓰임 商社(상사) : 유통 사업을 하는 회사   商店(상점) : 가게
  商人(상인) : 상업을 하는 사람   行商(행상) : 돌아다니며 물건을 팖
- 유의어 業(업 업)

商 商 商 商 商 商 商
장사 상

- 유래 모계 중심 사회에서 딸을 낳은 산모(尙)에게 상(貝) 주는 모습을 나타냅니다.
- 쓰임 賞金(상금) : 상으로 주는 돈   大賞(대상) : 가장 우수한 작품에 주는 상
  金賞(금상) : 일등 상   賞品(상품) : 상으로 주는 물품
- 비슷한 글자 意(뜻 의)

賞 상줄 상

훈 상줄 음 상
부수 貝(조개 패)
총획 15획

- 유래 광(广)의 그늘에 실(予)을 죽 걸어놓은 모습을 나타냅니다.
- 쓰임 序頭(서두) : 첫머리   序文(서문) : 머릿말
  序曲(서곡) : 악곡의 도입부
- 유의어 第(차례 제)   동음이의어 書(글 서), 西(서녘 서)

序 차례 서

훈 차례 음 서
부수 广(집 엄)
총획 7획

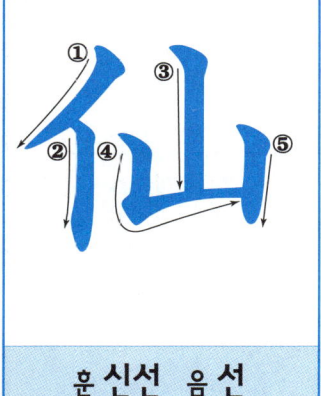

- 유래 산에 사는 사람으로 수련하여 몸이 가볍고 마음이 넓어진 사람을 나타냅니다.
- 쓰임 神仙(신선) : 신통력을 얻은 사람   仙女(선녀) : 여자 신선
  水仙花(수선화) : 꽃 이름
- 유의어 神(귀신 신)

仙 신선 선

훈 신선 음 선
부수 亻(人)(사람 인)
총획 5획

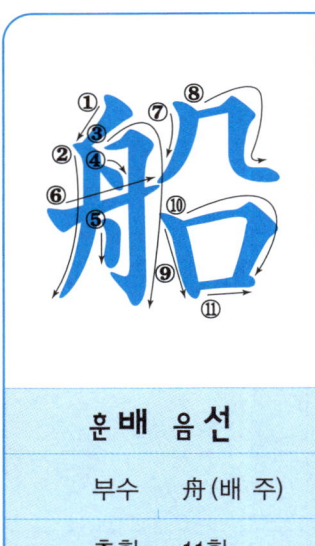

- 유래 깊은 협곡(口)을 따라가는(八) 배(舟)의 모습을 나타냅니다.
- 쓰임 船主(선주) : 배의 주인   船長(선장) : 선원 중의 우두머리
  漁船(어선) : 고기잡이 배   戰船(전선) : 해전에 쓰는 배
- 동음이의어 先(먼저 선), 線(줄 선)

船 배 선

훈 배 음 선
부수 舟(배 주)
총획 11획

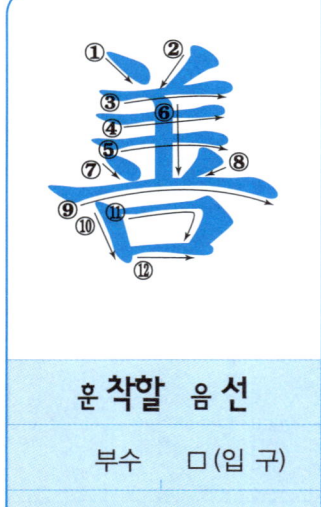

- 유래 가는 음성으로 소리(言 언)를 내는 순한 초식 동물인 양(羊)의 모습을 나타냅니다.
- 쓰임 善良(선량) : 착하고 어짊   善心(선심) : 베푸는 마음
  改善(개선) : 좋게 고침   善行(선행) : 착한 행동
- 반의어 惡(악할 악)
- 유의어 良(어질 량)

善 착할 선

훈 착할 음 선
부수 口(입 구)
총획 12획

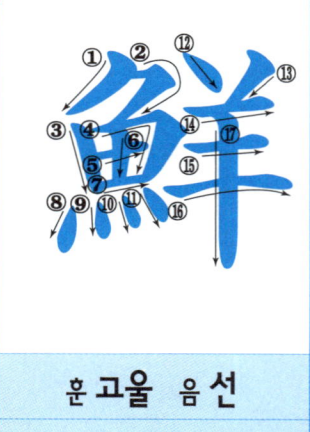

- 유래 물고기(魚)와 양고기(羊)를 비유하여 새것일수록 좋고 싱싱함을 나타냅니다.
- 쓰임 生鮮(생선) : 잡은 그대로의 물고기   鮮明(선명) : 산뜻하고 밝음
  新鮮(신선) : 새롭고 산뜻함
- 비슷한 글자 漁(고기잡을 어), 魚(고기 어)

鮮 고울 선

훈 고울 음 선
부수 魚(고기 어)
총획 17획

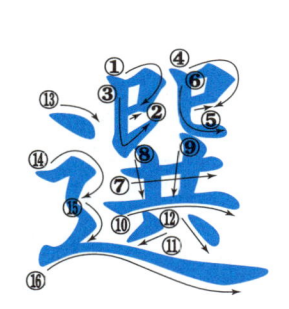

훈 가릴 **음** 선

부수 辶(쉬엄쉬엄갈 착)

총획 16획

- 유래 그릇에 든 것을 두 손(共)으로 받쳐들고 사람들(己己)에게 다가가는(辶) 모습을 나타냅니다.
- 유의어 別(다를/나눌 별)
- 쓰임 選擧(선거) : 대표자나 임원을 뽑음   選出(선출) : 여럿 가운데 뽑아냄
  選手(선수) : 운동 종목에서 대표로 뽑힌 사람   選別(선별) : 골라 추려냄

選 가릴 선

훈 말씀 **음** 설(달랠 세)

부수 言(말씀 언)

총획 14획

- 유래 길목(八)에 서서 말(言)거는 사람(兄)을 나타냅니다.
- 쓰임 說敎(설교) : 교리를 널리 설명함   說明(설명) : 알아듣기 쉽게 말함
  說話(설화) : 전승되어 온 이야기   直說(직설) : 곧이곧대로 말함
- 유의어 話(말씀 화)
- 동음이의어 雪(눈 설)

說 말씀 설

훈 성품 **음** 성

부수 忄(心)(마음 심)

총획 8획

- 유래 마음으로부터 저도 모르게 우러나오는 심성인 동시에 욕망을 나타냅니다.
- 쓰임 性格(성격) : 특유의 성질   性能(성능) : 일을 해내는 능력
  性品(성품) : 성질과 됨됨이   陽性(양성) : 양에 속하는 성질
- 비슷한 글자 姓(성 성)
- 동음이의어 省(살필 성), 姓(성 성), 成(이룰 성)

性 성품 성

- 훈 씻을 음 세
- 부수 氵(水)(물 수)
- 총획 9획

✿ 유래 물에 발(윗부분은 止의 변형)을 담그고 씻는 사람(儿)의 모양을 나타냅니다.
✿ 쓰임 洗手(세수) : 손이나 얼굴을 씻음   洗面(세면) : 얼굴을 씻음
         洗車場(세차장) : 차를 씻는 곳
✿ 비슷한 글자 流(흐를 류), 先(먼저 선)

洗 씻을 세

- 훈 해 음 세
- 부수 止(그칠 지)
- 총획 13획

✿ 유래 낫(戌)을 들고 걷는 것으로 일 년 농사와 더불어 한 해가 끝났음을 나타냅니다.
✿ 쓰임 歲月(세월) : 흘러가는 시간   萬歲(만세) : 오랜 세월
         百歲(백세) : 오랜 세월   年歲(연세) : 나이를 높여 부르는 말
✿ 유의어 年(해 년)   ✿ 동음이의어 世(인간 세)

歲 해 세

- 훈 묶을 음 속
- 부수 木(나무 목)
- 총획 7획

✿ 유래 퍼져 있는 나뭇가지(木)를 끈이나 줄로 묶은(口) 모습을 나타냅니다.
✿ 쓰임 團束(단속) : 법률 등을 어기지 않게 통제함   約束(약속) : 미리 정해 놓은 것
         結束(결속) : 뜻이 같은 사람끼리 뭉침
✿ 유의어 結(맺을 결)   ✿ 비슷한 글자 東(동녘 동)

束 묶을 속

제 7 강 확인평가

1 다음 한자의 음을 쓰세요.

(1) 選 (   )   (2) 說 (   )

(3) 性 (   )   (4) 商 (   )

(5) 相 (   )   (6) 仙 (   )

(7) 善 (   )   (8) 束 (   )

(9) 歲 (   )   (10) 産 (   )

2 다음 뜻에 맞는 한자를 例에서 골라 기호를 쓰세요.

例
① 産   ② 相   ③ 賞   ④ 序   ⑤ 船
⑥ 鮮   ⑦ 選   ⑧ 洗   ⑨ 歲   ⑩ 束

(1) 씻다 (   )   (2) 곱다 (   )

(3) 묶다 (   )   (4) 차례 (   )

(5) 가리다 (   )   (6) 배 (   )

3 다음 음과 뜻에 맞는 한자를 쓰세요.

(1) 낳을 산 (   )   (2) 성품 성 (   )

(3) 상줄 상 (   )   (4) 해 세 (   )

4 다음 한자어의 음을 쓰세요.

(1) 相對 (   )   (2) 新鮮 (   )

(3) 善惡 (   )   (4) 結束 (   )

(5) 産物 (   )   (6) 仙藥 (   )

(7) 選出 (   )   (8) 說明 (   )

(9) 賞金 (   )   (10) 商品 (   )

(11) 性品 (   )

5 다음 음과 뜻에 맞는 한자어를 한자로 쓰세요.

(1) 순서 : 차례 (   )

(2) 어선 : 고기잡는 배 (   )

(3) 세수 : 손이나 얼굴을 씻음 (   )

(4) 성격 : 개인이 가지고 있는 고유한 성질 (   )

6 다음 문장의 밑줄 친 한자어를 한자로 쓰세요.

(1) 울릉도의 토산물은 오징어이다. (   )

(2) 우리는 우정을 끝까지 지키자고 약속하였다. (   )

(3) 세차를 하고 난 지, 얼마 안 되어 비가 왔다. (   )

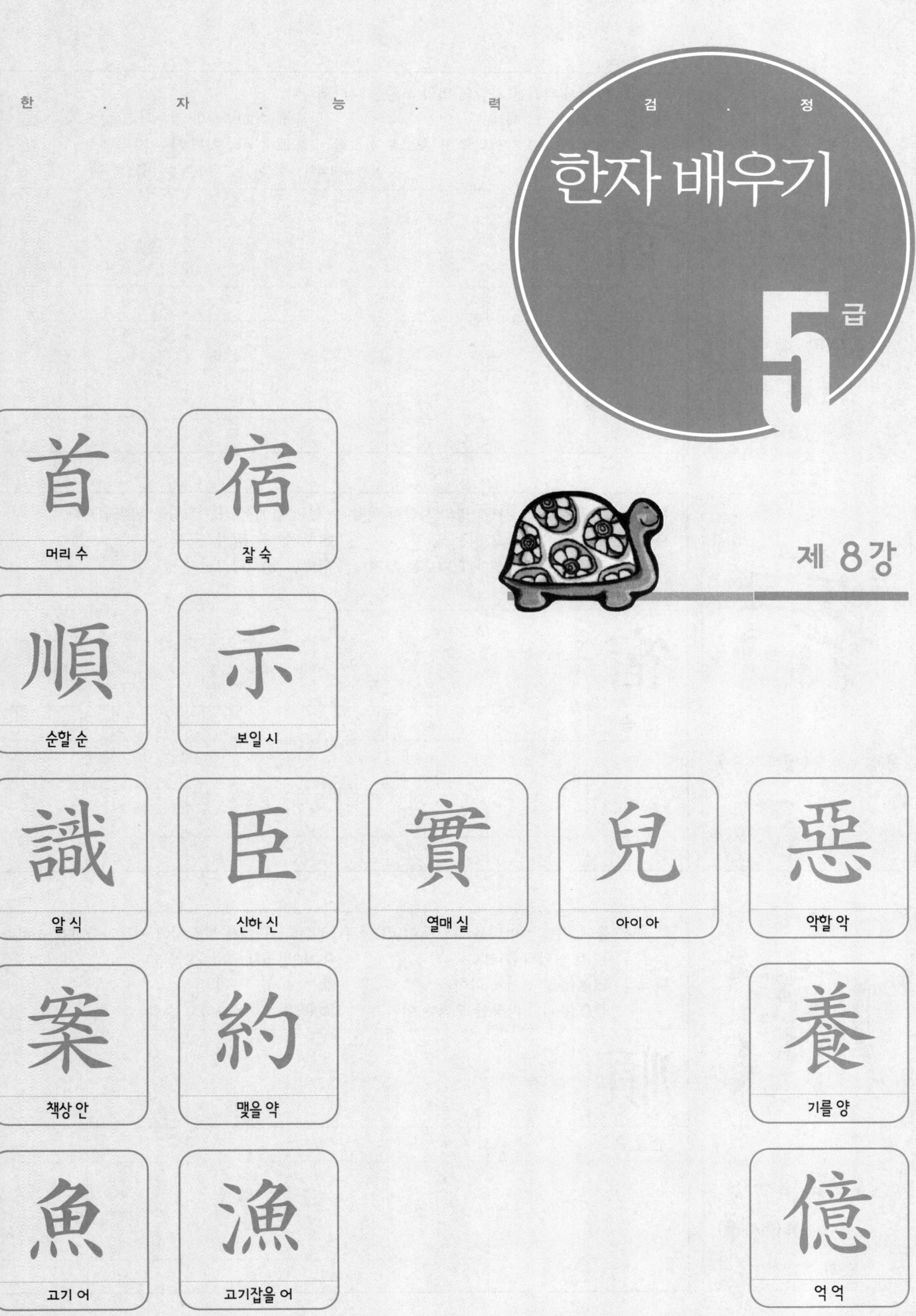

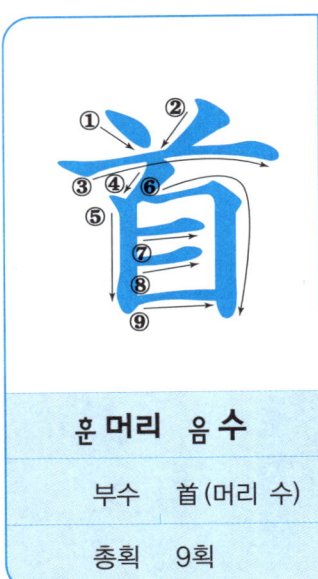

- 유래 앞에서 바라본 사람의 머리 모양을 나타냅니다.
- 쓰임 首席(수석) : 제1위   首都(수도) : 중앙 정부가 있는 도시
       自首(자수) : 자신의 죄를 스스로 신고함   首位(수위) : 첫째 가는 자리
- 유의어 頭(머리 두)
- 동음이의어 水(물 수), 手(손 수), 數(셈 수)

首 머리 수

훈 머리 음 수
부수 首(머리 수)
총획 9획

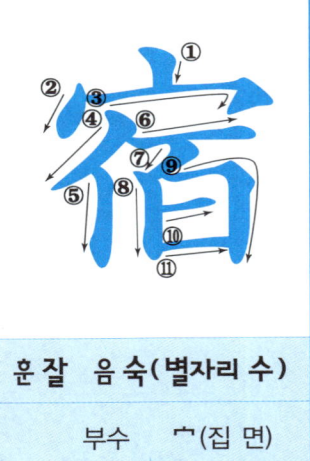

- 유래 백(百은 많은 사람) 명의 사람이 묵을 수 있는 집에서 쉬는 모습을 나타냅니다.
- 쓰임 宿食(숙식) : 자고 먹는 일   宿所(숙소) : 잠자는 곳
       宿題(숙제) : 학생에게 내주는 과제   宿命(숙명) : 타고난 운명

宿 잘 숙

훈 잘 음 숙(별자리 수)
부수 宀(집 면)
총획 11획

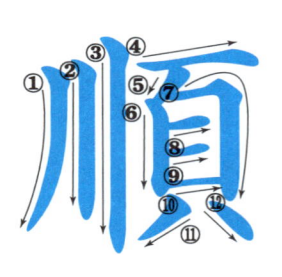

- 유래 물이 위에서 아래로 흐르듯이(川) 몸은 정수리(頁)에서 발꿈치에 이르기까지가 순리라는 것을 나타냅니다.
- 비슷한 글자 訓(가르칠 훈)
- 쓰임 順產(순산) : 쉽게 아이를 낳음   順序(순서) : 차례
       順理(순리) : 마땅한 도리나 이치   溫順(온순) : 온화하고 순함

順 순할 순

훈 순할 음 순
부수 頁(머리 혈)
총획 12획

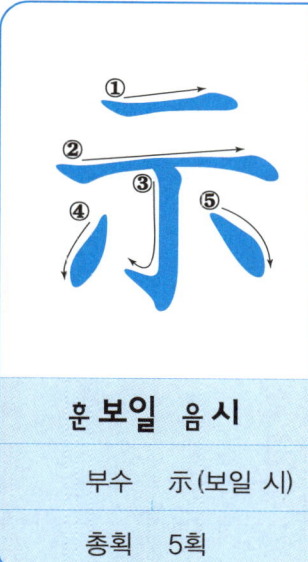

훈 보일 **음** 시

부수 示(보일 시)

총획 5획

- 유래 신에게 제사를 지낼 때 제물을 차려 놓는 제단 모양을 나타냅니다.
- 쓰임 明示(명시) : 분명하게 가리킴   表示(표시) : 겉으로 드러내어 보임
       告示(고시) : 일반에게 널리 알림   公示(공시) : 널리 알도록 함
- 유의어 見(볼 견)
- 동음이의어 時(때 시), 始(비로소 시), 市(저자 시)

示 示 示 示 示 示

보일 시

훈 알 **음** 식(기록할 지)

부수 言(말씀 언)

총획 19획

- 유래 호각(音) 등의 소리(言)를 듣고 창(戈)으로 새겨 기록하는 모습을 나타냅니다.
- 쓰임 知識(지식) : 사물에 대한 인식   識別(식별) : 서로 구별함
       意識(의식) : 마음의 작용이나 상태 識見(식견) : 학식과 의견
- 유의어 知(알 지)
- 동음이의어 式(법 식), 食(밥 식), 植(심을 식)

識 識 識 識 識 識

알 식

훈 신하 **음** 신

부수 臣(신하 신)

총획 6획

- 유래 두려워 몸을 움츠린 사람을 위에서 본 모습을 나타냅니다.
- 쓰임 臣下(신하) : 임금을 섬기는 사람   使臣(사신) : 외국에 파견되는 신하
       功臣(공신) : 공을 세운 신하   君臣(군신) : 임금과 신하
- 반의어 君(임금 군), 王(임금 왕)
- 동음이의어 信(믿을 신), 新(새 신), 神(귀신 신), 身(몸 신)

臣 臣 臣 臣 臣 臣

신하 신

한자검정능력 5급 **067**

- 유래 집(宀) 안에 실에 꿴(毌) 조개(貝)가 많이 있는 모양을 나타냅니다.
- 쓰임 實行(실행) : 실지로 행함　　果實(과실) : 나무의 열매
  　　　實力(실력) : 일을 해낼 수 있는 능력　實感(실감) : 실제로 느낌
- 약자 実
- 유의어 果(실과 과)

實　實　實　實　實　實

열매 실

훈 열매　음 실
부수　　宀(집 면)
총획　　14획

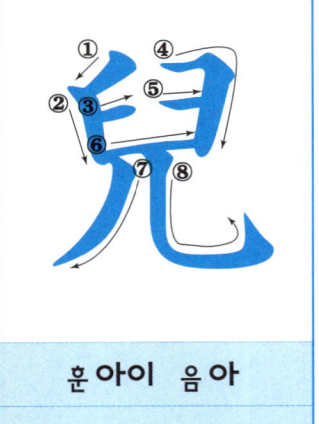

- 유래 아직 머리가 여물지 않은 어린이, 특히 사내아이를 나타냅니다.
- 쓰임 兒童(아동) : 어린 아이　　女兒(여아) : 여자 아이
  　　　育兒(육아) : 아이를 기름　健兒(건아) : 굳센 아이
- 약자 児
- 유의어 童(아이 동)

兒　兒　兒　兒　兒　兒

아이 아

훈 아이　음 아
부수　　儿(어진사람 인)
총획　　8획

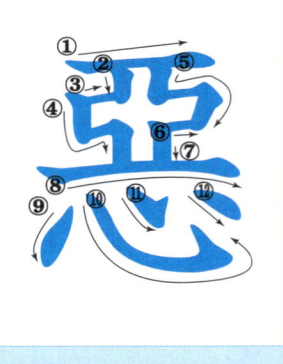

- 유래 보기 흉하게(亞) 일그러진 마음(心)이라는 뜻을 나타냅니다.
- 쓰임 惡行(악행) : 악한 행동　　惡德(악덕) : 나쁜 마음이나 나쁜 짓
  　　　惡童(악동) : 장난꾸러기　惡寒(오한) : 열이 나고 추운 증세
- 약자 悪
- 반의어 善(착할 선)

惡　惡　惡　惡　惡　惡

악할 악

훈 악할　음 악(미워할 오)
부수　　心(마음 심)
총획　　12획

- 유래: 여성이 집 안에서 음식을 장만할 때 주로 일하는 나무 평상(木)을 나타냅니다.
- 쓰임: 案內(안내) : 어떤 곳에 데려다 줌   案件(안건) : 토의할 사항
  方案(방안) : 방법이나 계획   考案(고안) : 연구하여 생각해 냄
- 비슷한 글자: 安(편안 안)

案 책상 안

훈 책상 음 안
부수 木(나무 목)
총획 10획

- 유래: 실(糸)을 손에 들고 허리를 숙여 묶는 사람(勹)의 모습을 나타냅니다.
- 쓰임: 約定(약정) : 약속하여 정함   言約(언약) : 말로 약속함
  規約(규약) : 규칙과 약속
- 비슷한 글자: 給(줄 급)   동음이의어: 藥(약 약)

約 맺을 약

훈 맺을 음 약
부수 糸(실 사)
총획 9획

- 유래: 집에서 기르는 양(羊)에게 먹이(食)를 주는 모습을 나타냅니다.
- 쓰임: 養子(양자) : 양아들   奉養(봉양) : 받들어 섬김
  養成(양성) : 가르치고 기름   養育(양육) : 길러 자라게 함
- 유의어: 育(기를 육)   동음이의어: 陽(볕 양), 洋(큰바다 양)

養 기를 양

훈 기를 음 양
부수 食(밥 식)
총획 15획

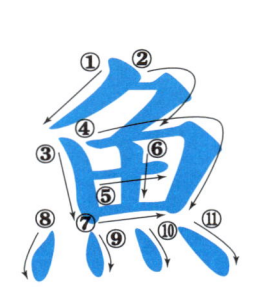

훈 고기	음 어
부수	魚(고기 어)
총획	11획

- 유래 물고기의 모양을 본뜬 것입니다.
- 쓰임 魚類(어류) : 물고기를 통틀어 일컬음   魚市場(어시장) : 물고기를 사고파는 시장
  - 青魚(청어) : 물고기의 종류   人魚(인어) : 상체는 사람인 상상 속의 물고기
- 유의어 漁(고기잡을 어)

魚	魚	魚	魚	魚	魚
고기 어					

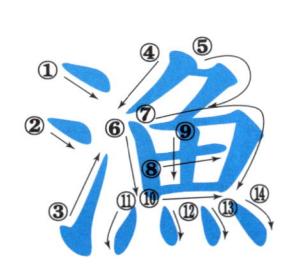

훈 고기잡을	음 어
부수	氵(水)(물 수)
총획	14획

- 유래 물(氵)에서 물고기(魚)를 잡는 모습을 나타냅니다.
- 쓰임 漁夫(어부) : 고기잡이를 업으로 하는 사람   漁村(어촌) : 어민들이 모여 사는 마을
  - 出漁(출어) : 고기를 잡으러 나감   漁具(어구) : 고기잡이에 쓰는 기구
- 동음이의어 語(말씀 어)

훈 억	음 억
부수	亻(人)(사람 인)
총획	15획

- 유래 뿔나팔의 장단 등의 중요한 신호들을 분별할 수 있는 사람(亻)을 나타냅니다.
- 쓰임 百億(백억) : 일백억   億代(억대) : 억으로 헤아리는 금액
  - 數億(수억) : 억의 두서너 곱절
- 비슷한 글자 意(뜻 의)

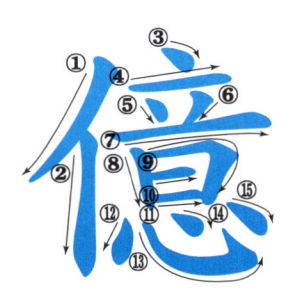

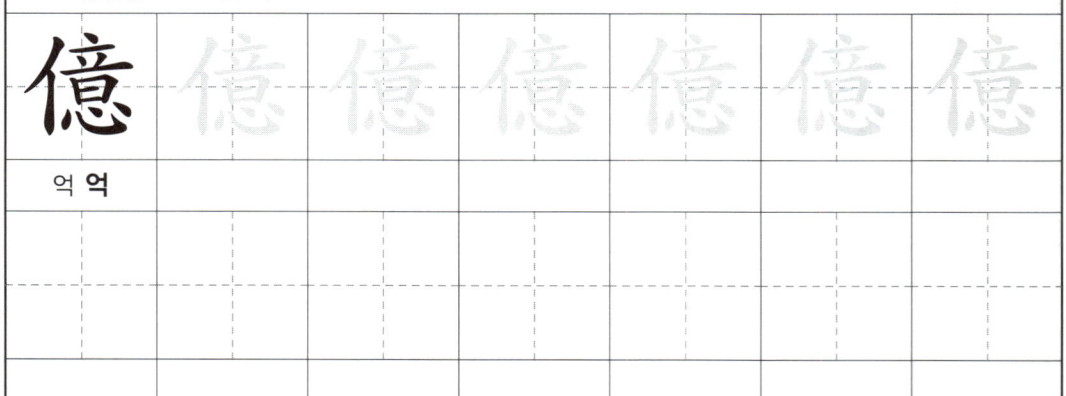

제 8 강 — 확인평가

1 다음 한자의 음을 쓰세요.

(1) 臣 (　　　) (2) 兒 (　　　)

(3) 養 (　　　) (4) 漁 (　　　)

(5) 約 (　　　) (6) 案 (　　　)

(7) 順 (　　　) (8) 首 (　　　)

(9) 識 (　　　) (10) 實 (　　　)

2 다음 뜻에 맞는 한자를 例에서 골라 기호를 쓰세요.

> 例
> ① 宿　② 順　③ 示　④ 臣　⑤ 實
> ⑥ 惡　⑦ 約　⑧ 養　⑨ 魚　⑩ 億

(1) 악하다 (　　　) (2) 기르다 (　　　)

(3) 보이다 (　　　) (4) 고기 (　　　)

(5) 신하 (　　　) (6) 자다 (　　　)

3 다음 음과 뜻에 맞는 한자를 쓰세요.

(1) 맺을 약 (　　　) (2) 고기잡을 어 (　　　)

(3) 순할 순 (　　　) (4) 아이 아 (　　　)

4 다음 한자어의 음을 쓰세요.

(1) 實力 (　　　　　) (2) 育兒 (　　　　　)

(3) 養子 (　　　　　) (4) 識見 (　　　　　)

(5) 宿命 (　　　　　) (6) 億萬 (　　　　　)

(7) 活魚 (　　　　　) (8) 順序 (　　　　　)

(9) 惡童 (　　　　　) (10) 案件 (　　　　　)

(11) 君臣 (　　　　　)

5 다음 음과 뜻에 맞는 한자어를 한자로 쓰세요.

(1) 표시 : 겉으로 드러내 보임 (　　　　　)

(2) 공약 : 사회의 여러 사람들에 대한 약속 (　　　　　)

(3) 수상 : 내각의 우두머리 (　　　　　)

(4) 어부 : 고기잡이를 업으로 하는 사람 (　　　　　)

6 다음 문장의 밑줄 친 한자어를 한자로 쓰세요.

(1) 길을 잘 모르는 사람에게는 친절히 안내해 주어야 한다. (　　　　　)

(2) 이상 실현을 위해 열심히 노력해야 한다. (　　　　　)

(3) 자수를 하는 길만이 형을 감면받게 됩니다. (　　　　　)

한자 배우기 5급

제 9강

한자	훈음
熱	더울 열
葉	잎 엽
屋	집 옥
完	완전할 완
要	요긴할 요
曜	빛날 요
浴	목욕할 욕
友	벗 우
牛	소 우
雨	비 우
雲	구름 운
雄	수컷 웅
元	으뜸 원
願	원할 원
原	언덕 원

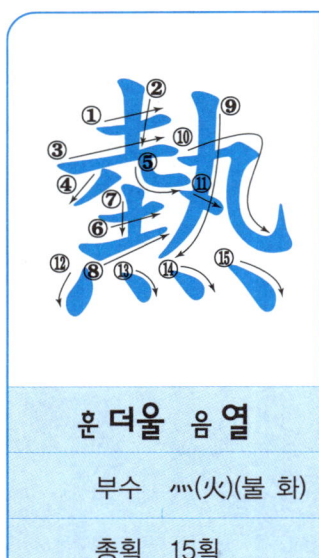

- 유래 불길(火)이 세서 '덥다'는 뜻을 나타냅니다.
- 쓰임 熱望(열망) : 간절히 바람   加熱(가열) : 열을 가함
  熱中(열중) : 정신을 집중함
- 반의어 寒(찰 한), 冷(찰 랭)

熱 熱 熱 熱 熱 熱

더울 **열**

훈 더울 음 열

부수 灬(火)(불 화)

총획 15획

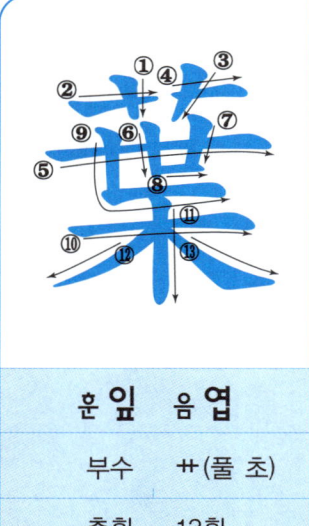

- 유래 나무(木) 위에 무수하게 자라 있는 잎(世)을 나타냅니다.
- 쓰임 落葉(낙엽) : 나뭇잎이 떨어짐   葉書(엽서) : 우편엽서
  葉錢(엽전) : 옛날 동전
- 비슷한 글자 樂(즐길 락)

葉 葉 葉 葉 葉 葉

잎 **엽**

훈 잎 음 엽

부수 艹(풀 초)

총획 13획

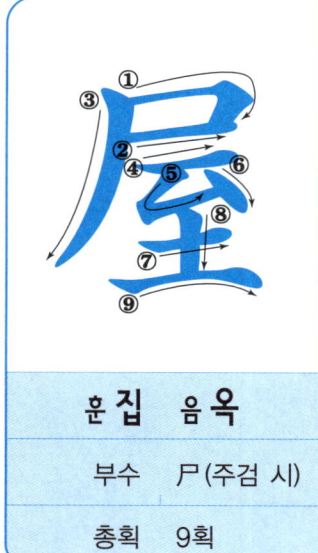

- 유래 사람이 머물러 산다는 데서 '집'을 나타냅니다.
- 쓰임 家屋(가옥) : 사람이 사는 집   屋外(옥외) : 집의 바깥
  屋上(옥상) : 지붕 위   韓屋(한옥) : 우리 나라 전통 주택
- 유의어 家(집 가), 宅(집 택), 院(집 원)

屋 屋 屋 屋 屋 屋

집 옥

훈 집 음 옥

부수 尸(주검 시)

총획 9획

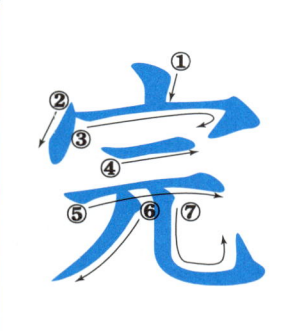

- 훈 **완전할** 음 **완**
- 부수 宀(집 면)
- 총획 7획

- 유래 모자나 관(一)을 쓴 사람(儿)이 사는 집(宀)을 나타냅니다.
- 쓰임 完全(완전) : 부족함이나 흠이 없음   完成(완성) : 완전히 다 이룸
  完工(완공) : 공사를 마침   完勝(완승) : 완벽한 승리
- 유의어 全(온전 전)
- 비슷한 글자 宅(집 택)

完 完 完 完 完 完
완전할 완

- 훈 **요긴할** 음 **요**
- 부수 襾(덮을 아)
- 총획 9획

- 유래 여자가 두 손으로 허리를 잡고 서 있는 모양을 나타냅니다.
- 쓰임 要所(요소) : 근본적인 조건   要望(요망) : 어떻게 해 주기를 바람
  重要(중요) : 소중함   要求(요구) : 달라고 청함

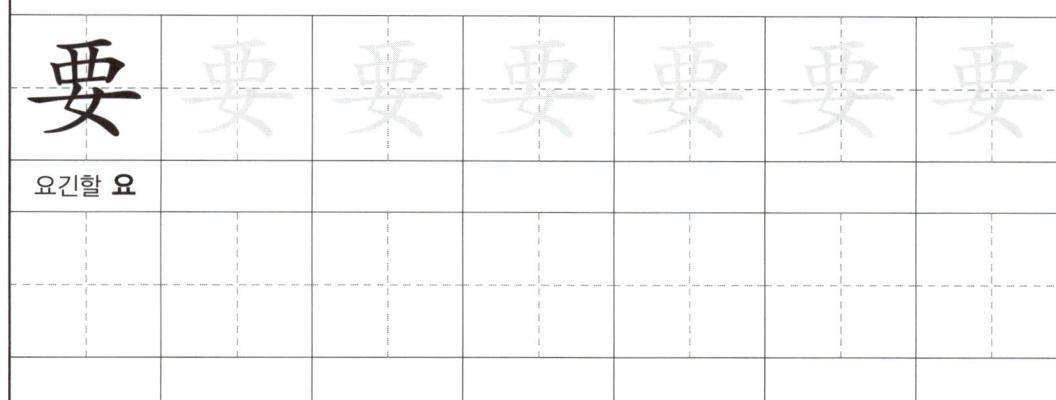
요긴할 요

- 훈 **빛날** 음 **요**
- 부수 日(날 일)
- 총획 18획

- 유래 꿩의 깃이 햇빛에 반사되어 아름답게 '빛난다'는 것을 나타냅니다.
- 쓰임 曜日(요일) : 한 주일의 각 날
  木曜日(목요일) : 일주일의 5째 날
- 유의어 光(빛 광)

빛날 요

훈 목욕할 **음** 욕

부수 氵(水)(물 수)

총획 10획

- ✿ 유래 골짜기(谷)에서 흐르는 물(氵)로 몸을 씻는 것을 나타냅니다.
- ✿ 쓰임 浴室(욕실) : 목욕실
  入浴(입욕) : 욕탕에 들어감
  海水浴(해수욕) : 바다에서 물놀이 함

浴	浴	浴	浴	浴	浴	浴
목욕할 욕						

훈 벗 **음** 우

부수 又(또 우)

총획 4획

- ✿ 유래 왼팔과 오른팔(又)을 걸고 어깨동무한 모습을 나타냅니다.
- ✿ 쓰임 友情(우정) : 친구 사이의 정   交友(교우) : 친구를 사귐, 사귀는 벗
  友愛(우애) : 두터운 정과 사랑   學友(학우) : 배움을 같이 하는 친구
- ✿ 비슷한 글자 反(돌이킬 반)

友	友	友	友	友	友	友
벗 우						

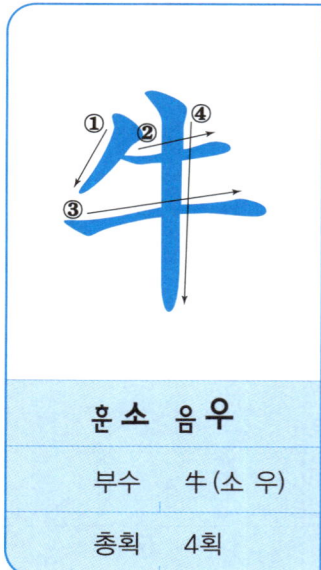

훈 소 **음** 우

부수 牛(소 우)

총획 4획

- ✿ 유래 앞에서 본 소의 머리 모양을 본뜬 것입니다.
- ✿ 쓰임 韓牛(한우) : 국산 소   牛角(우각) : 소뿔
  黃牛(황우) : 누런 빛을 띤 소
- ✿ 비슷한 글자 午(낮 오), 年(해 년)

牛	牛	牛	牛	牛	牛	牛
소 우						

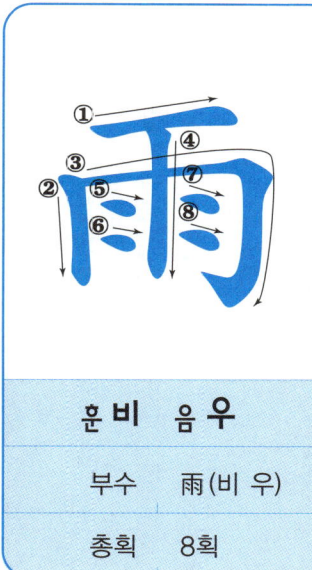

- 훈 비 음 우
- 부수 雨(비 우)
- 총획 8획

- 유래 하늘(一)의 구름에서 빗방울(水)이 떨어져 수건(巾)을 적시는 것을 나타냅니다.
- 쓰임 雨期(우기) : 비가 오는 시기   風雨(풍우) : 바람과 비
  雨天(우천) : 비가 내리는 날씨   雨量(우량) : 비가 온 양
- 비슷한 글자 雲(구름 운)

雨
비 우

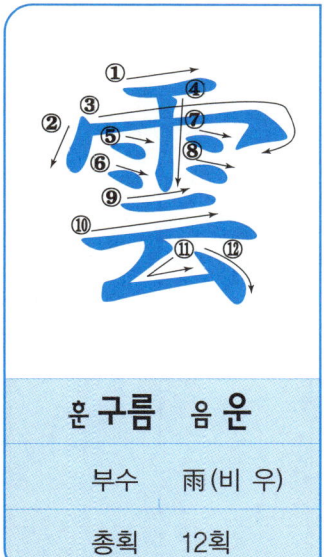

- 훈 구름 음 운
- 부수 雨(비 우)
- 총획 12획

- 유래 비(雨)를 머금은 구름이 바람에 흘러가는 모양을 나타냅니다.
- 쓰임 白雲(백운) : 흰 구름   雲集(운집) : 구름처럼 모임
  戰雲(전운) : 전쟁이 일어나려는 형세
- 비슷한 글자 雪(눈 설)   동음이의어 運(옮길 운)

雲
구름 운

- 훈 수컷 음 웅
- 부수 隹(새 추)
- 총획 12획

- 유래 새(隹) 중에서도 발톱의 힘이 강한 것은 '수컷'이라는 뜻을 나타냅니다.
- 쓰임 雄大(웅대) : 웅장하고 큼   英雄(영웅) : 뛰어난 인물
  雄志(웅지) : 큰 뜻
- 반의어 雌(암컷 자)

雄
수컷 웅

한자검정능력 5급 077

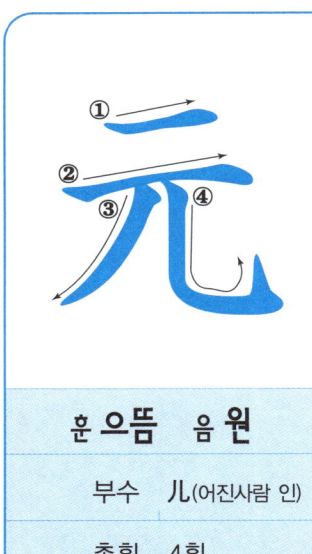

- 유래 사람(儿)의 가장 위(二)에 있는 머리가 근본이라는 것을 나타냅니다.
- 쓰임 元金(원금) : 밑천으로 들인 돈   元氣(원기) : 타고난 기운
       元祖(원조) : 처음 시작한 사람   元老(원로) : 경험과 공로가 많은 사람
- 비슷한 글자 完(완전할 완)

元 으뜸 원

훈 으뜸 **음** 원
부수 儿(어진사람 인)
총획 4획

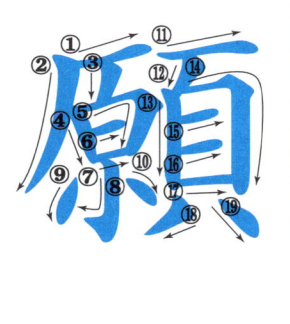

- 유래 샘(原)에 머리(頁)를 가까이 대고 물을 마시려고 하는 모양을 나타냅니다.
- 쓰임 所願(소원) : 바라는 바   自願(자원) : 스스로 나섬
       民願(민원) : 행정 처리를 요구함   願書(원서) : 지원하는 서류
- 유의어 望(바랄 망)

願 원할 원

훈 원할 **음** 원
부수 頁(머리 혈)
총획 19획

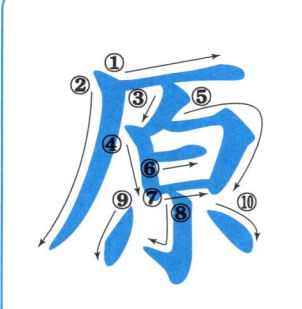

- 유래 언덕 아래를 파면 물이 샘솟듯이 나와 이 곳을 중심으로 생활한 것을 나타냅니다.
- 쓰임 草原(초원) : 풀이 난 벌판   原價(원가) : 생산에 쓰인 순수 비용
       原理(원리) : 기본이 되는 이치
- 동음이의어 園(동산 원), 遠(멀 원)

原 언덕 원

훈 언덕 **음** 원
부수 厂(언덕 한)
총획 10획

제 9 강 확인평가

1 다음 한자의 음을 쓰세요.

(1) 浴 (　　　　)　　　(2) 曜 (　　　　)

(3) 要 (　　　　)　　　(4) 屋 (　　　　)

(5) 熱 (　　　　)　　　(6) 雨 (　　　　)

(7) 雄 (　　　　)　　　(8) 原 (　　　　)

(9) 牛 (　　　　)　　　(10) 完 (　　　　)

2 다음 뜻에 맞는 한자를 例에서 골라 기호를 쓰세요.

例
① 葉　② 屋　③ 完　④ 曜　⑤ 浴
⑥ 友　⑦ 雲　⑧ 雄　⑨ 元　⑩ 願

(1) 잎 (　　　　)　　　(2) 벗 (　　　　)

(3) 으뜸 (　　　　)　　　(4) 완전하다 (　　　　)

(5) 빛나다 (　　　　)　　　(6) 구름 (　　　　)

3 다음 음과 뜻에 맞는 한자를 쓰세요.

(1) 목욕할 욕 (　　　　)　　　(2) 언덕 원 (　　　　)

(3) 소 우 (　　　　)　　　(4) 요긴할 요 (　　　　)

4 다음 한자어의 음을 쓰세요.

(1) 浴室 (　　　　　)　　(2) 風雨 (　　　　　)

(3) 熱氣 (　　　　　)　　(4) 學友 (　　　　　)

(5) 願書 (　　　　　)　　(6) 雄志 (　　　　　)

(7) 草原 (　　　　　)　　(8) 完全 (　　　　　)

(9) 牛角 (　　　　　)　　(10) 曜日 (　　　　　)

(11) 韓屋 (　　　　　)

5 다음 음과 뜻에 맞는 한자어를 한자로 쓰세요.

(1) 낙엽 : 말라서 떨어진 나뭇잎 (　　　　　　)

(2) 운집 : 구름처럼 많이 모인 모양 (　　　　　　)

(3) 중요 : 귀중하고 요긴함 (　　　　　　)

(4) 원조 : 어떤 분야의 일을 처음 시작한 사람 (　　　　　　)

6 다음 문장의 밑줄 친 한자어를 한자로 쓰세요.

(1) 서로 사귀는 벗을 교우라고 한다. (　　　　　　)

(2) 이순신 장군은 우리 역사의 불멸의 영웅이다. (　　　　　　)

(3) 옥상에다 건물을 올리는 것은 불법입니다. (　　　　　　)

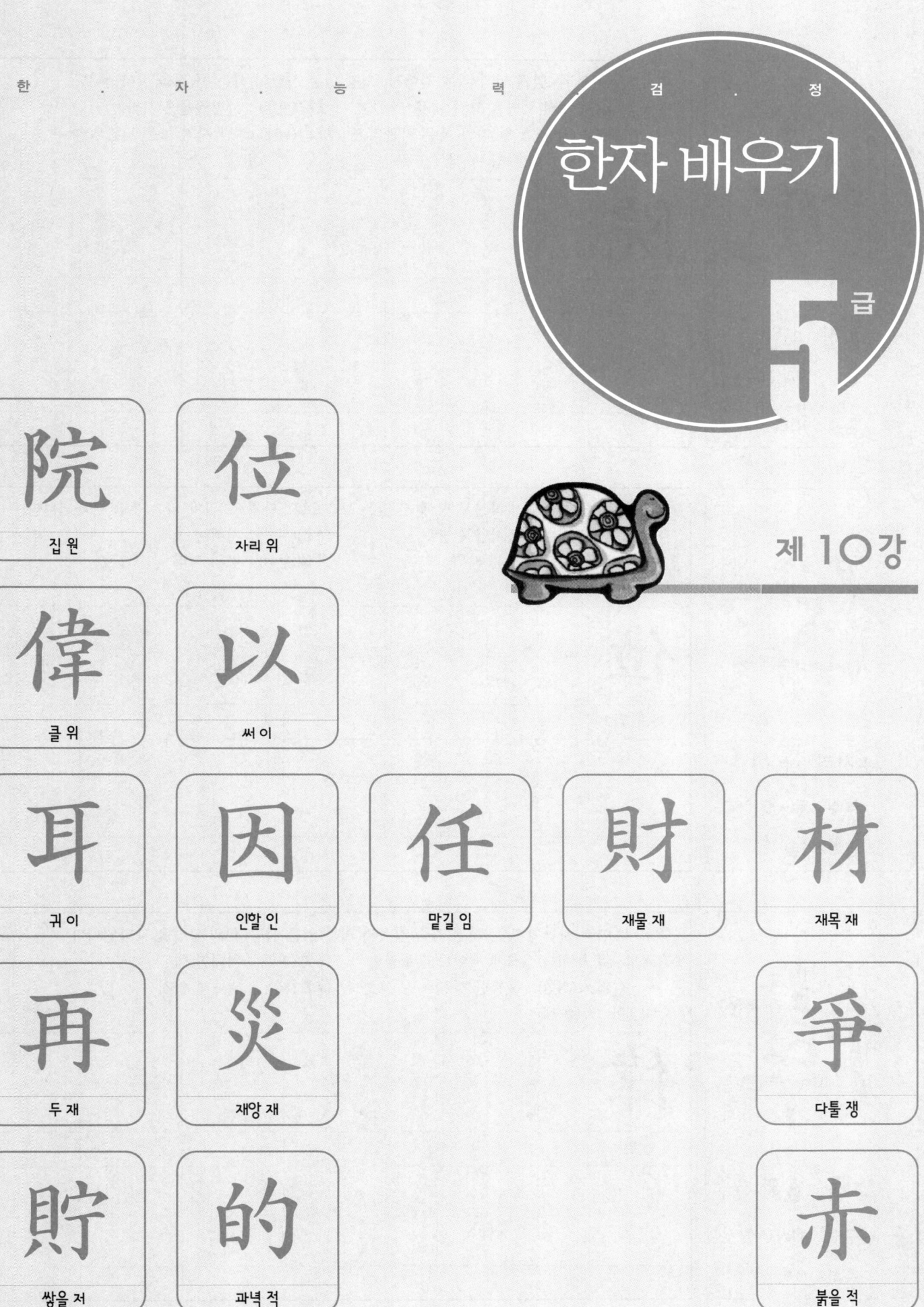

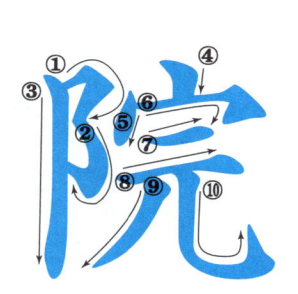

- 유래 잘 볼 수 있게 언덕 위에 지어진, 덕망 있는 사람이 사는 큰 집을 나타냅니다.
- 쓰임 病院(병원) : 병을 고치는 곳   法院(법원) : 사법권을 행사하는 기관
         院長(원장) : '원' 자가 붙은 기관의 장   院內(원내) : '원' 자가 붙은 기관의 내부
- 유의어 家(집 가), 宅(집 택), 屋(집 옥)

훈 집 음 원

부수 阝(좌부변 부)

총획 10획

院 집 원

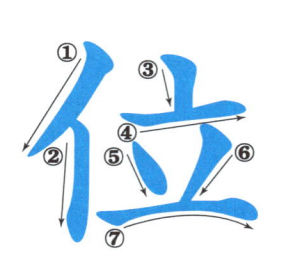

- 유래 사람이 앞을 바라보고 땅에 서 있는 모습으로 '자리', '위치'라는 뜻을 나타냅니다.
- 쓰임 方位(방위) : 동서남북 방향   位相(위상) : 지위나 상태
         上位(상위) : 높은 지위   王位(왕위) : 왕의 자리
- 유의어 席(자리 석)

훈 자리 음 위

부수 亻(人)(사람 인)

총획 7획

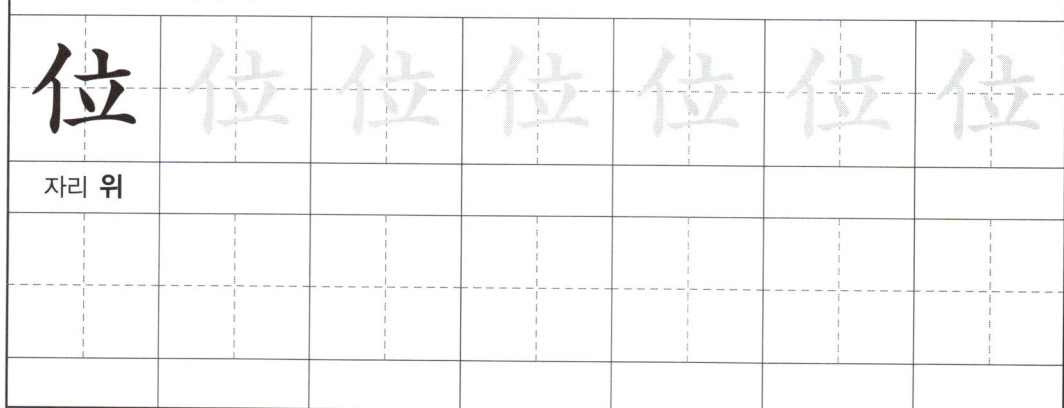

位 자리 위

- 유래 여러 사람이 만든 멋진 가죽 갑옷과 이를 입은 사람(亻)의 모습을 나타냅니다.
- 쓰임 偉大(위대) : 크게 뛰어나고 훌륭함   偉力(위력) : 위대한 힘
         偉人(위인) : 훌륭한 사람   偉業(위업) : 위대한 업적
- 유의어 大(큰 대)

훈 클 음 위

부수 亻(人)(사람 인)

총획 11획

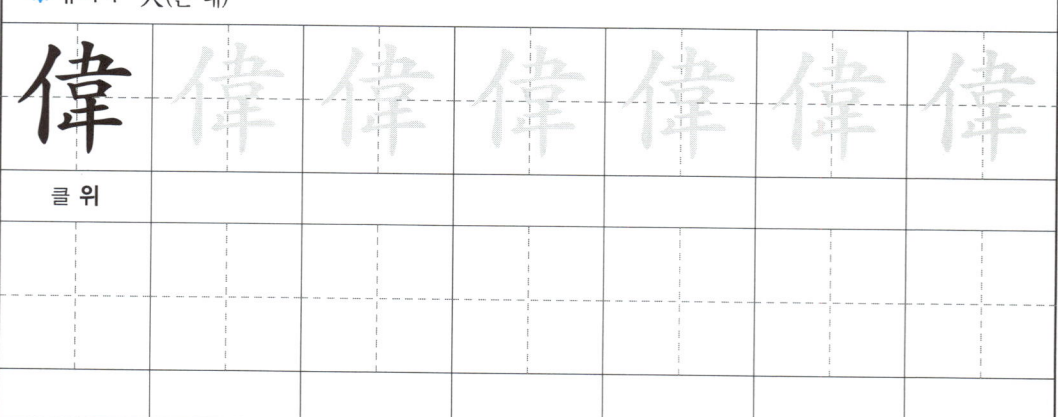

偉 클 위

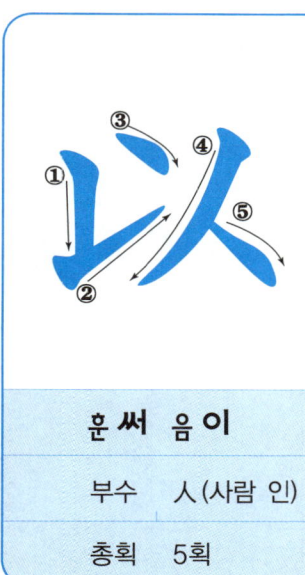

- 유래 사람(人)이 밭을 갈 때는 쟁기를 '쓴다'는 것을 나타냅니다.
- 쓰임 **以後**(이후) : 기준 시점 뒤　　**以南**(이남) : 기준선 남쪽
　　　　以來(이래) : 기준 시점 이후로　**以實直告**(이실직고) : 사실대로 말함
- 비슷한 글자 比(견줄 비)

以　써 이

훈 써 **음** 이
부수　人(사람 인)
총획　5획

- 유래 사람의 귀 모양을 본뜬 것입니다.
- 쓰임 **耳目**(이목) : 귀와 눈
　　　　耳順(이순) : 나이 예순을 일컫는 말
- 비슷한 글자 目(눈 목)

耳　귀 이

훈 귀 **음** 이
부수　耳(귀 이)
총획　6획

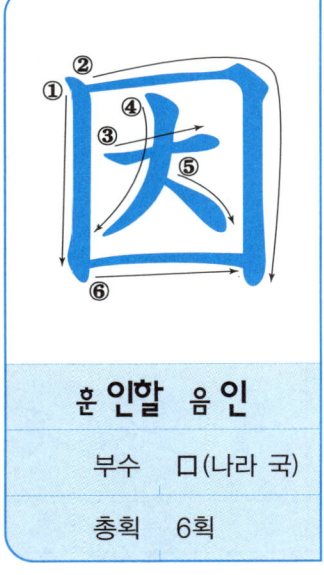

- 유래 여성(大)이 결혼식을 한 후 신방(口)에 들어와 누운 모양을 나타냅니다.
- 쓰임 **原因**(원인) : 사물의 말미암은 까닭　**因果**(인과) : 원인과 결과
　　　　死因(사인) : 죽은 원인　　**基因**(기인) : 무슨 일을 일으키는 원인
- 반의어 果(실과 과)　　　　　　동음이의어 人(사람 인)

因　인할 인

훈 인할 **음** 인
부수　口(나라 국)
총획　6획

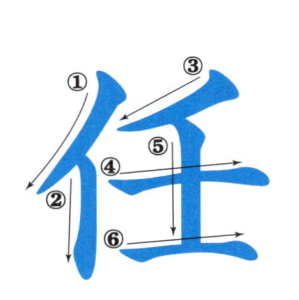

- 유래　땅(一) 위에 서 있는 관리(禾)직을 맡아 보는 사람(亻)을 나타냅니다.
- 쓰임　任期(임기) : 일정 일을 맡아 보는 기간　　歷任(역임) : 여러 관직을 거침
　　　　任用(임용) : 어떤 일에 사람을 씀　　　　放任(방임) : 내버려 둠
- 비슷한 글자　仕(섬길 사)

맡길 임

훈 맡길　음 임

부수　亻(人)(사람 인)

총획　6획

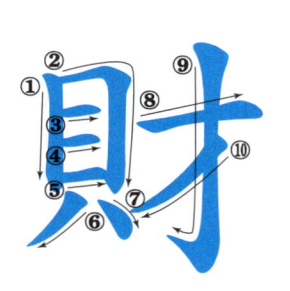

- 유래　사람이 서서 조개(貝)를 다루는 모습(才)을 나타냅니다.
- 쓰임　財物(재물) : 돈과 값나가는 물건　　財産(재산) : 경제적 가치를 지닌 물건
　　　　財界(재계) : 경제인들의 모임　　　財團(재단) : 어떤 목적을 위해 결합된 재산
- 비슷한 글자　材(재목 재)　　　　　　　　동음이의어　在(있을 재), 才(재주 재)

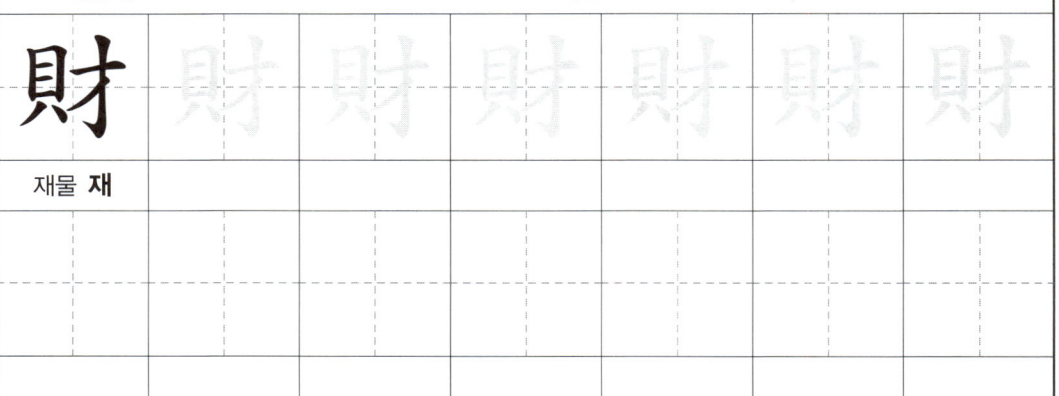

재물 재

훈 재물　음 재

부수　貝(조개 패)

총획　10획

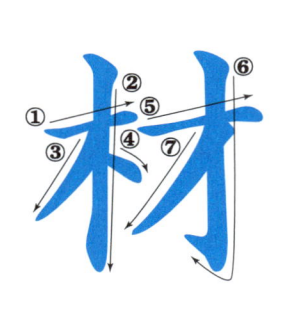

- 유래　판자나 기둥을 만들기 위하여 베어진 나무(木)는 쓸모 있는 '재목' 임을 나타냅니다.
- 쓰임　木材(목재) : 나무 재료　　　　　　人材(인재) : 쓸만한 사람
　　　　材料(재료) : 물건을 만드는 원료　　教材(교재) : 학습에 쓰이는 재료
- 비슷한 글자　林(수풀 림)

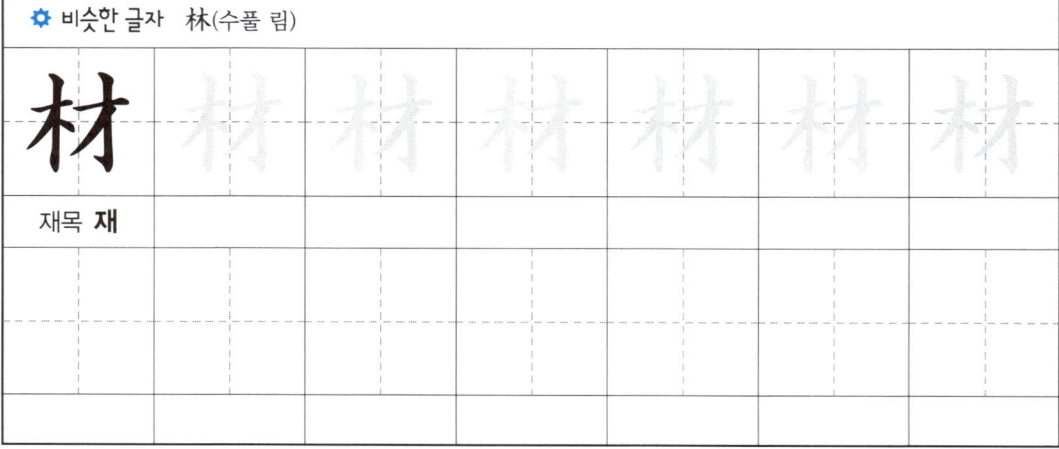

재목 재

훈 재목　음 재

부수　木(나무 목)

총획　7획

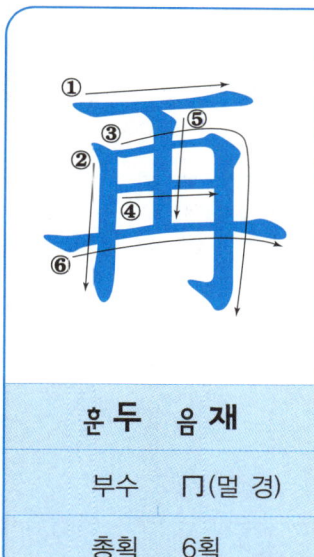

- 유래 이미 엮은 것(冉)에 대나무를 한 개씩 거듭 덧붙여 엮는 모양을 나타냅니다.
- 쓰임 再會(재회) : 다시 만남   再考(재고) : 다시 생각함
  再生(재생) : 다시 살아남   再開(재개) : 다시 일어남
- 비슷한 글자 用(쓸 용)

再 두 재

훈 두 음 재
부수 冂(멀 경)
총획 6획

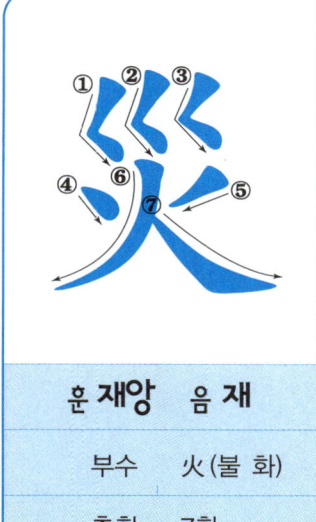

- 유래 강물(巛)이 불거나 큰 불이 나서 세간이 불타는 모습을 나타냅니다.
- 쓰임 水災(수재) : 물로 인한 재난   火災(화재) : 불로 인한 재난
  災害(재해) : 재난으로 입은 피해
- 유의어 害(해할 해)

災 재앙 재

훈 재앙 음 재
부수 火(불 화)
총획 7획

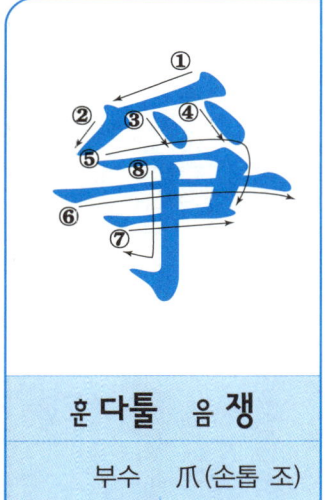

- 유래 뺏으려는 손(爫)과 이미 어떤 것을 쥔 손(彐)이 서로 다투는 모습을 나타냅니다.
- 쓰임 戰爭(전쟁) : 무력을 써서 서로 싸움   言爭(언쟁) : 말로 싸움
  分爭(분쟁) : 서로 다툼
- 약자 争
- 유의어 競(다툴 경)

爭 다툴 쟁

훈 다툴 음 쟁
부수 爪(손톱 조)
총획 8획

훈 쌓을	음 저
부수	貝(조개 패)
총획	12획

- 유래 재물(貝)을 집(宀) 안의 금고(丁은 보관하는 곳의 변형)에 쌓는 모양을 나타냅니다.
- 쓰임 貯金(저금) : 돈을 모아 둠   貯水地(저수지) : 물을 모아 두는 곳
- 비슷한 글자 財(재물 재)

貯 (쌓을 저)

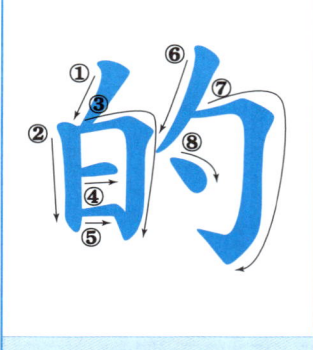

훈 과녁	음 적
부수	白(흰 백)
총획	8획

- 유래 밝게 표시해 놓은 과녁(白)과 쏘아 맞춘 사람(勺)이 자기 화살을 확인하는 모양을 나타냅니다.
- 쓰임 的中(적중) : 목표에 정확히 들어맞음   目的(목적) : 목표나 방향
  心的(심적) : 마음에 관한 것   的當(적당) : 알맞고 마땅함

的 (과녁 적)

훈 붉을	음 적
부수	赤(붉을 적)
총획	7획

- 유래 큰 불이 타오르는 불길의 색깔이 '붉다'라는 것을 나타냅니다.
- 쓰임 赤土(적토) : 붉은 흙   赤色(적색) : 붉은 색
  赤字(적자) : 손해를 봄   赤旗(적기) : 붉은 깃발
- 비슷한 글자 表(겉 표)

赤 (붉을 적)

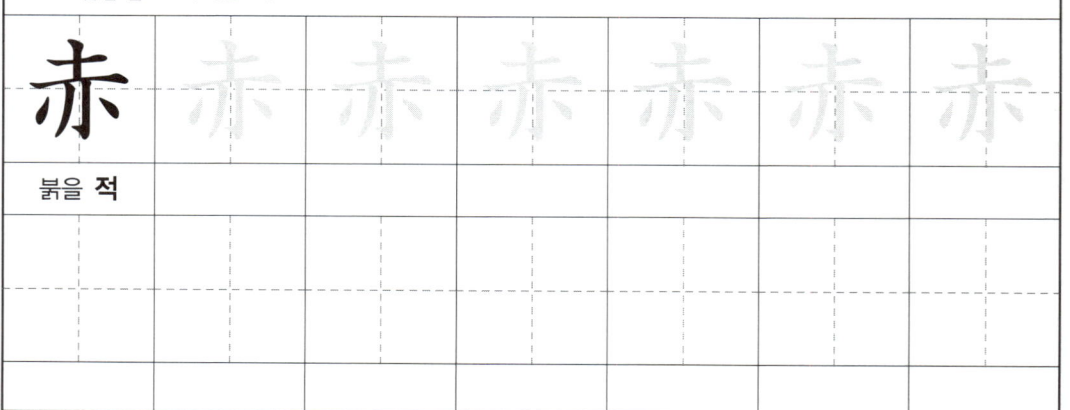

제 10 강 확인평가

1 다음 한자의 음을 쓰세요.

(1) 院 (　　　　)   (2) 偉 (　　　　)

(3) 耳 (　　　　)   (4) 因 (　　　　)

(5) 任 (　　　　)   (6) 財 (　　　　)

(7) 再 (　　　　)   (8) 爭 (　　　　)

(9) 貯 (　　　　)   (10) 赤 (　　　　)

2 다음 뜻에 맞는 한자를 例에서 골라 기호를 쓰세요.

例	① 位	② 偉	③ 以	④ 任	⑤ 財
	⑥ 材	⑦ 災	⑧ 爭	⑨ 的	⑩ 赤

(1) 붉다 (　　　　)   (2) 재물 (　　　　)

(3) 자리 (　　　　)   (4) 재앙 (　　　　)

(5) 다투다 (　　　　)   (6) 재목 (　　　　)

3 다음 음과 뜻에 맞는 한자를 쓰세요.

(1) 쌓을 저 (　　　　)   (2) 집 원 (　　　　)

(3) 귀 이 (　　　　)   (4) 맡길 임 (　　　　)

4 다음 한자어의 음을 쓰세요.

(1) 以後 (　　　　)　　　(2) 再建 (　　　　)

(3) 財物 (　　　　)　　　(4) 偉業 (　　　　)

(5) 目的 (　　　　)　　　(6) 赤土 (　　　　)

(7) 敎材 (　　　　)　　　(8) 貯水 (　　　　)

(9) 耳順 (　　　　)　　　(10) 放任 (　　　　)

(11) 王位 (　　　　)

5 다음 음과 뜻에 맞는 한자어를 한자로 쓰세요.

(1) 원인 : 어떤 일이 일어나게 된 까닭 (　　　　)

(2) 재생 : 다시 살아남 (　　　　)

(3) 병원 : 환자를 치료하는 시설을 갖추어 놓은 곳 (　　　　)

(4) 전쟁 : 무력을 써서 하는 싸움 (　　　　)

6 다음 문장의 밑줄 친 한자어를 한자로 쓰세요.

(1) 철수는 우리 학교 총학생회장에 임명되었다. (　　　　)

(2) 지구 온난화는 인류에게 재해를 가져다 줄 것이다. (　　　　)

(3) 경복궁은 세계 유산으로 지정된 문화재이다. (　　　　)

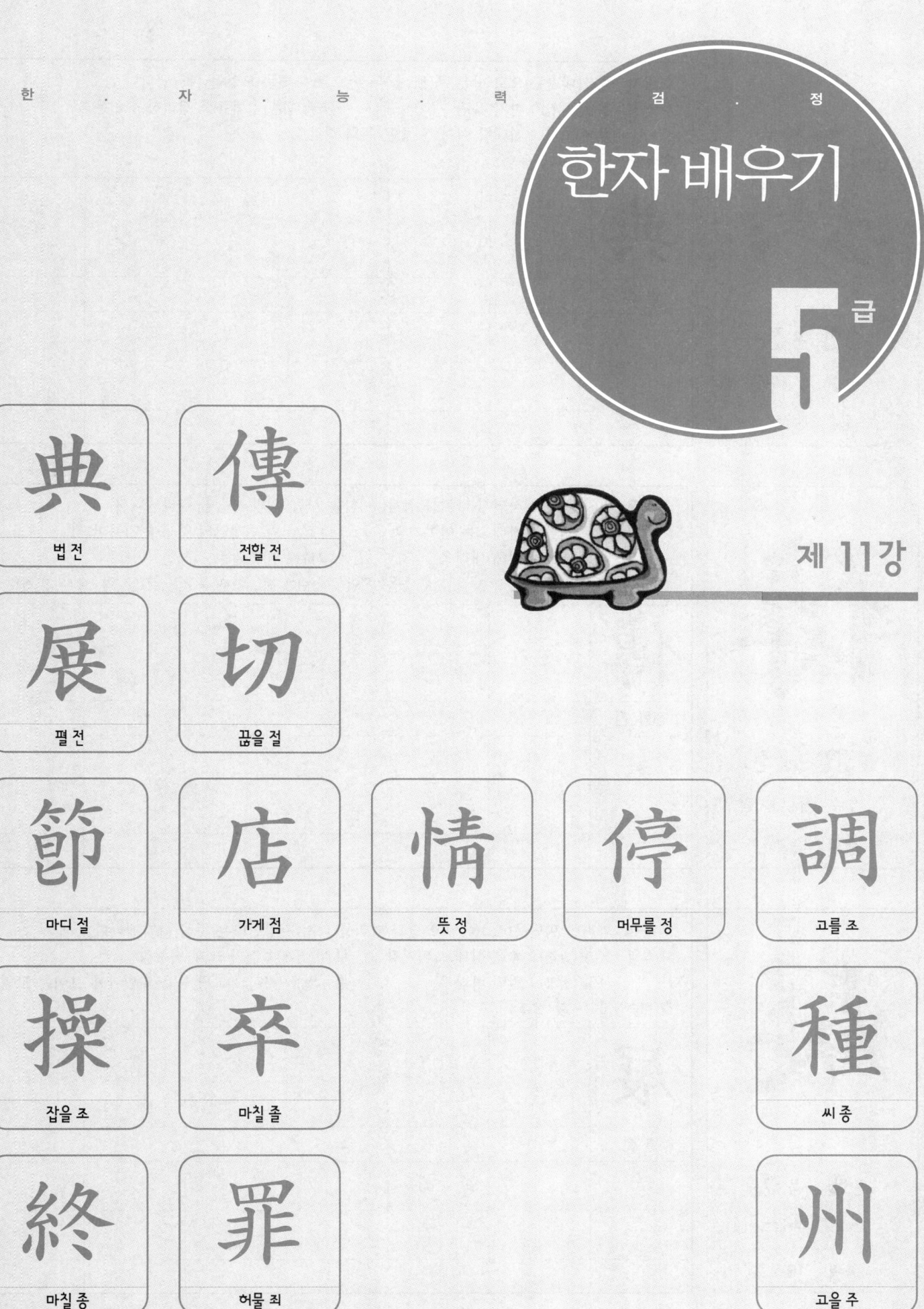

훈	법	음	전
부수	八(여덟 팔)		
총획	8획		

- 유래 죽간(대나무)으로 만든 책(冊)을 두 손으로 다루는 모양을 나타냅니다.
- 쓰임 字典(자전) : 한자 옥편   法典(법전) : 법규를 정리하여 엮은 책
  古典(고전) : 시대를 이어 온 좋은 문학 작품
- 비슷한 글자 曲(굽을 곡)

典 典 典 典 典 典
법 전

훈	전할	음	전
부수	亻(人)(사람 인)		
총획	13획		

- 유래 마차를 쉬게 하면서 바퀴를 점검(專)하는 사람(亻)의 모습을 나타냅니다.
- 쓰임 傳說(전설) : 전해오는 이야기   傳記(전기) : 개인의 일생을 기록한 책
  傳來(전래) : 전해 내려옴   口傳(구전) : 말로 전해진
- 약자 伝
- 동음이의어 電(번개 전), 戰(싸움 전), 前(앞 전), 全(온전 전)

傳 傳 傳 傳 傳 傳
전할 전

훈	펼	음	전
부수	尸(주검 시)		
총획	10획		

- 유래 화려한 비단옷(衣)을 입고 팔과 다리를 펴서 자랑한다는 뜻을 나타냅니다.
- 쓰임 發展(발전) : 좋은 상태로 되어감   展開(전개) : 점차 크게 펼쳐짐
  展望(전망) : 멀리 바라봄   展示會(전시회) : 그림 등을 일반에게 보이는 모임
- 비슷한 글자 屋(집 옥)

展 展 展 展 展 展
펼 전

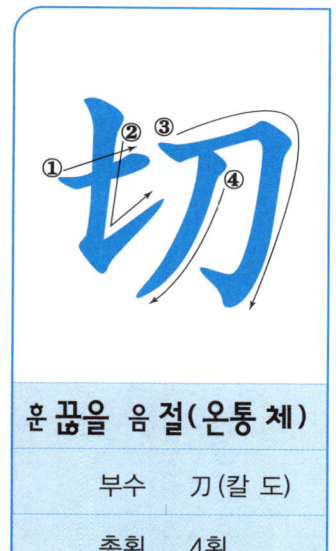

- 유래 막대기를 칼(刀)로 자르는 모양을 나타냅니다.
- 쓰임 切感(절감) : 절약하여 줄임
  切開(절개) : 째어서 엶
  親切(친절) : (남을 대하는 태도가) 정성스럽고 정다움

切 切 切 切 切 切
끊을 절

훈 끊을 음 절(온통 체)
부수 刀(칼 도)
총획 4획

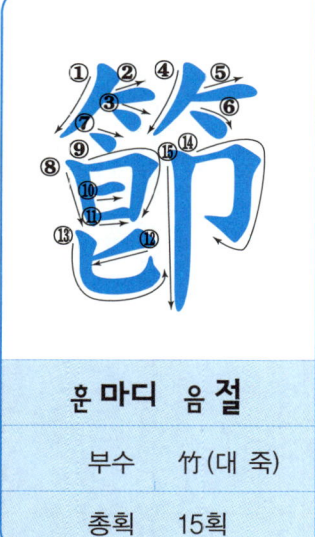

- 유래 대나무(竹)가 자라남에 따라 생기는 마디와 같이 식욕을 참으며 여럿이 음식을 먹을 때의 식사 예절을 나타냅니다.
- 쓰임 時節(시절) : 어느 한 동안   禮節(예절) : 예의와 절도
  節電(절전) : 전기를 절약함   調節(조절) : 균형 잡히도록 조정함

節 節 節 節 節 節
마디 절

훈 마디 음 절
부수 竹(대 죽)
총획 15획

- 유래 옛날 사람들이 날씨 등을 점(占)치며 하늘에 기원하던 공간을 나타냅니다.
- 쓰임 書店(서점) : 책을 파는 곳   商店(상점) : 물건을 파는 곳
  開店(개점) : 가게를 엶
- 비슷한 글자 序(차례 서)

店 店 店 店 店 店
가게 점

훈 가게 음 점
부수 广(집 엄)
총획 8획

- 유래 　마음(忄) 속에서 우러나오는 맑고 깨끗한 '사랑'을 나타냅니다.
- 쓰임 　感情(감정) : 느끼어 일어나는 마음　　友情(우정) : 친구 사이의 정
　　　　人情(인정) : 사람의 정　　　　　　情感(정감) : 다정한 느낌
- 유의어 　心(마음 심)
- 동음이의어 　庭(뜰 정), 定(정할 정), 正(바를 정)

情　情　情　情　情　情

뜻 정

훈 뜻　음 정
부수　忄(心)(마음 심)
총획　11획

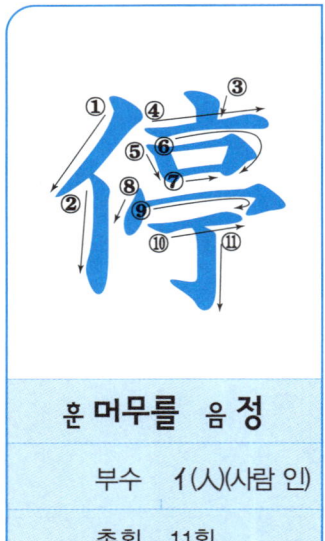

- 유래 　산수가 좋은 곳에 세워진 정자(亭)에서 쉬는 사람(亻)의 모습을 나타냅니다.
- 쓰임 　停戰(정전) : 전쟁을 중지함　　　停止(정지) : 멈추거나 그침
　　　　停年(정년) : 퇴직하도록 정해진 나이　停會(정회) : 회의를 정지함
- 유의어 　止(그칠 지)

停　停　停　停　停　停

머무를 정

훈 머무를　음 정
부수　亻(人)(사람 인)
총획　11획

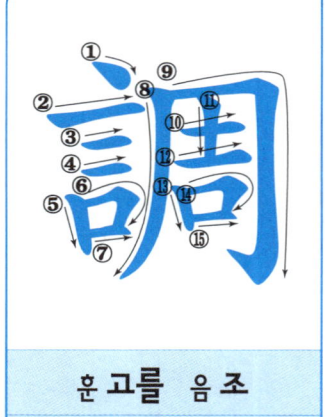

- 유래 　악기(周)에서 아름다운 소리(言)를 얻기 위해 조율하는 모습을 나타냅니다.
- 쓰임 　強調(강조) : 어떤 부분을 특별히 주장함　調停(조정) : 분쟁을 해결함
　　　　曲調(곡조) : 음악이나 가사의 가락　　調理(조리) : 몸을 보살핌
- 동음이의어 　祖(할아비 조), 朝(아침 조)

調　調　調　調　調　調

고를 조

훈 고를　음 조
부수　言(말씀 언)
총획　15획

훈 잡을 **음** 조

부수 扌(手)(손 수)

총획 16획

- 유래: 손(扌)으로 깨지기 쉬운 그릇들(品)을 나무(木) 위에 올려놓는 모습을 나타냅니다.
- 쓰임: 操業(조업): 기계를 움직여 일을 함 操心(조심): 몸가짐을 주의함
  操作(조작): 기계 등을 움직임 操身(조신): 몸가짐을 조심함
- 비슷한 글자: 放(놓을 방)

操 / 잡을 조

훈 마칠 **음** 졸

부수 十(열 십)

총획 8획

- 유래: 열(十) 명씩 대오를 이룬 같은 복장(衣)을 한 '군사'를 나타냅니다.
- 쓰임: 卒業(졸업): 학업을 마침 卒兵(졸병): 하급 병사
  軍卒(군졸): 군대에서의 하급 병사
- 약자: 卆
- 유의어: 兵(병사 병)

卒 / 마칠 졸

훈 씨 **음** 종

부수 禾(벼 화)

총획 14획

- 유래: 밭에 씨 망태기(臼)에 있는 종자(禾)를 뿌리는 사람(千, 土)의 모습을 나타냅니다.
- 쓰임: 各種(각종): 여러 종류 種子(종자): 씨앗
  人種(인종): 형질에 따른 사람의 분류 特種(특종): 특별한 종류
- 비슷한 글자: 重(무거울 중)

種 / 씨 종

- 유래 걸음걸음(夂)마다 얼음(冫)이 발에 걸리는 겨울에 실꾸러미(糸)를 들고 다니는 모습을 나타냅니다.
- 쓰임 終日(종일) : 하루 낮 동안   最終(최종) : 맨 나중   終末(종말) : 맨 끝
  始終(시종) : 처음부터 끝까지   반의어 始(비로소 시)   유의어 末(끝 말)

終 마칠 종

훈 마칠 음 종
부수 糸(실 사)
총획 11획

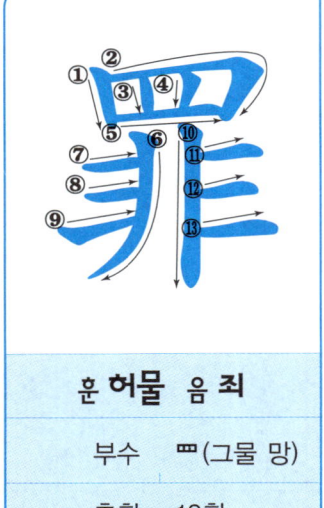

- 유래 조직의 조화를 깨뜨리는 짓을 법의 그물(罒)로 단죄하는 모습을 나타냅니다.
- 쓰임 罪人(죄인) : 죄를 지은 사람   罪名(죄명) : 죄의 항목
  無罪(무죄) : 죄가 없음   罪惡(죄악) : 죄가 되는 나쁜 짓
- 유의어 惡(악할 악)

罪 허물 죄

훈 허물 음 죄
부수 罒(그물 망)
총획 13획

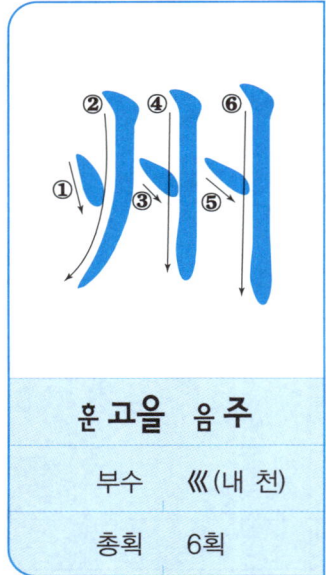

- 유래 강이나 하천이 흐르는 물줄기 사이사이에 있는 섬이나 마을의 모양을 나타냅니다.
- 쓰임 光州(광주) : 광역시 이름   全州(전주) : 전라도의 도시
  淸州(청주) : 충청도의 도시
- 유의어 邑(고을 읍), 洞(골 동)   동음이의어 主(주인 주), 住(살 주), 晝(낮 주), 注(부을 주)

州 고을 주

훈 고을 음 주
부수 巛(내 천)
총획 6획

제 11 강 확인평가

1 다음 한자의 음을 쓰세요.

(1) 州 (　　　)   (2) 終 (　　　)

(3) 卒 (　　　)   (4) 調 (　　　)

(5) 情 (　　　)   (6) 店 (　　　)

(7) 節 (　　　)   (8) 切 (　　　)

(9) 展 (　　　)   (10) 傳 (　　　)

2 다음 뜻에 맞는 한자를 例에서 골라 기호를 쓰세요.

例
① 典　　② 展　　③ 節　　④ 店　　⑤ 停
⑥ 操　　⑦ 種　　⑧ 終　　⑨ 罪　　⑩ 州

(1) 법 (　　　)   (2) 허물 (　　　)

(3) 씨 (　　　)   (4) 머무르다 (　　　)

(5) 잡다 (　　　)   (6) 마디 (　　　)

3 다음 음과 뜻에 맞는 한자를 쓰세요.

(1) 고를 조 (　　　)   (2) 뜻 정 (　　　)

(3) 펼 전 (　　　)   (4) 마칠 졸 (　　　)

4 다음 한자어의 음을 쓰세요.

(1) 切開 (   )   (2) 情報 (   )

(3) 淸州 (   )   (4) 種類 (   )

(5) 店員 (   )   (6) 無罪 (   )

(7) 字典 (   )   (8) 禮節 (   )

(9) 操業 (   )   (10) 調理 (   )

(11) 傳說 (   )

5 다음 음과 뜻에 맞는 한자어를 한자로 쓰세요.

(1) 정전 : 전기 공급이 중단됨 (   )

(2) 정담 : 다정한 이야기 (   )

(3) 종결 : 일을 마무리함 (   )

(4) 전개 : 넓게 펼쳐짐 (   )

6 다음 문장의 밑줄 친 한자어를 한자로 쓰세요.

(1) 미래를 위해서는 <u>절약</u>하지 않으면 안 됩니다. (   )

(2) 삼촌은 대학교를 <u>졸업</u>한 뒤 바로 취직이 되지 않아 고민하고 있습니다.
(   )

(3) 코끼리의 생김새를 자세히 <u>조사</u>해 오십시오. (   )

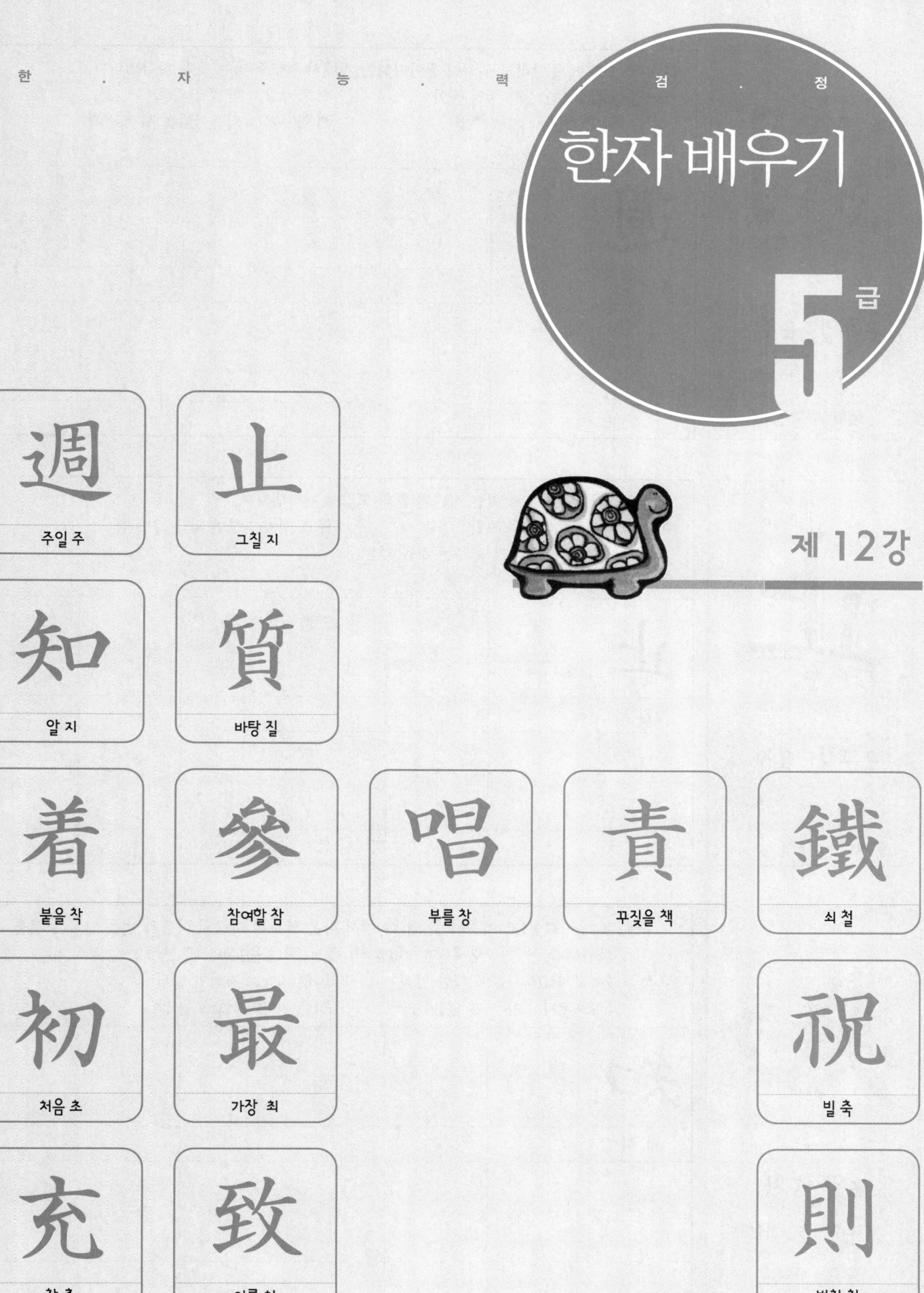

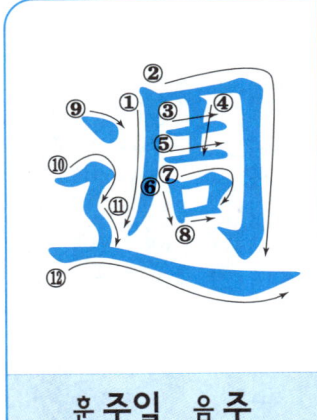

- 훈 주일 음 주
- 부수 辶(쉬엄쉬엄갈 착)
- 총획 12획

✿ 유래 모두에게 알리기 위하여 돌아다니는 것에서 '한 주'라는 뜻을 나타냅니다.
✿ 쓰임 週間(주간) : 한 주일 동안   週末(주말) : 한 주일의 끝
          前週(전주) : 지난 주일   週期(주기) : 되풀이되는 시간 간격
✿ 비슷한 글자 調(고를 조)

週 주일 주

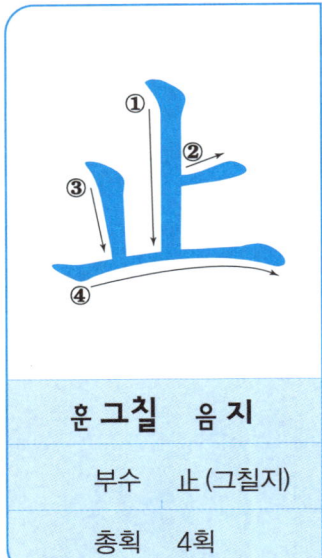

- 훈 그칠 음 지
- 부수 止(그칠지)
- 총획 4획

✿ 유래 앞쪽을 향해 서 있는 정지된 발의 모양을 나타냅니다.
✿ 쓰임 中止(중지) : 중도에서 멈춤   停止(정지) : 하던 일을 그만 둠
          止血(지혈) : 피가 흐르는 것을 멈춤
✿ 유의어 停(머무를 정)

止 그칠 지

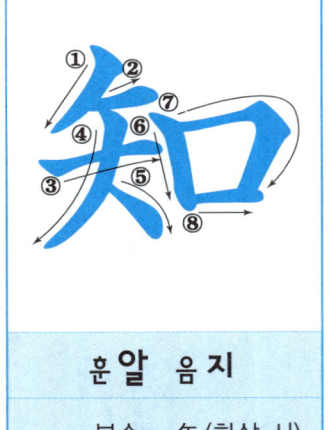

- 훈 알 음 지
- 부수 矢(화살 시)
- 총획 8획

✿ 유래 활에서 화살(矢)이 나오듯 입(口)에서 나온 말로써 사람의 마음과 뜻을 안다는 것을 나타냅니다.   ✿ 유의어 識(알 식)   ✿ 동음이의어 地(땅 지), 紙(종이 지)
✿ 쓰임 知識(지식) : 사물에 대한 인식   知能(지능) : 지적인 능력
          無知(무지) : 아는 게 없음   知己(지기) : 스스로를 앎

知 알 지

- 유래: 재물(貝)이 사람이 살아가는 데 있어서 바탕(斤斤)이 된다는 것을 나타냅니다.
- 쓰임: 體質(체질): 기본적인 성질 性質(성질): 타고난 기질
  質問(질문): 모르는 것을 물음 質量(질량): 물질의 양
- 약자: 貭

質 바탕 질

훈	바탕	음	질
부수	貝(조개 패)
총획	15획

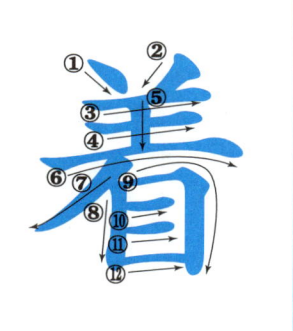

- 유래: 양(羊)을 눈(目)으로 찍고 달려가 잡는 모양을 나타냅니다.
- 쓰임: 着手(착수): 일을 시작함 着用(착용): 물건을 몸에 붙임
  定着(정착): 일정한 곳에 자리를 잡음 土着(토착): 대를 이어 그 땅에 삶
- 비슷한 글자: 省(살필 성)

着 붙을 착

훈	붙을	음	착
부수	目(눈 목)
총획	12획

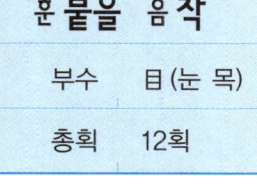

- 유래: 세 개의 별(厶)이 오리온자리에 참여하고 있다는 것을 나타냅니다.
- 쓰임: 參席(참석): 모임에 나감 參戰(참전): 전쟁에 참가함
  參加(참가): 참석하거나 가입함 同參(동참): 함께 참여함
- 약자: 参

參 참여할 참

훈	참여할	음	참(석 삼)
부수	厶(사사 사)
총획	11획

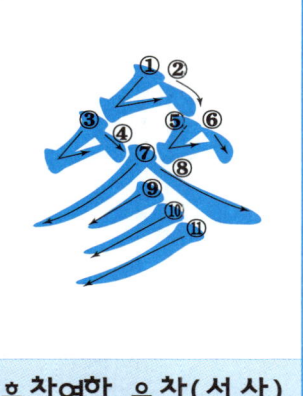

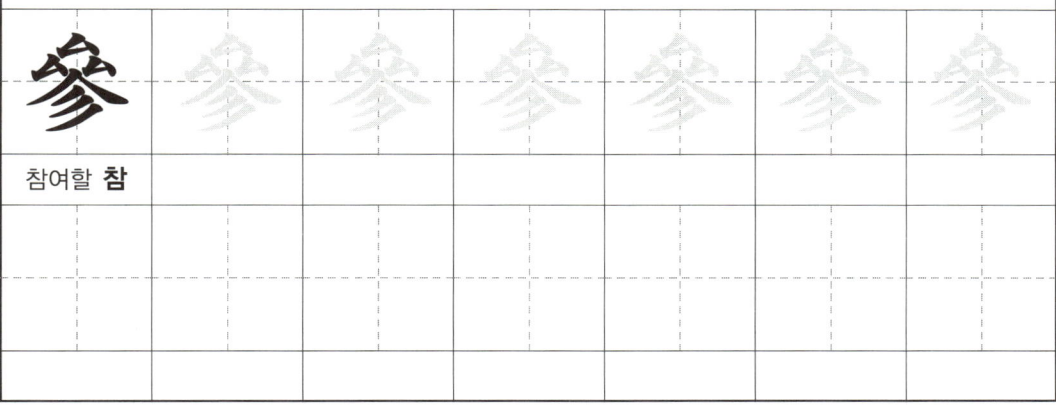

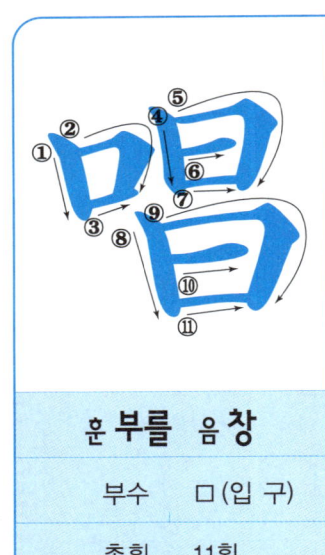

- 유래 태양(日)이 솟아오르는 곳을 향해 부르는 소리(口)를 나타냅니다.
- 쓰임 合唱(합창) : 여러 사람이 함께 노래함   先唱(선창) : 맨 먼저 노래를 부름
  唱法(창법) : 노래나 소리를 내는 방법   再唱(재창) : 다시 노래를 부름
- 유의어 歌(노래 가)
- 동음이의어 窓(창 창)

唱 부를 창

훈 부를 음 창
부수 口(입 구)
총획 11획

- 유래 조개칼(貝)로 잘라야 하는 칡의 줄기(主는 丰의 변형)의 모양을 나타냅니다.
- 쓰임 責望(책망) : 잘못을 꾸짖음   自責(자책) : 스스로 책망함
  責任(책임) : 해야 할 임무나 의무   問責(문책) : 책임을 물음
- 비슷한 글자 貴(귀할 귀), 靑(푸를 청)

責 꾸짖을 책

훈 꾸짖을 음 책
부수 貝(조개 패)
총획 11획

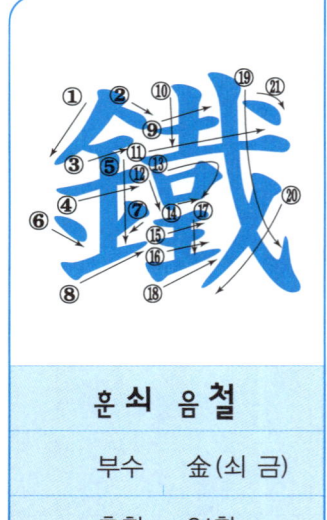

- 유래 쇠(金)를 모루(王는 工의 변형) 위에 놓고 망치(口)로 두드리는 모양을 나타냅니다.
- 쓰임 鐵物(철물) : 쇠로 만든 물건   古鐵(고철) : 낡은 쇠
  鐵道(철도) : 철길, 철로   鐵則(철칙) : 변경될 수 없는 규칙
- 약자 鉄

鐵 쇠 철

훈 쇠 음 철
부수 金(쇠 금)
총획 21획

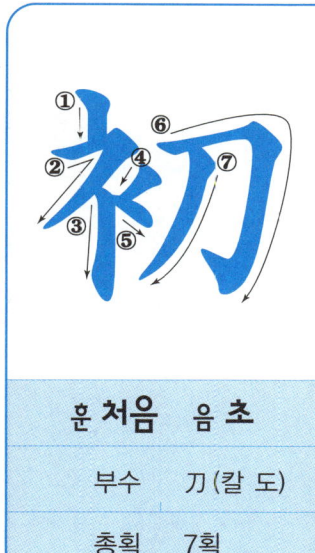

- 유래 귀한 천으로 옷(衤)을 만들기 위해 처음 칼을 대고 자르는 모습을 나타냅니다.
- 쓰임 初面(초면) : 처음 만남　　初行(초행) : 처음 가는 길
　　　 當初(당초) : 일의 맨 처음　　最初(최초) : 맨 처음
- 유의어 始(비로소 시)
- 동음이의어 草(풀 초)

初　初　初　初　初　初

처음 초

훈 처음　음 초
부수　刀(칼 도)
총획　7획

- 유래 전쟁에서 투구(日)나 관을 쓴 최고 지휘자의 귀(耳)를 자르는 손(又)의 모습을 나타냅니다.
- 쓰임 最大(최대) : 가장 큰　　最小(최소) : 가장 작은
　　　 最近(최근) : 가장 근래　　最初(최초) : 맨 처음

最　最　最　最　最　最

가장 최

훈 가장　음 최
부수　日(가로 왈)
총획　12획

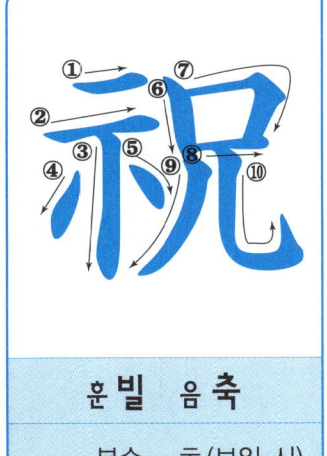

- 유래 상(示) 앞에서 입을 벌려 무엇인가를 비는 사람(兄)을 나타냅니다.
- 쓰임 祝歌(축가) : 축하의 노래　　祝電(축전) : 축하 전보
　　　 自祝(자축) : 스스로 축하함　　祝福(축복) : 남의 행복을 빎
- 비슷한 글자 神(귀신 신)

祝　祝　祝　祝　祝　祝

빌 축

훈 빌　음 축
부수　示(보일 시)
총획　10획

한자검정능력 5급　101

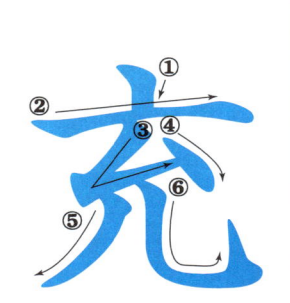

훈 찰 음 충

부수 儿(어진사람인)

총획 6획

- 유래 출산할 날이 가까운 여성의 모양을 나타냅니다.
- 쓰임 充分(충분) : 넉넉함　　充足(충족) : 충분히 만족함
  充當(충당) : 알맞게 채워서 매움　充實(충실) : 잘 갖추어지고 알참
- 비슷한 글자 衣(옷 의)

충 / 찰 충

훈 이를 음 치

부수 至(이를 지)

총획 10획

- 유래 목적한 곳(至)까지 나아가도록 격려하는 극진한 정성과 성의를 나타냅니다.
- 쓰임 理致(이치) : 사물의 정당한 소리　　一致(일치) : 어긋나는 것이 없음
  致死(치사) : 죽음에 이르게 됨　　致富(치부) : 재산을 모아 부자가 됨
- 비슷한 글자 到(이를 도)

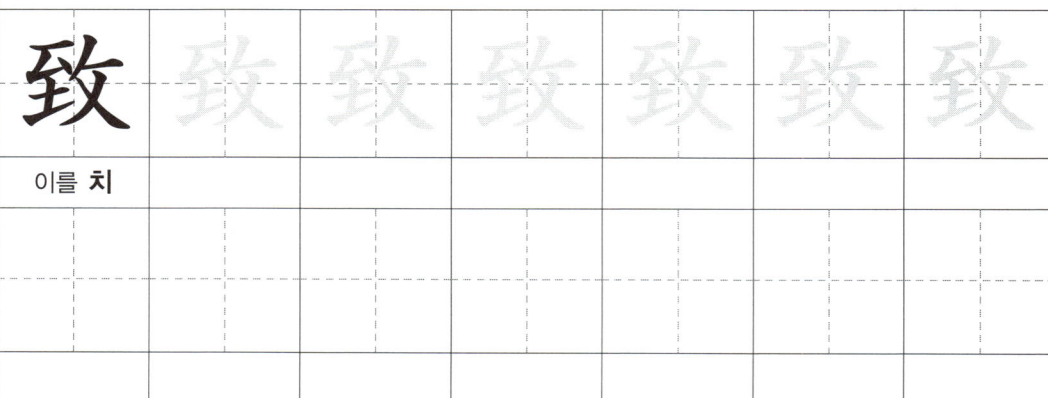

이를 치

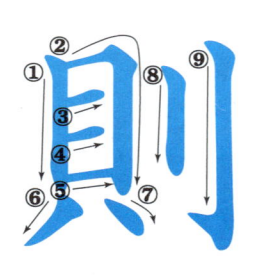

훈 법칙 음 칙(곧 즉)

부수 刂(刀)(칼 도)

총획 9획

- 유래 상하기 쉬운 생조개를 곧바로 칼로 옆에 틈을 내어 여는 모습을 나타냅니다.
- 쓰임 法則(법칙) : 지켜야 할 규칙　　學則(학칙) : 학교의 운영 규칙
  會則(회칙) : 모임의 규칙　　原則(원칙) : 근본이 되는 법칙
- 유의어 規(법 규)

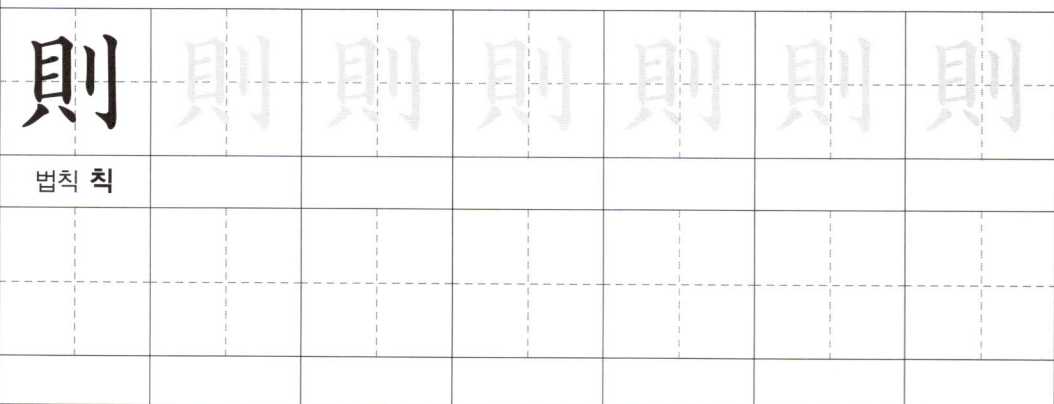

법칙 칙

제 12 강 확인평가

1 다음 한자의 음을 쓰세요.

(1) 止 (　　　　)   (2) 着 (　　　　)

(3) 唱 (　　　　)   (4) 最 (　　　　)

(5) 初 (　　　　)   (6) 則 (　　　　)

(7) 致 (　　　　)   (8) 祝 (　　　　)

(9) 質 (　　　　)   (10) 週 (　　　　)

2 다음 뜻에 맞는 한자를 例에서 골라 기호를 쓰세요.

例				
① 週	② 知	③ 質	④ 充	⑤ 參
⑥ 責	⑦ 鐵	⑧ 最	⑨ 祝	⑩ 則

(1) 꾸짖다 (　　　　)   (2) 참여하다 (　　　　)

(3) 차다 (　　　　)   (4) 알다 (　　　　)

(5) 가장 (　　　　)   (6) 쇠 (　　　　)

3 다음 음과 뜻에 맞는 한자를 쓰세요.

(1) 부를 창 (　　　　)   (2) 이를 치 (　　　　)

(3) 주일 주 (　　　　)   (4) 바탕 질 (　　　　)

4 다음 한자어의 음을 쓰세요.

(1) 質問 (　　　　　)　　(2) 鐵道 (　　　　　)

(3) 合唱 (　　　　　)　　(4) 最善 (　　　　　)

(5) 停止 (　　　　　)　　(6) 致富 (　　　　　)

(7) 週日 (　　　　　)　　(8) 規則 (　　　　　)

(9) 初行 (　　　　　)　　(10) 無知 (　　　　　)

(11) 充足 (　　　　　)

5 다음 음과 뜻에 맞는 한자어를 한자로 쓰세요.

(1) 지혈 : 흘러나오는 피를 멎게 함 (　　　　　)

(2) 자축 : 스스로 축하함 (　　　　　)

(3) 착륙 : 비행기가 땅 위에 내림 (　　　　　)

(4) 문책 : 책임을 물어 꾸짖음 (　　　　　)

6 다음 문장의 밑줄 친 한자어를 한자로 쓰세요.

(1) 경희의 지능 지수는 매우 높은 편이다. (　　　　　)

(2) 선생님께서 노래를 선창하고 아이들이 따라 불렀다. (　　　　　)

(3) 철공소에서 쇳소리가 끊임없이 들려오고 있었다. (　　　　　)

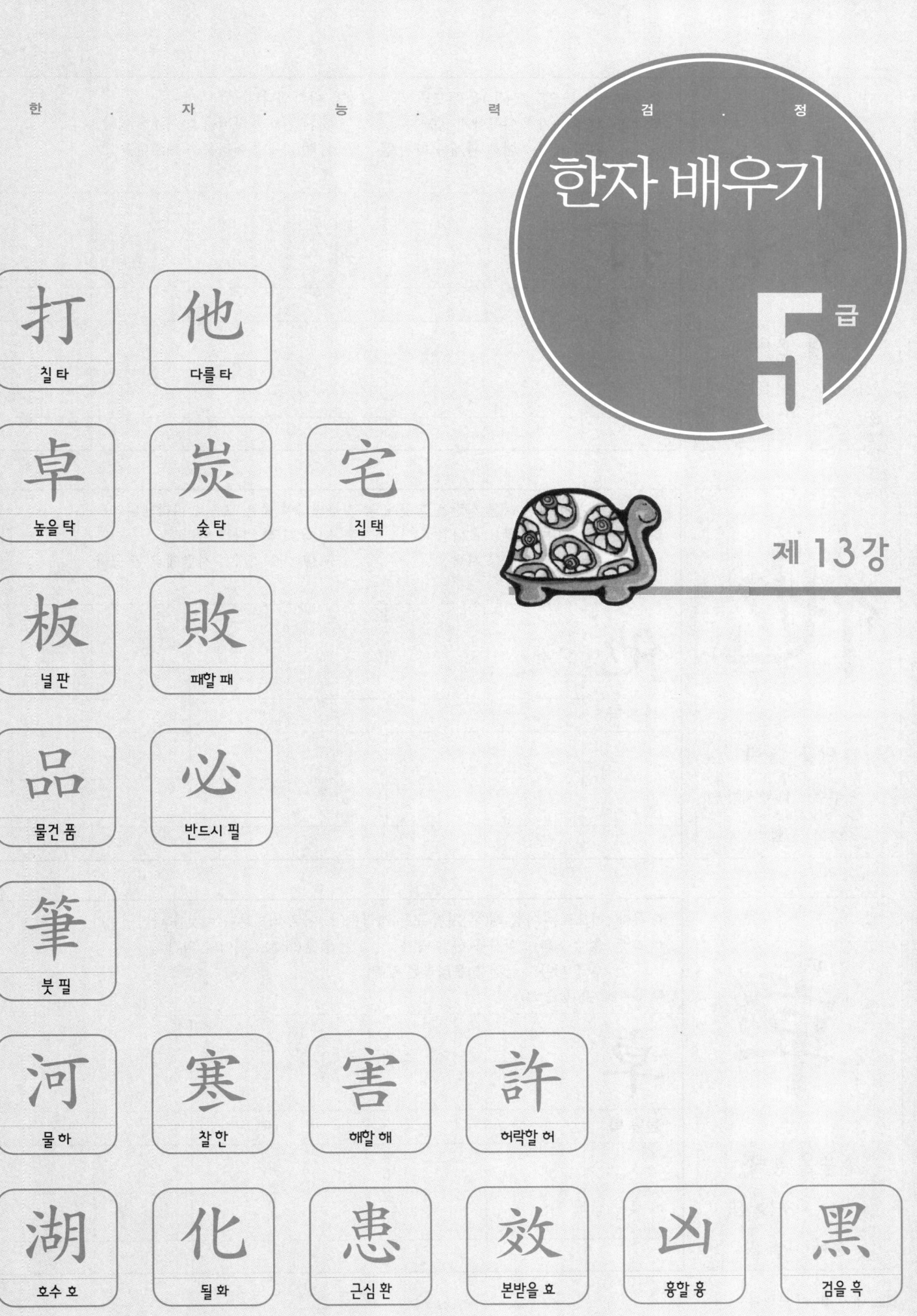

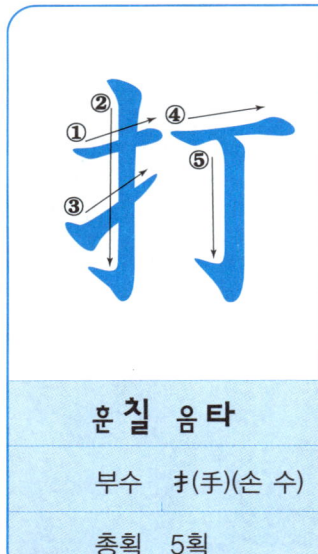

- 유래 손(扌)으로 못(丁)을 두드려 박는 모양을 나타냅니다.
- 쓰임 打者(타자) : 야구에서 공격자   安打(안타) : 타격을 하여 1루 이상 나감
         打算(타산) : 이해 관계를 따져 봄   打開(타개) : 어려움을 헤쳐나감

打 칠 타

훈 칠 음 타
부수 扌(手)(손 수)
총획 5획

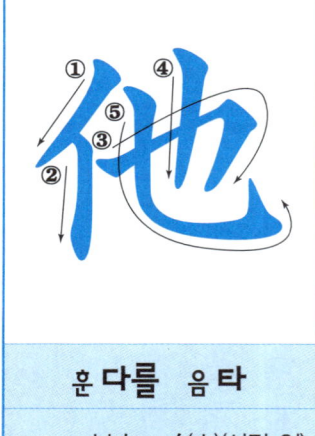

- 유래 자기가 아닌 다른 사람을 그릇에 놓고 구별하여 묻는 모습을 나타냅니다.
- 쓰임 出他(출타) : 밖으로 나감   他國(타국) : 다른 나라
         他人(타인) : 다른 사람   他律(타율) : 다른 사람에 의한 규율
- 반의어 自(스스로 자)

他 다를 타

훈 다를 음 타
부수 亻(人)(사람 인)
총획 5획

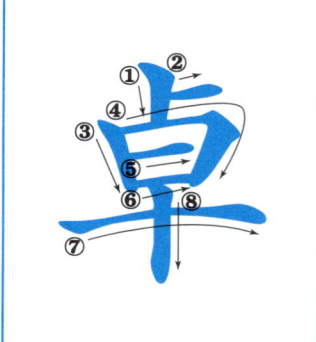

- 유래 떠오르는 아침 해(早)처럼 모든 사람들(卜)이 우러러본다는 것을 나타냅니다.
- 쓰임 食卓(식탁) : 식사를 하는 탁자   卓見(탁견) : 뛰어난 의견
         卓子(탁자) : 물건을 올려놓는 세간
- 유의어 高(높을 고)

卓 높을 탁

훈 높을 음 탁
부수 十(열 십)
총획 8획

106 - 한자 배우기 제13강

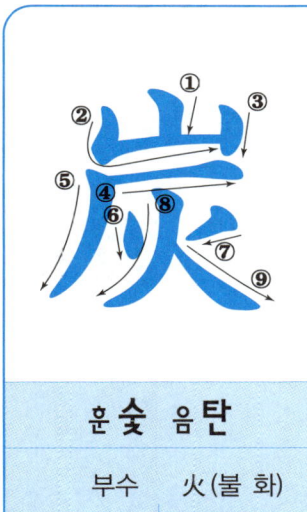

- 유래 산(山)에서 나무를 베어 불(火)에 구워서 흙 언덕(厂)에 묻어 숯을 만드는 모습을 나타냅니다.
- 쓰임 石炭(석탄) : 화석 연료   木炭(목탄) : 숯
  炭田(탄전) : 석탄 매장 지역

炭
숯 탄

훈 숯 음 탄
부수 火(불 화)
총획 9획

- 유래 관리자급의 사람(乇의 변형)이 집(宀)을 지어 사는 모습을 나타냅니다.
- 쓰임 宅地(택지) : 주택을 짓기 위한 땅   住宅(주택) : 사람이 살 수 있게 지은 집
  宅內(댁내) : 집안   自宅(자택) : 자기 집
- 유의어 家(집 가), 屋(집 옥), 院(집 원)

宅
집 택

훈 집 음 택(댁)
부수 宀(집 면)
총획 6획

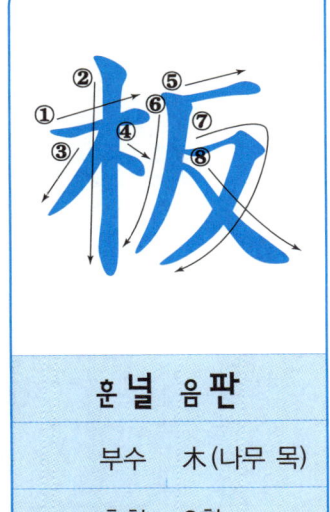

- 유래 강 언덕(厂)에 서서 손(又)으로 나무(木)를 잡고 햇볕에 말리는 모양을 나타냅니다.
- 쓰임 板子(판자) : 널빤지   氷板(빙판) : 얼음판
  黑板(흑판) : 칠판   板紙(판지) : 마분지, 보드지
- 비슷한 글자 村(마을 촌)

板
널 판

훈 널 음 판
부수 木(나무 목)
총획 8획

- 유래 조개(貝)를 두드려(攵) 부서져 '못 쓰게 되다.', '패하다'의 뜻이 되었습니다.
- 쓰임 成敗(성패) : 성공과 실패   敗戰(패전) : 전쟁에 짐
  　　 大敗(대패) : 크게 패함   失敗(실패) : 뜻을 이루지 못함
- 반의어 勝(이길 승)

敗　敗　敗　敗　敗　敗　敗

패할 패

훈 패할 음 패
부수 攵(攴)(칠 복)
총획 11획

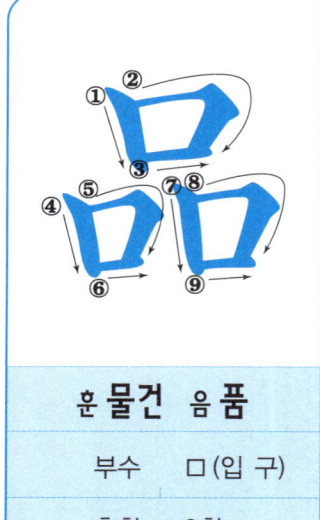

- 유래 입(口)이 셋으로 많은 사람을 나타내며 그 뜻을 넓혀 '물건'을 나타냅니다.
- 쓰임 品格(품격) : 사람이나 물건의 품위   作品(작품) : 만든 물건
  　　 品目(품목) : 품종의 항목   部品(부품) : 한 부분을 이루는 물품
- 유의어 物(물건 물)

品　品　品　品　品　品　品

물건 품

훈 물건 음 품
부수 口(입 구)
총획 9획

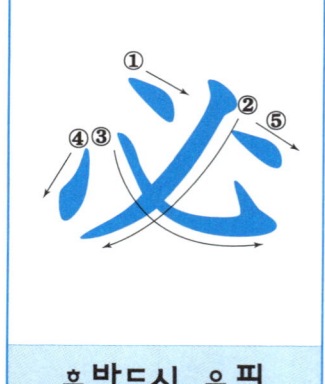

- 유래 땅을 나눌 때 경계의 표시로 나무 말뚝을 박으면 틀림이 없다고 하여 '반드시' 라는 뜻을 나타냅니다.
- 비슷한 글자 心(마음 심)
- 쓰임 必要(필요) : 꼭 소용이 있음   必勝(필승) : 반드시 이김
  　　 必然(필연) : 반드시 그렇게 됨   生必品(생필품) : 생활 필수품

必　必　必　必　必　必　必

반드시 필

훈 반드시 음 필
부수 心(마음 심)
총획 5획

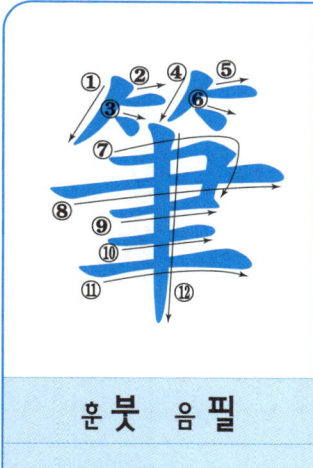

훈 붓 **음** 필
부수 竹(대 죽)
총획 12획

- 유래: 대나무(竹)로 만든 붓(聿)을 들고 쓰는 모습을 나타냅니다.
- 쓰임: 筆記(필기): 글씨를 씀   名筆(명필): 썩 잘 쓴 글씨
  筆順(필순): 글씨를 쓰는 순서   筆者(필자): 글을 쓴 사람

筆 붓 필

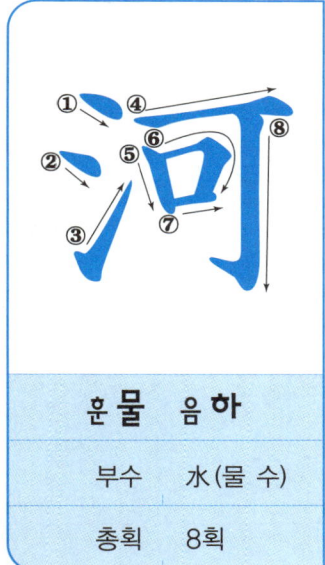

훈 물 **음** 하
부수 水(물 수)
총획 8획

- 유래: 주변의 황토 흙을 파헤치며 흐르는 강에 물이 합쳐져 의미가 강화된 것입니다.
- 쓰임: 河川(하천): 시내, 강   運河(운하): 육지를 파서 만든 수로
  河口(하구): 강물이 흘러 나가는 곳   氷河(빙하): 얼음덩이가 강처럼 흐르는 것
- 유의어: 江(강 강)
- 동음이의어: 下(아래 하), 夏(여름 하)

河 물 하

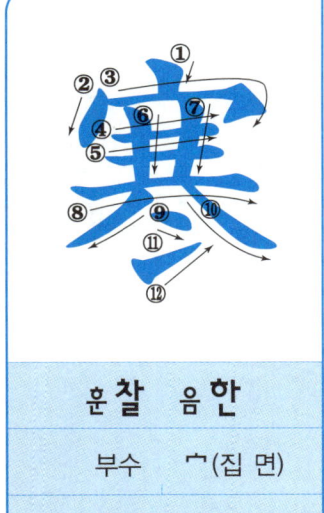

훈 찰 **음** 한
부수 宀(집 면)
총획 12획

- 유래: 사람이 움집에서 마른풀로 몸을 감싸서 추위를 막는다는 것을 나타냅니다.
- 쓰임: 寒氣(한기): 찬 기운   寒流(한류): 찬 해류
  寒食(한식): 익히지 않는 음식을 먹는 절기
- 유의어: 冷(찰 랭)
- 동음이의어: 韓(한국 한), 漢(한수 한)

寒 찰 한

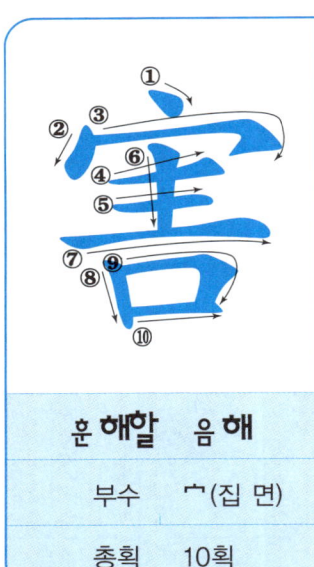

- 훈 해할 음 해
- 부수 宀(집 면)
- 총획 10획

- 유래 집(宀)에 무성한 풀(丰)이 자라 있는 모양을 나타냅니다.
- 쓰임 水害(수해) : 홍수로 인한 재해   公害(공해) : 건강을 해치는 여러 가지 해
  害惡(해악) : 해가 되는 나쁜 영향   無害(무해) : 해가 없음
- 반의어 利(이할 리)
- 동음이의어 海(바다 해)

害 害 害 害 害 害 害

해할 해

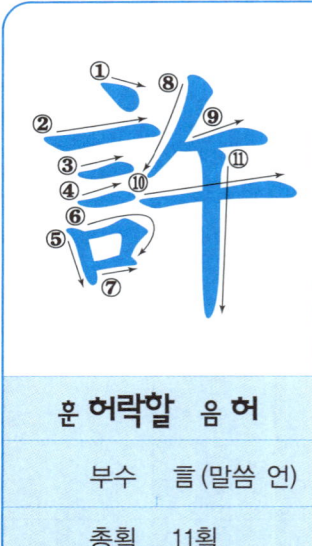

- 훈 허락할 음 허
- 부수 言(말씀 언)
- 총획 11획

- 유래 절굿공이(午)로 곡식을 빻으면서 함께 소리(言)를 메기는 모습을 나타냅니다.
- 쓰임 許可(허가) : 청원을 들어줌   特許(특허) : 특별히 허락함
  許多(허다) : 매우 많음
- 비슷한 글자 計(셀 계)

許 許 許 許 許 許 許

허락할 허

- 훈 호수 음 호
- 부수 氵(水)(물 수)
- 총획 12획

- 유래 옛날 중국의 변방 오랑캐들이 살던 곳에 있는 큰 호수를 나타냅니다.
- 쓰임 湖水(호수) : 넓고 깊게 물이 고여 있는 곳   湖南(호남) : 전라도 지방
  江湖(강호) : 강과 호수
- 동음이의어 號(이름 호)

호수 호

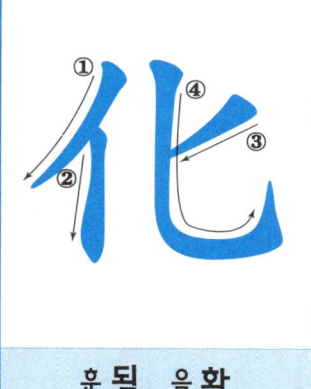

- 훈 될 음 화
- 부수 匕(비수 비)
- 총획 4획

- 유래 칼에 찔린 사람이 죽어 가면서 살았을 때(亻)와 다르게 되는 모습(匕)을 나타냅니다.
- 쓰임 化石(화석) : 암석에 퇴적된 유해   同化(동화) : 성질이 다른 것이 같게 됨
  變化(변화) : 모양 등이 달라짐   文化(문화) : 정신적 문명
- 동음이의어 畫(그림 화), 花(꽃 화), 話(말씀 화)

化 化 化 化 化 化

될 화

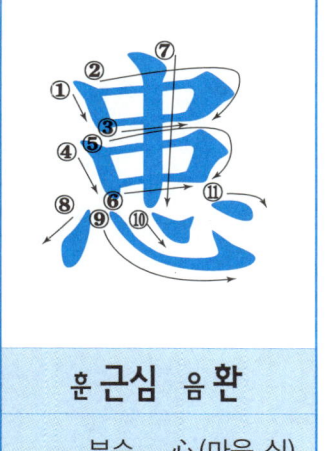

- 훈 근심 음 환
- 부수 心(마음 심)
- 총획 11획

- 유래 꼬챙이(串)에 찔린 듯이 마음(心)이 아프다 하여 '근심'을 나타냅니다.
- 쓰임 患者(환자) : 병을 앓는 사람   病患(병환) : 병을 높여 부르는 말
  後患(후환) : 뒷날의 근심
- 유의어 病(병 병)

患 患 患 患 患 患

근심 환

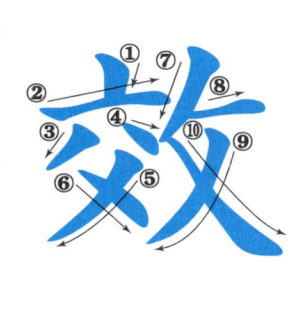

- 훈 본받을 음 효
- 부수 攵(攴)(칠 복)
- 총획 10획

- 유래 착한 사람과 사귀도록(交) 타일러서(攵) 본받게 한다는 것을 나타냅니다.
- 쓰임 效果(효과) : 보람 있는 결과   實效(실효) : 실제 효력
  時效(시효) : 효력이 지속되는 기간
- 비슷한 글자 校(가르칠 교)   동음이의어 孝(효도 효)

效 效 效 效 效 效

본받을 효

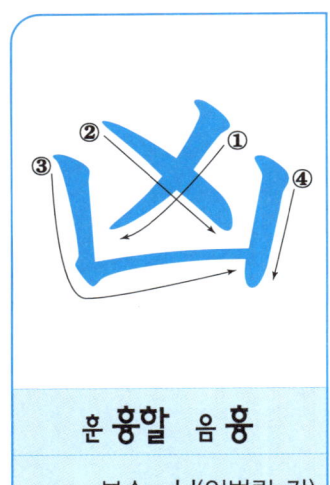

- 훈 흉할 음 흉
- 부수 凵(입벌릴 감)
- 총획 4획

● 유래 땅이 움푹 꺼진 구덩이(凵)에 무엇인가(㐅) 있는 모양을 나타냅니다.
● 쓰임 凶年(흉년) : 농사가 잘되지 않은 해   凶作(흉작) : 작물이 잘 자라지 않음
        吉凶(길흉) : 길하고 흉함
● 반의어 吉(길할 길)

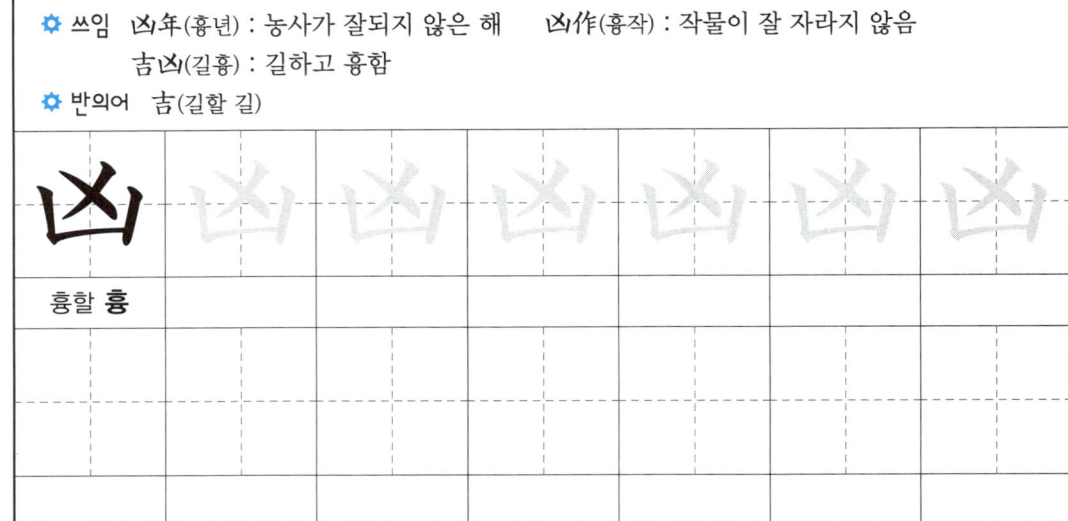

흉할 흉

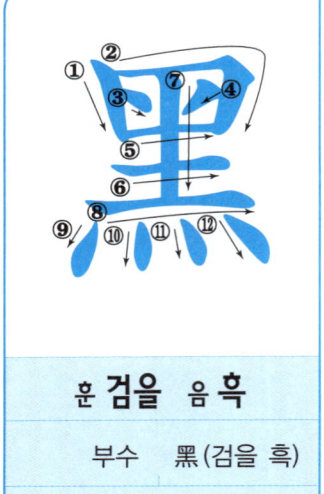

- 훈 검을 음 흑
- 부수 黑(검을 흑)
- 총획 12획

● 유래 불을 때면 연기가 나 굴뚝에 그을음이 묻어 검게 된다는 것을 나타냅니다.
● 쓰임 黑白(흑백) : 검은색과 흰색   黑心(흑심) : 음흉한 마음
        黑馬(흑마) : 검은 말   黑字(흑자) : 잉여나 수익이 남
● 반의어 白(흰 백)

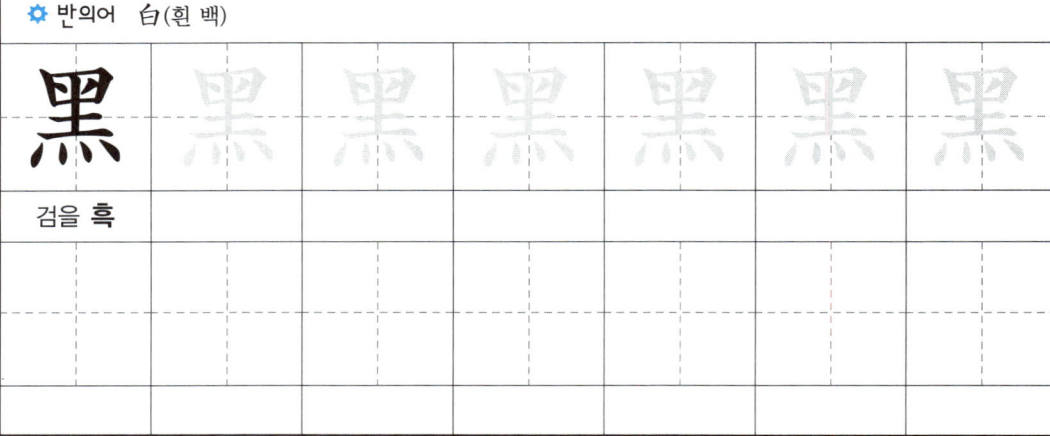

검을 흑

제 13 강 확인평가

1 다음 한자의 음을 쓰세요.

(1) 河 (　　　)　　(2) 寒 (　　　)

(3) 必 (　　　)　　(4) 敗 (　　　)

(5) 宅 (　　　)　　(6) 炭 (　　　)

(7) 卓 (　　　)　　(8) 打 (　　　)

(9) 湖 (　　　)　　(10) 效 (　　　)

(11) 黑 (　　　)　　(12) 患 (　　　)

2 다음 뜻에 맞는 한자를 例에서 골라 기호를 쓰세요.

> 例
> ① 打　② 他　③ 卓　④ 炭　⑤ 板　⑥ 敗　⑦ 品
> ⑧ 筆　⑨ 寒　⑩ 害　⑪ 許　⑫ 化　⑬ 患　⑭ 凶

(1) 패하다 (　　　)　　(2) 근심 (　　　)

(3) 널 (　　　)　　(4) 높다 (　　　)

(5) 치다 (　　　)　　(6) 흉하다 (　　　)

(7) 숯 (　　　)　　(8) 붓 (　　　)

3 다음 음과 뜻에 맞는 한자를 쓰세요.

(1) 본받을 효 (　　　)　　(2) 검을 흑 (　　　)

(3) 집 택 (　　　)　　(4) 호수 호 (　　　)

(5) 찰 한 (　　　)　　(6) 반드시 필 (　　　)

4 다음 한자어의 음을 쓰세요.

(1) 宅地 (　　　　　) (2) 河口 (　　　　　)

(3) 敗北 (　　　　　) (4) 化學 (　　　　　)

(5) 江湖 (　　　　　) (6) 效用 (　　　　　)

(7) 打算 (　　　　　) (8) 必勝 (　　　　　)

(9) 黑板 (　　　　　) (10) 特許 (　　　　　)

(11) 炭田 (　　　　　) (12) 黑心 (　　　　　)

5 다음 음과 뜻에 맞는 한자어를 한자로 쓰세요.

(1) 명품 : 뛰어난 물건 (　　　　　)

(2) 무명 : 이름이 알려지지 않음 (　　　　　)

(3) 한기 : 으스스하게 추운 기운 (　　　　　)

(4) 환부 : 병이나 상처가 난 곳 (　　　　　)

(5) 필순 : 글씨를 쓰는 자획의 차례 (　　　　　)

(6) 식탁 : 식사용의 탁자 (　　　　　)

6 다음 문장의 밑줄 친 한자어를 한자로 쓰세요.

(1) <u>타지</u>를 여행한다는 것은 힘든 일이기도 하다.

(2) <u>주택</u>이 밀집된 지역에는 유흥업소가 금지되어 있다. (　　　　　)

(3) 국산 핸드폰의 <u>품질</u>은 어디에 내놔도 손색이 없다. (　　　　　)

5급 한자 총정리

- 5급 배정 500자 다지기
- 육서 익히기
- 부수 익히기
- 필순 익히기
- 약자
- 상대어, 반의어, 유의어, 모양이 닮은 한자
- 한자 성어
- 주의하여 읽기
- 기출 예상문제 4회
- 정답

한 · 자 · 능 · 력 · 검 · 정

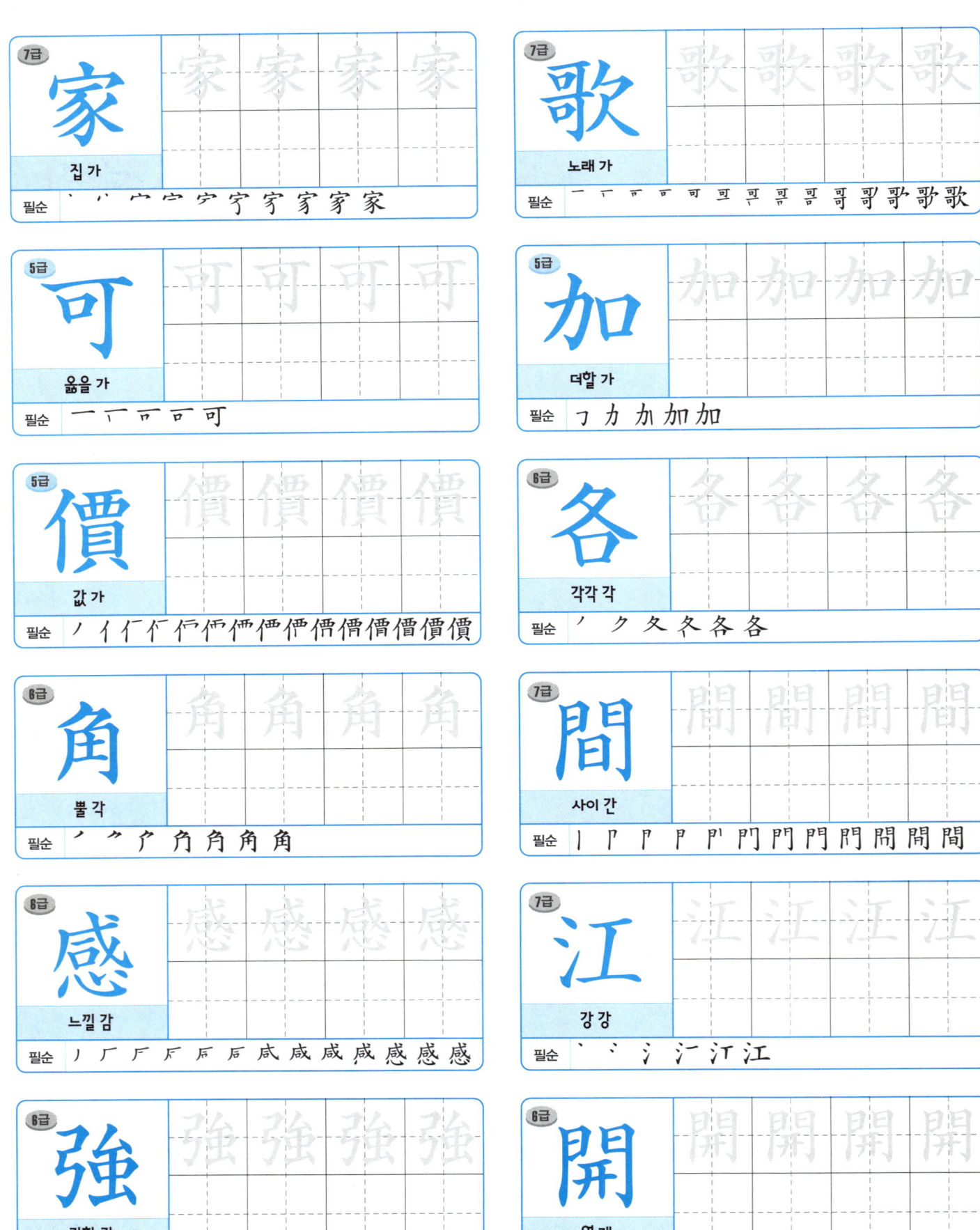

500자 다지기

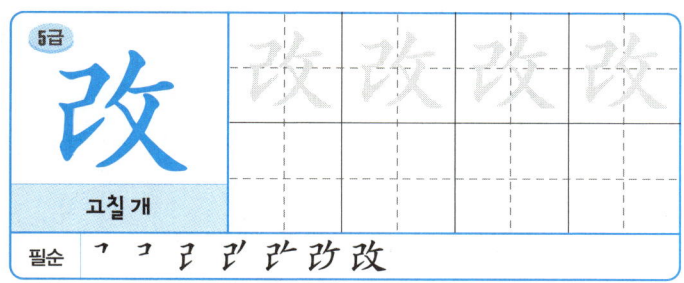
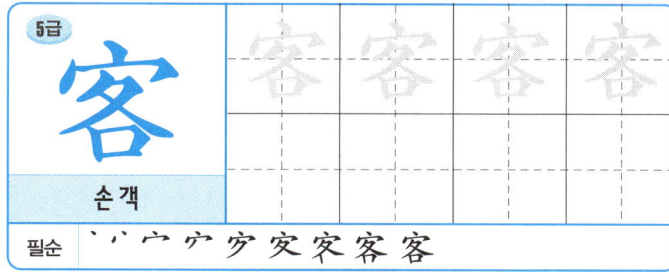
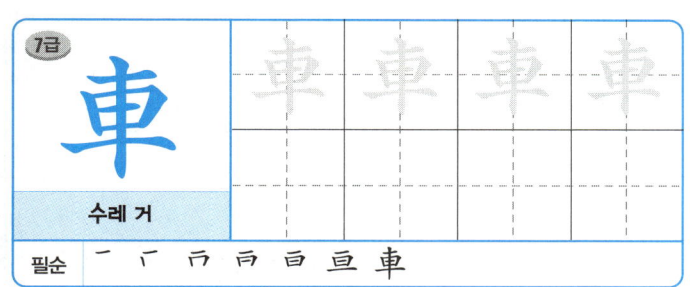
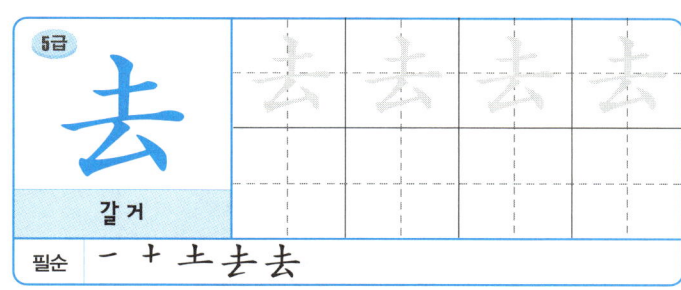
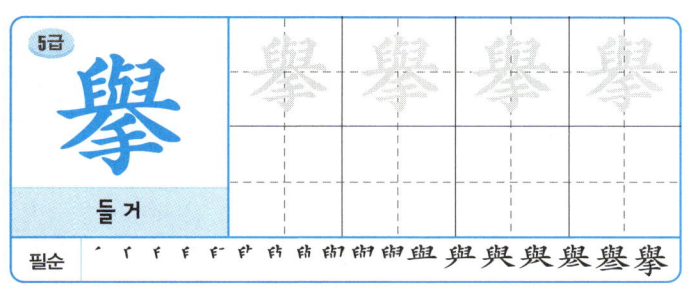
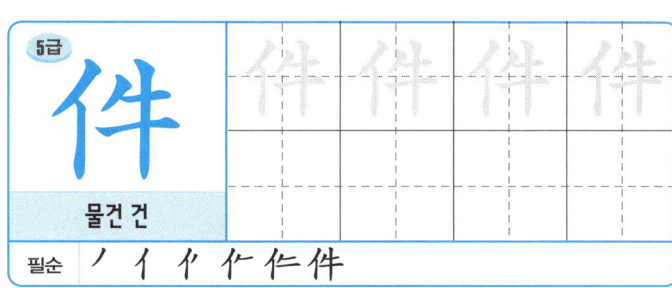
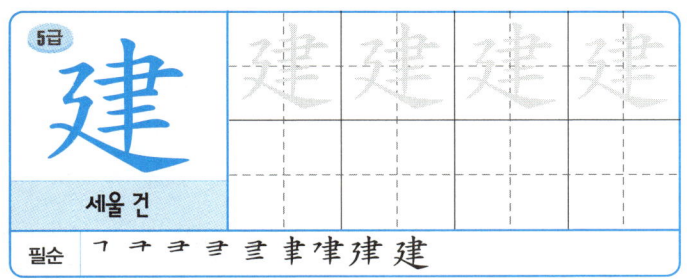
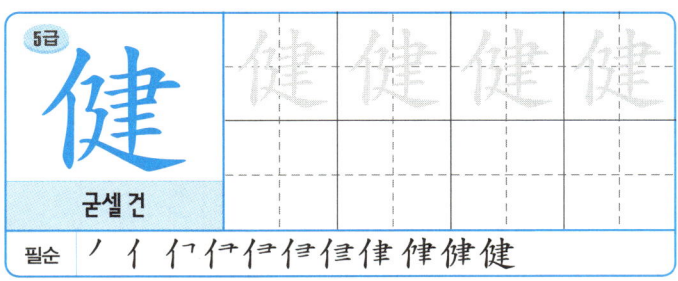
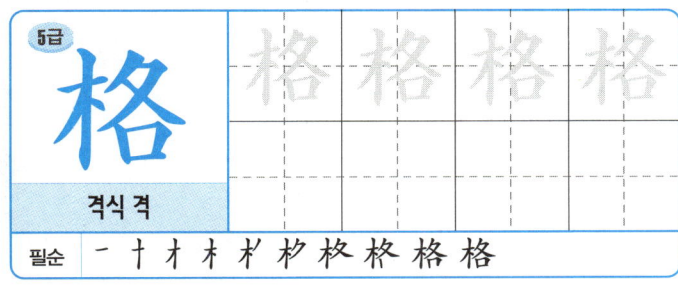
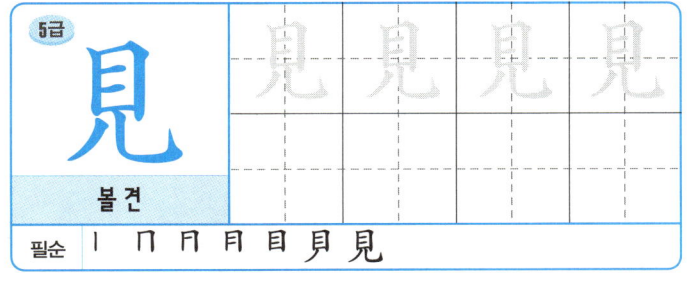
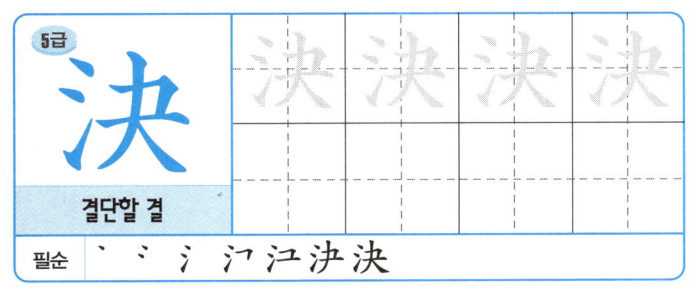
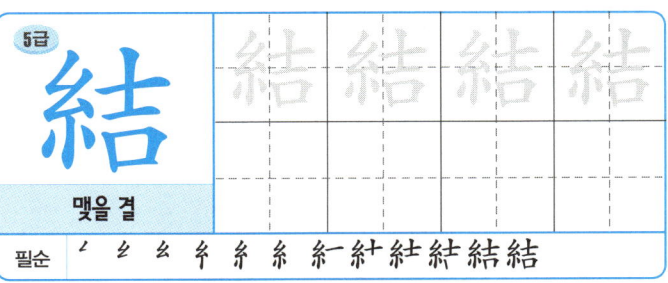

한자검정능력 5급

5급

5급 배정

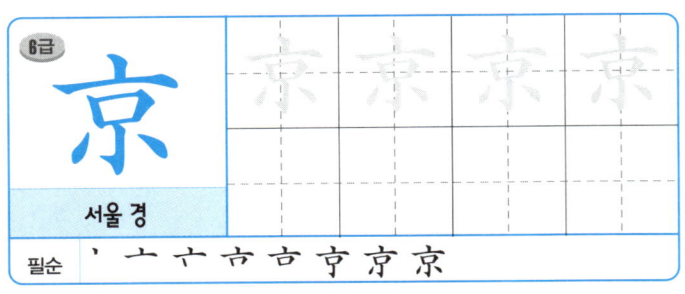
京 서울 경
필순: 丶 亠 亠 古 古 京 京 京

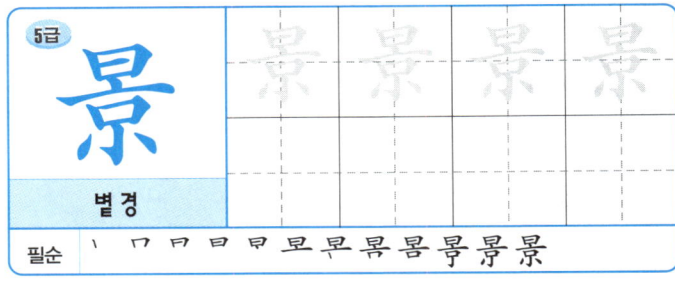
景 별 경
필순: 丨 冂 日 日 旦 豆 畧 景 景 景 景

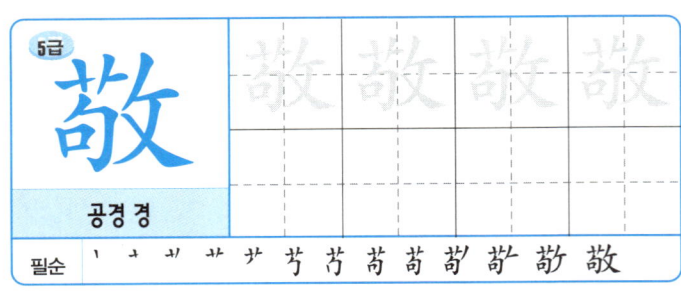
敬 공경 경
필순: 丨 ㄐ ㄐ ㄗ 芍 芍 苟 苟 苟 敬 敬

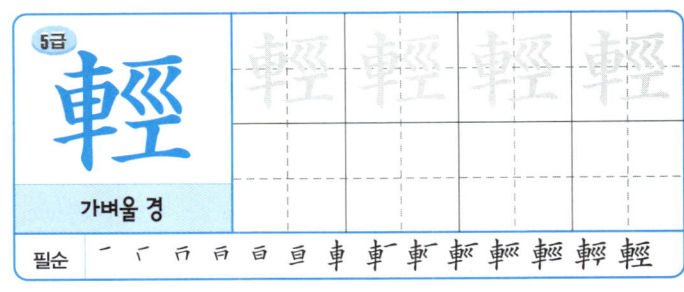
輕 가벼울 경
필순: 一 ㄇ 币 币 页 車 車 軒 輕 輕 輕 輕

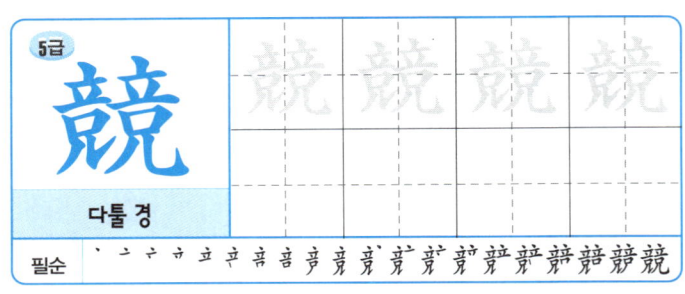
競 다툴 경
필순: 丶 二 亠 产 音 音 音 竞 竞 竞 竞 競 競

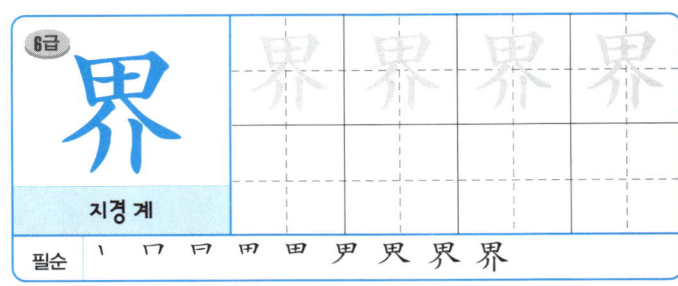
界 지경 계
필순: 丨 冂 日 田 田 𤰀 罘 界 界

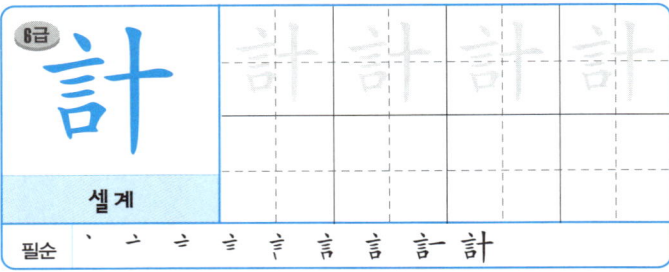
計 셀 계
필순: 丶 亠 二 宀 言 言 言 計

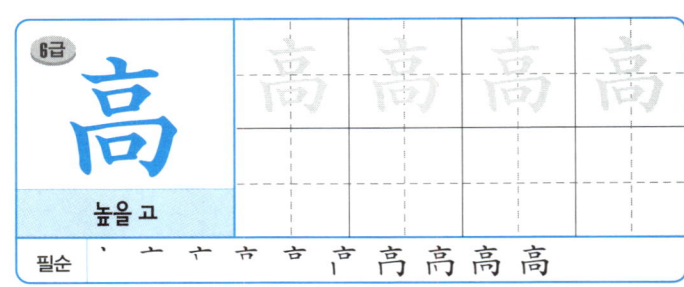
高 높을 고
필순: 丶 亠 亠 古 古 高 高 高 高

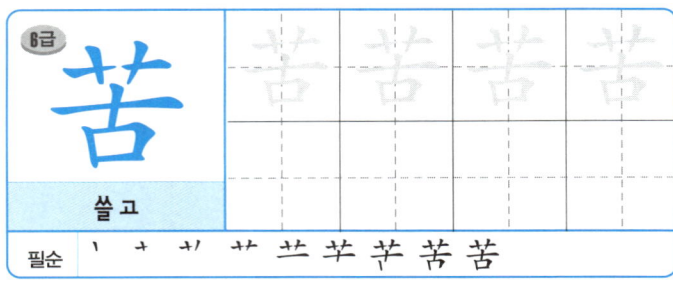
苦 쓸 고
필순: 丨 ㄐ ㄐ 艹 芏 芏 苦 苦

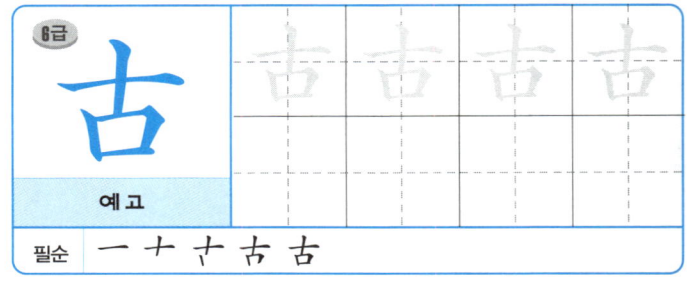
古 예 고
필순: 一 十 古 古 古

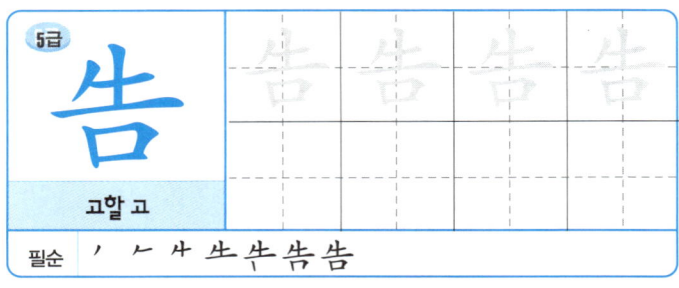
告 고할 고
필순: 丿 ㄣ 屮 牛 告 告 告

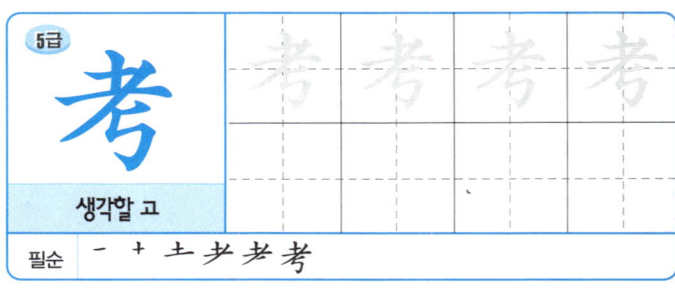
考 생각할 고
필순: 一 十 土 耂 耂 考

500자 다지기

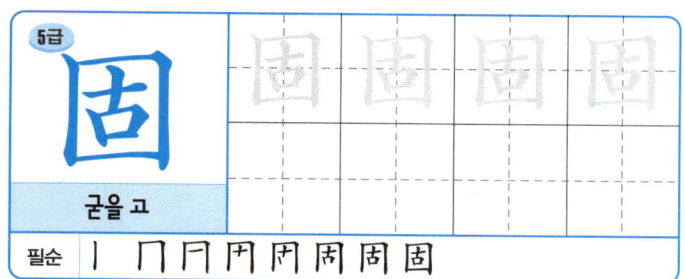
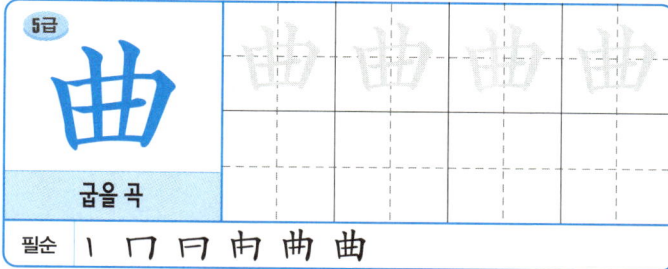
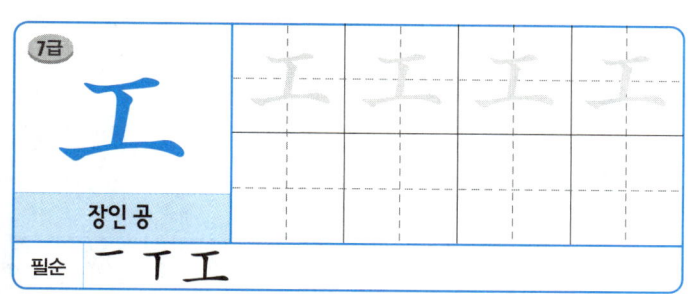
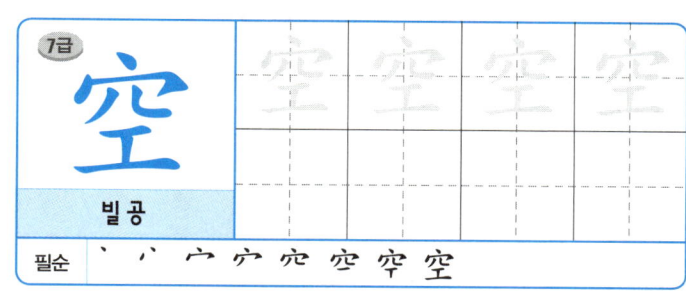
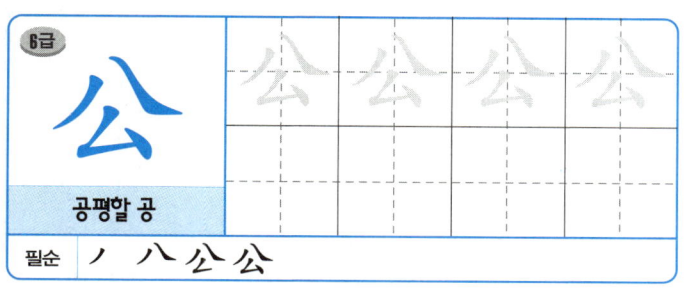
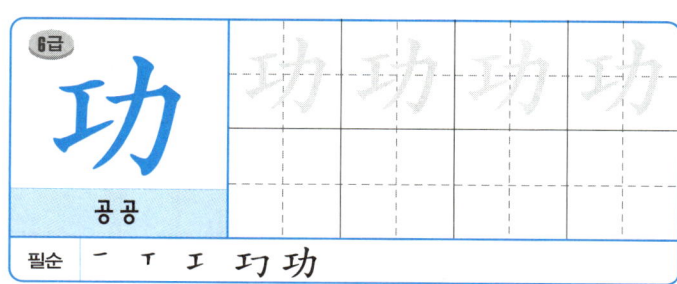
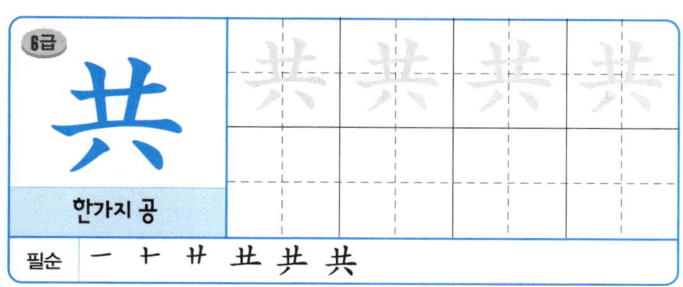
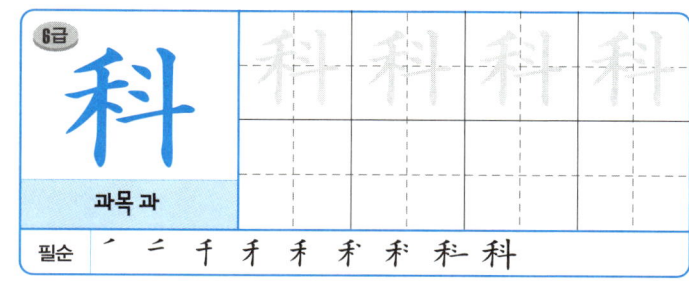
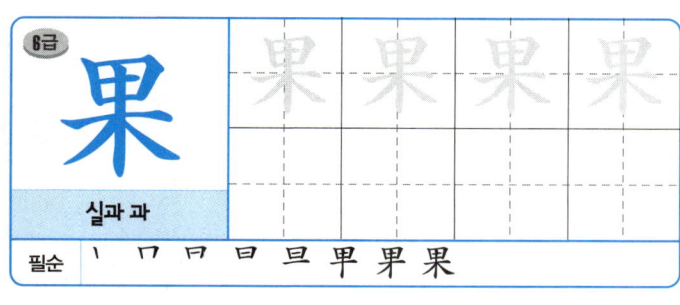
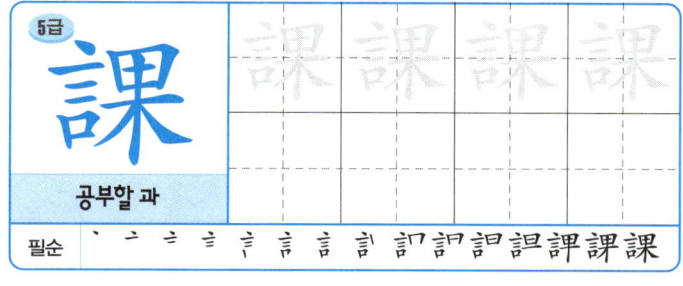
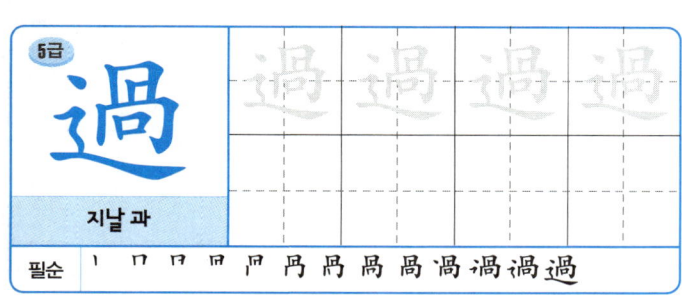
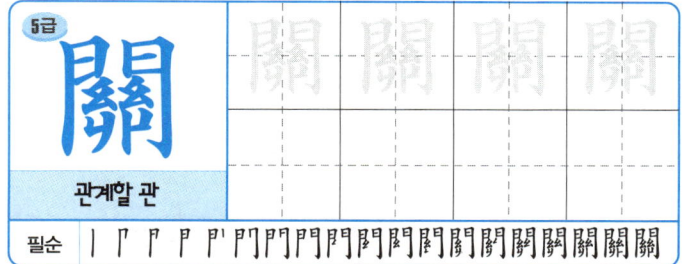

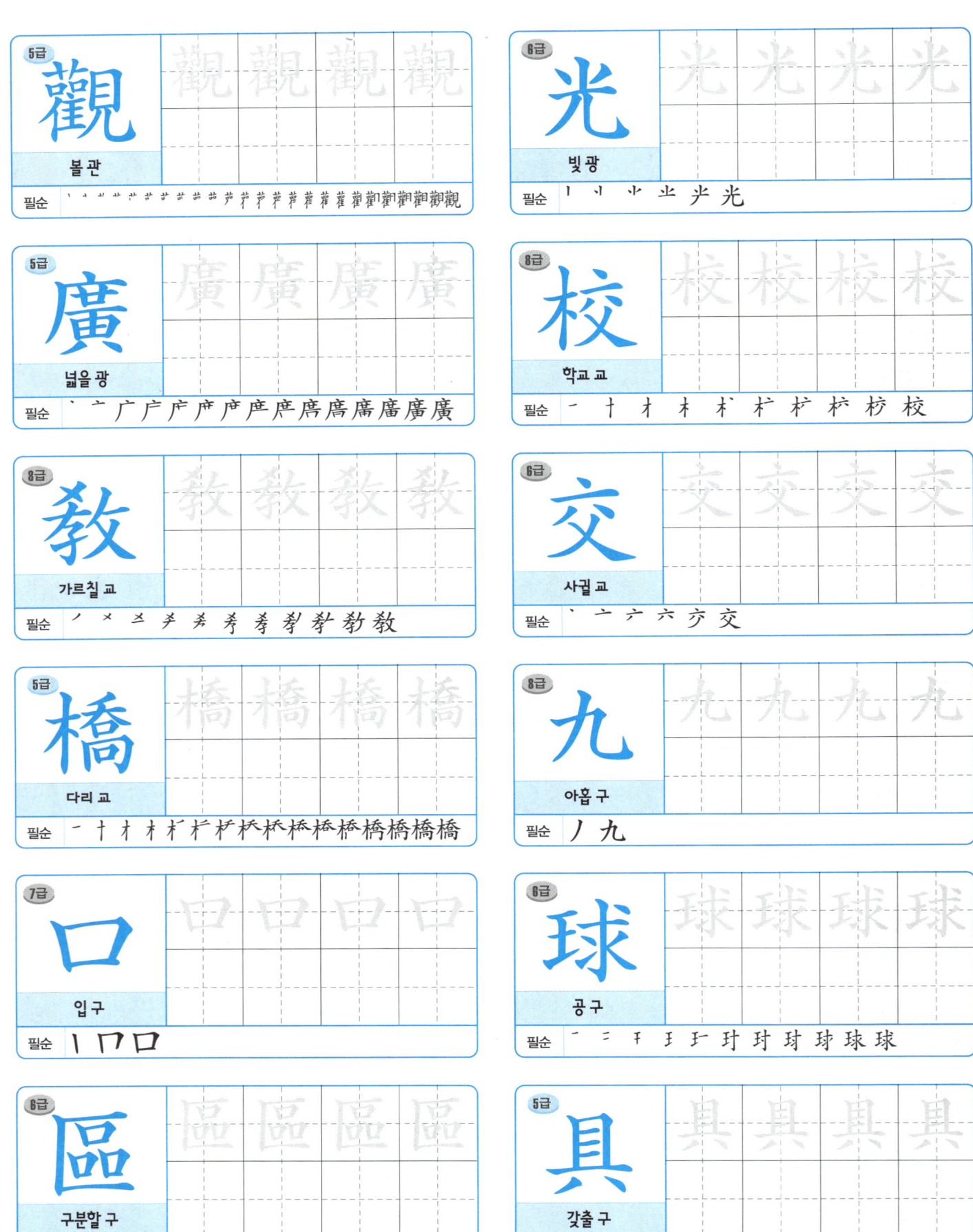

500자 다지기

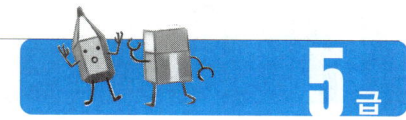

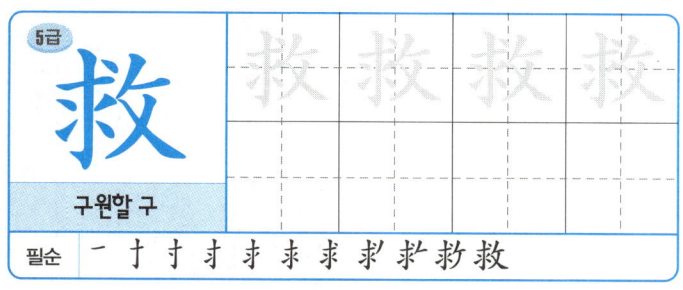
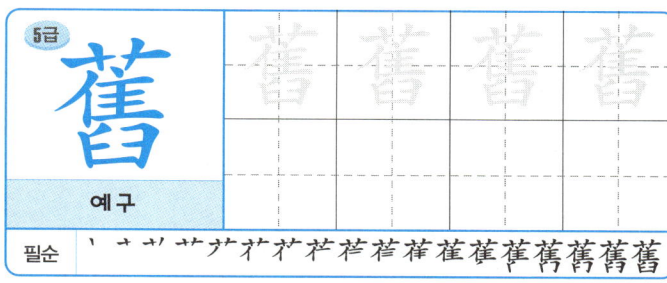
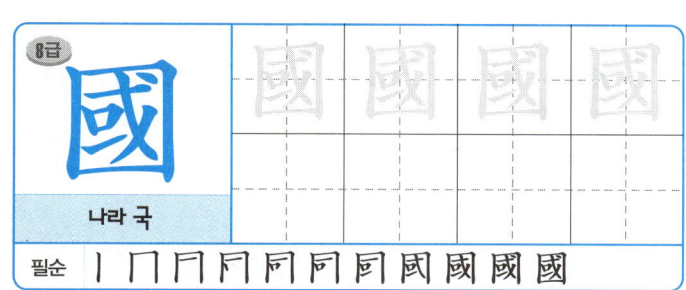
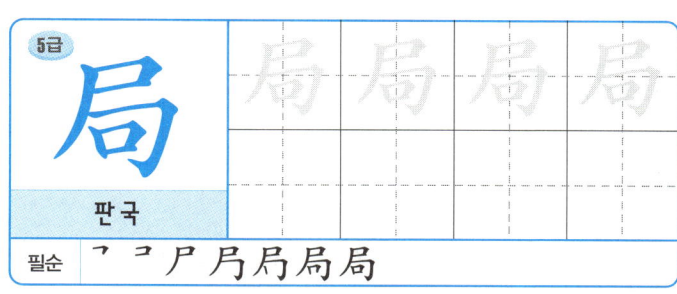
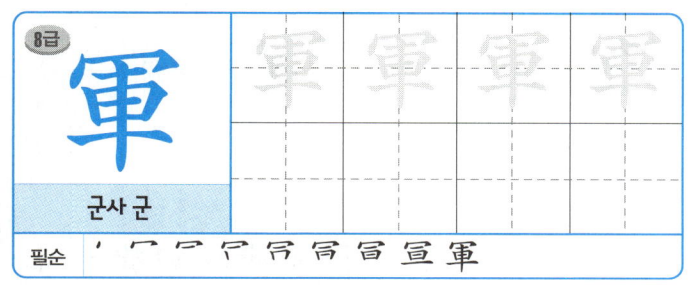
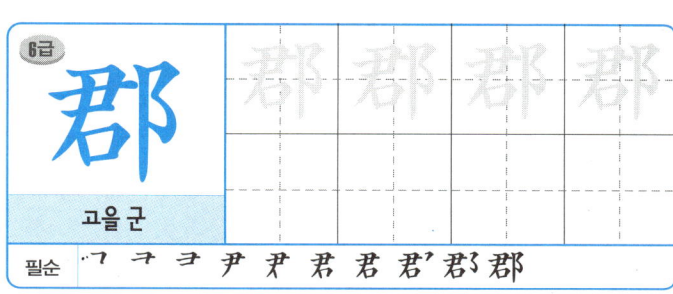
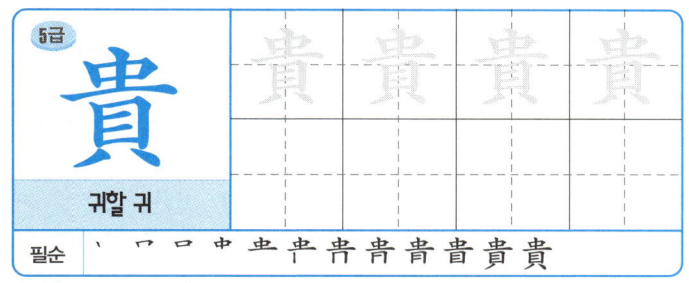
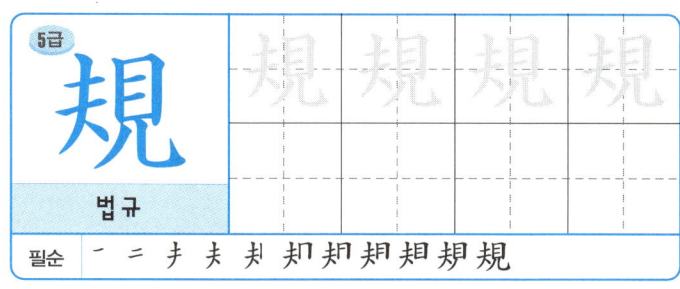
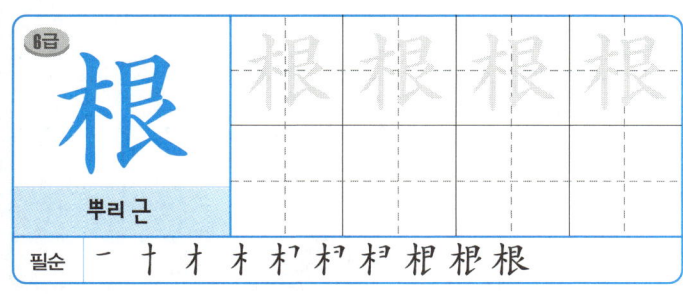
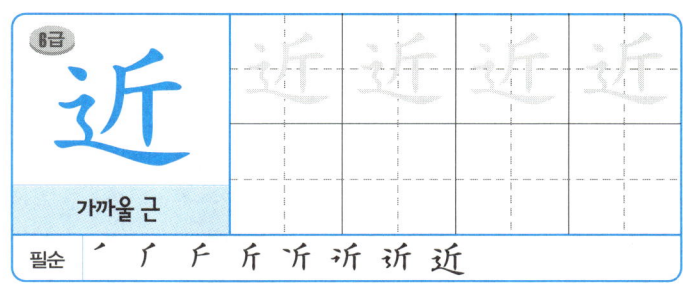
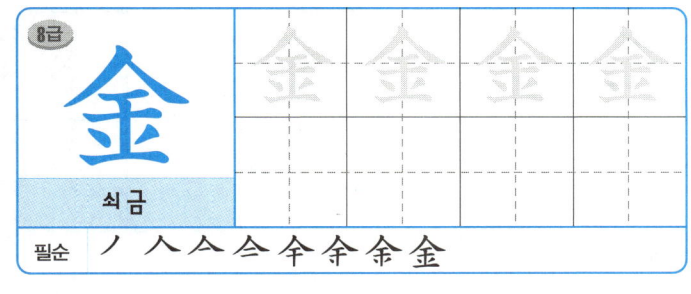
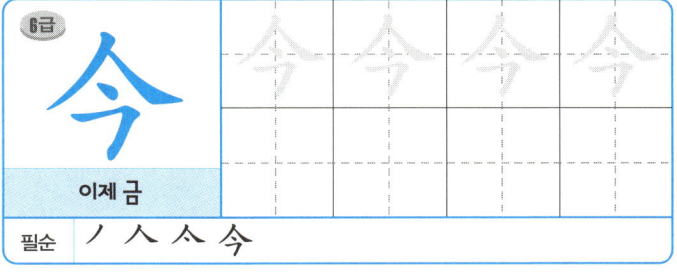

5급

5.급.배.정

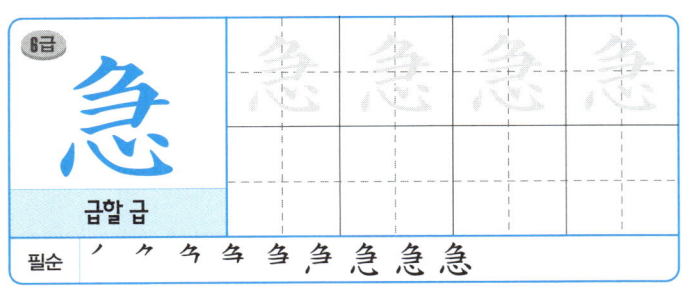
急 급할 급
필순: ノ ク ク 乌 户 刍 急 急 急

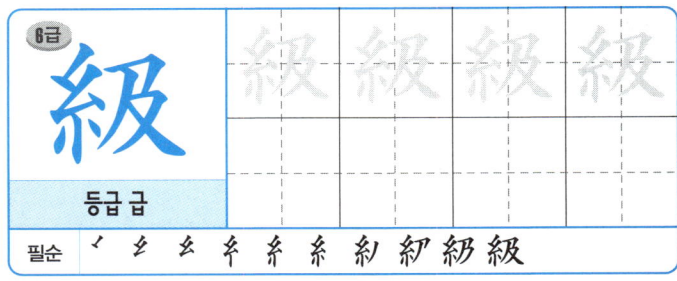
級 등급 급
필순: ⟨ ⟨ ⟨ 幺 幺 乡 糸 糸 紉 級

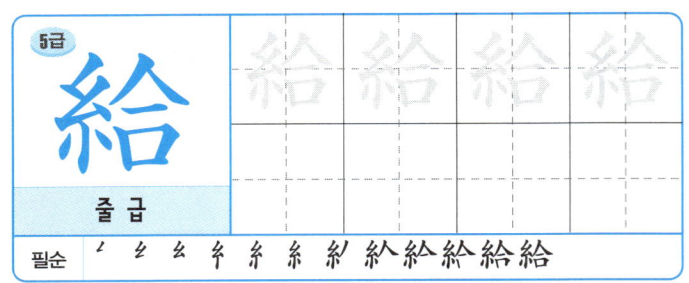
給 줄 급
필순: ⟨ ⟨ ⟨ 幺 幺 乡 糸 紀 糸 紒 給 給

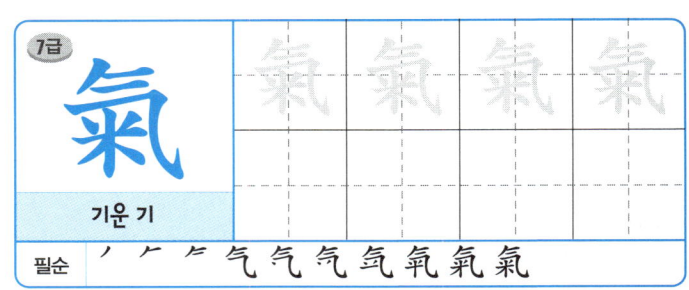
氣 기운 기
필순: ノ ⌒ ⌒ 气 气 气 気 氧 氣 氣

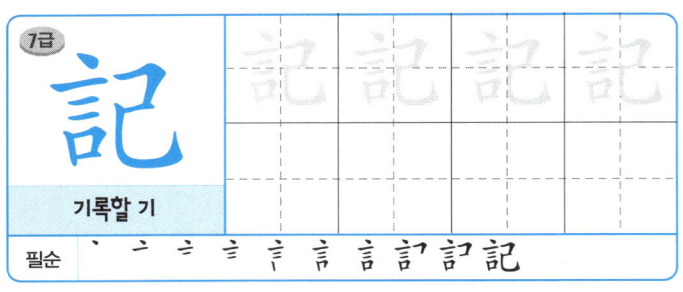
記 기록할 기
필순: ⟨ ⟨ 言 言 言 言 記 記 記

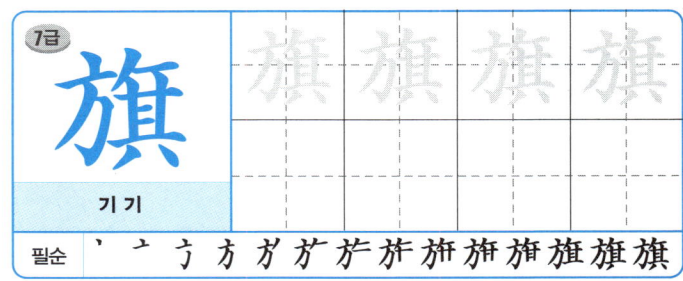
旗 기 기
필순: ⟨ ⟨ 方 方 方 扩 扩 斿 斿 斿 旗 旗

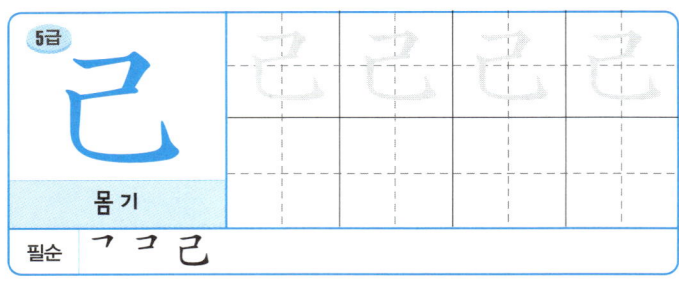
己 몸 기
필순: ⟨ ⟨ 己

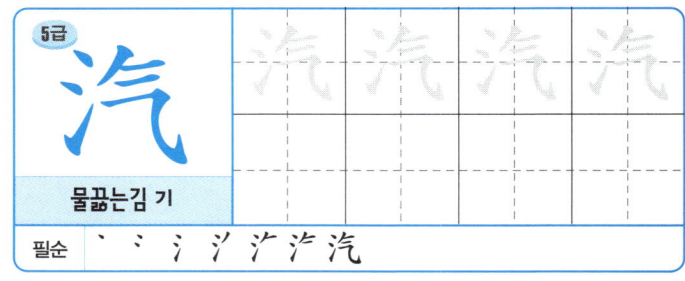
汽 물끓는김 기
필순: ⟨ ⟨ ⟨ 氵 汽 汽 汽

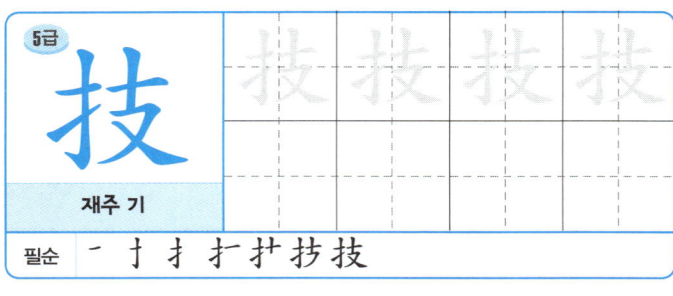
技 재주 기
필순: ⟨ ⟨ ⟨ 扌 扌 抃 技

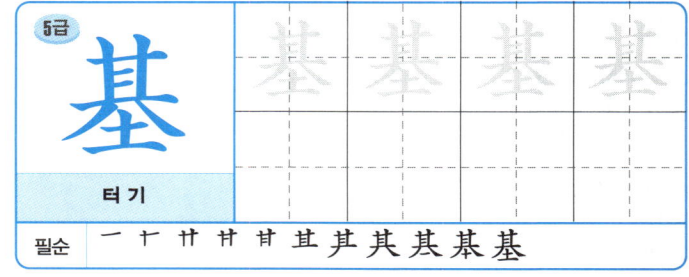
基 터 기
필순: ⟨ ⟨ ⟨ 甘 甘 甘 其 其 基 基

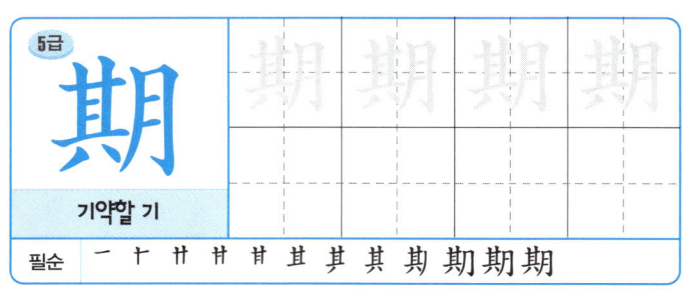
期 기약할 기
필순: ⟨ ⟨ ⟨ 甘 甘 甘 其 其 期 期 期

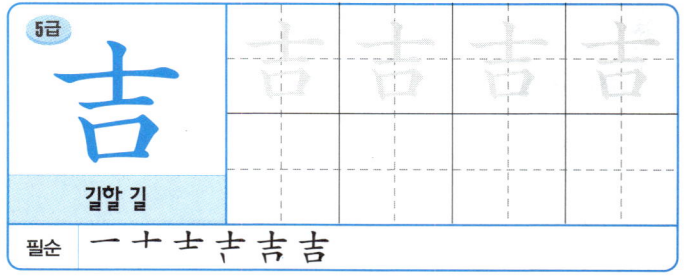
吉 길할 길
필순: ⟨ ⟨ 士 吉 吉 吉

500자 다지기

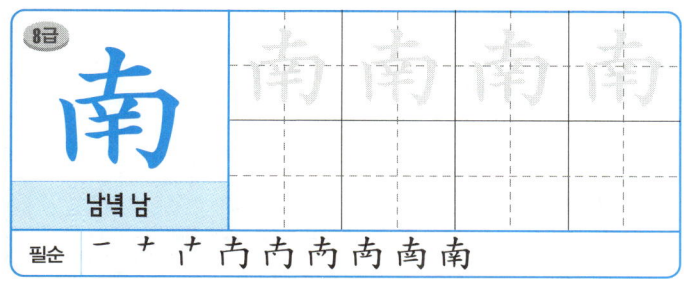
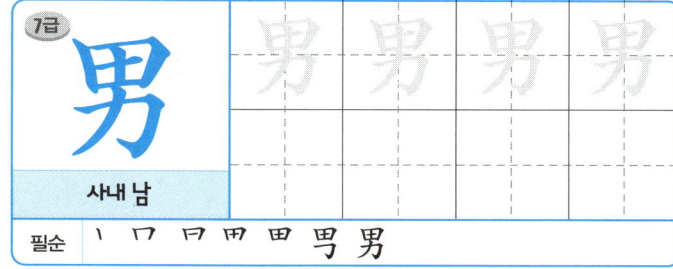
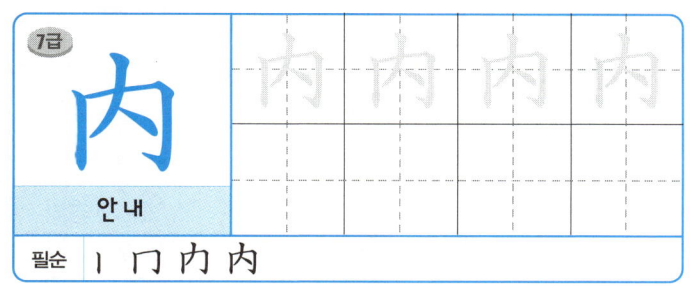
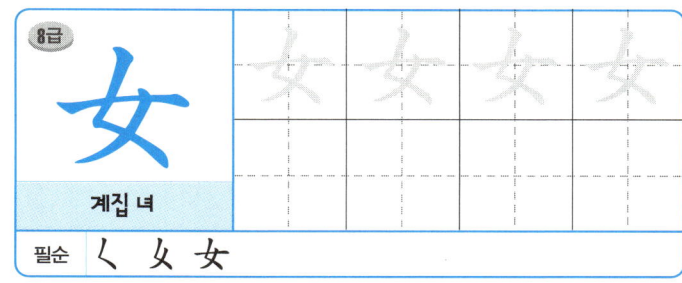
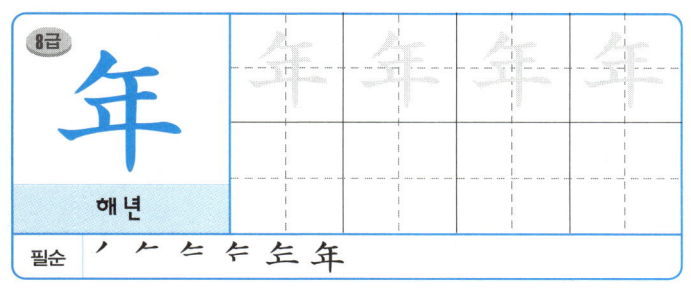
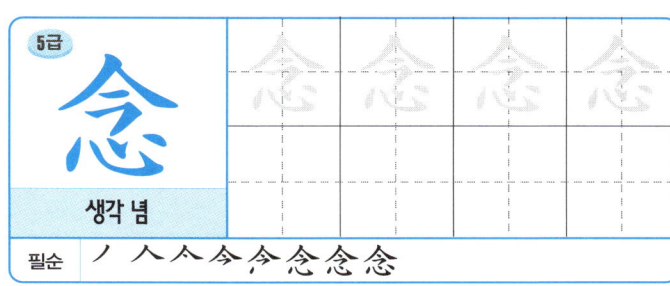
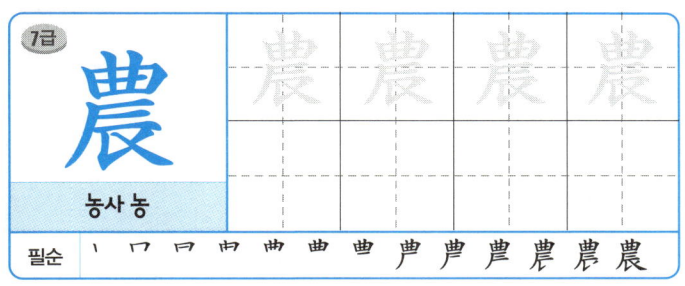
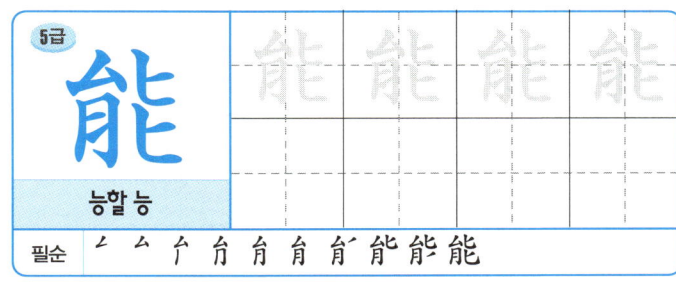
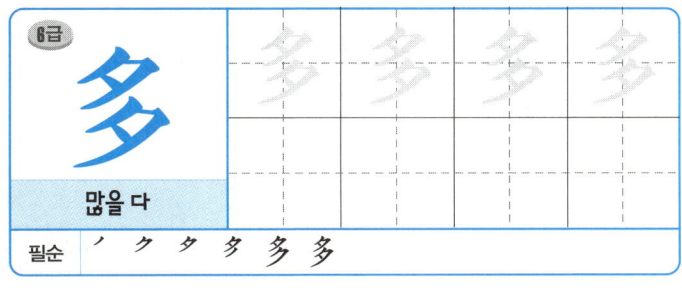
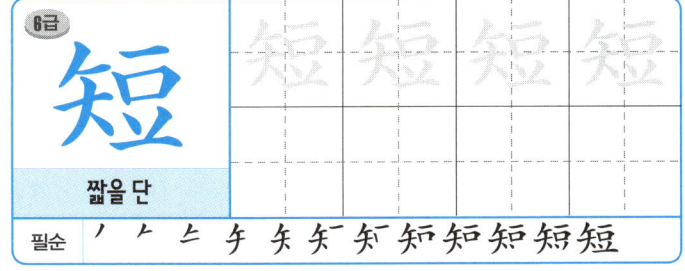
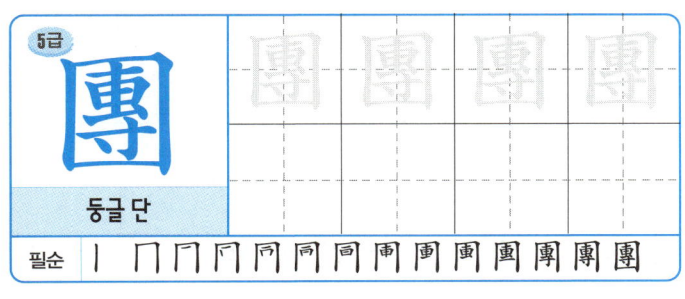
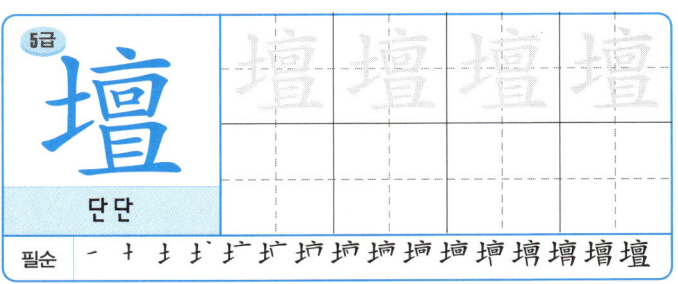

5급

5.급.배.정

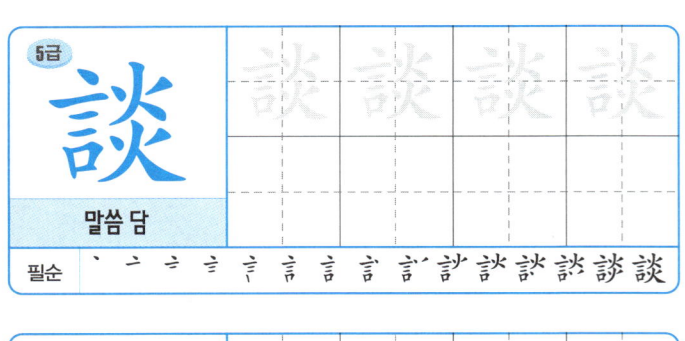

談 말씀 담
필순: 丶亠亠亠言言言言言訟談談談談

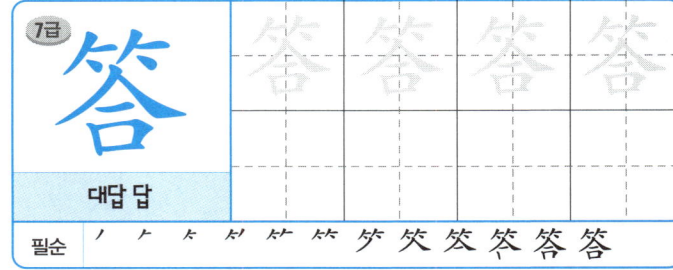

答 대답 답
필순: 丿𠂉𠂉𠂉竹竹笁笁答答答

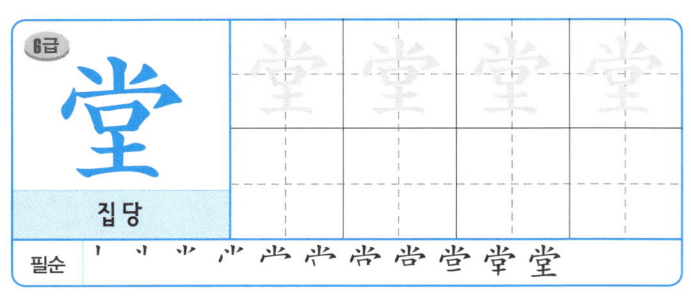

堂 집 당
필순: 丨丨丷丷当当堂堂堂堂

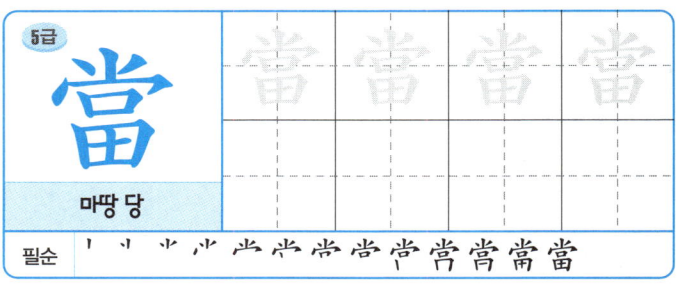

當 마땅 당
필순: 丨丨丷丷当当堂堂堂當當

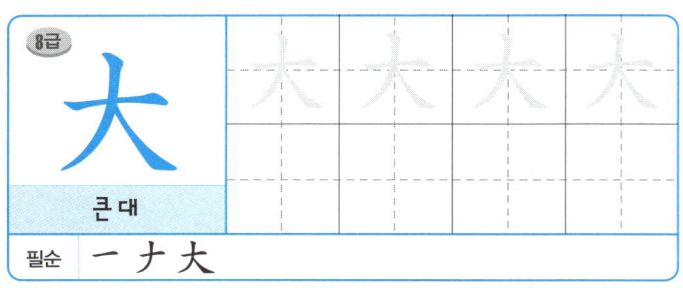

大 큰 대
필순: 一ナ大

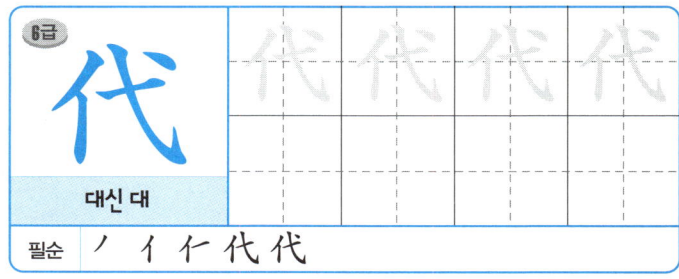

代 대신 대
필순: 丿亻亻代代

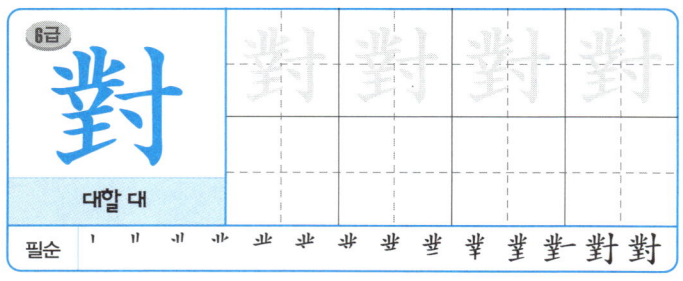

對 대할 대
필순: 丨丨丱丱业业业业堂堂對對

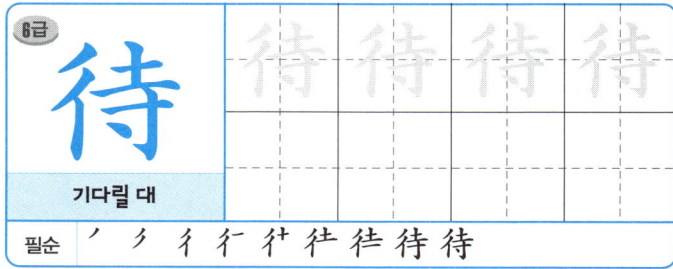

待 기다릴 대
필순: 丿丿亻彳彳彳待待待

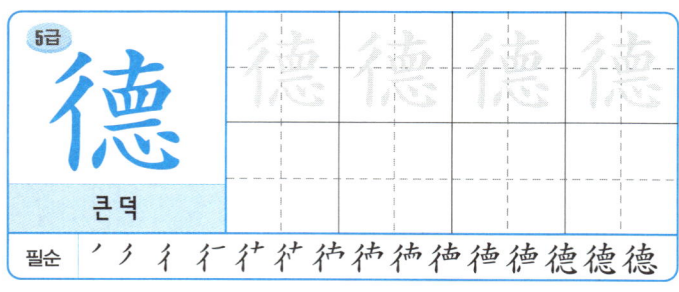

德 큰 덕
필순: 丿丿亻彳彳彳待待德德德德

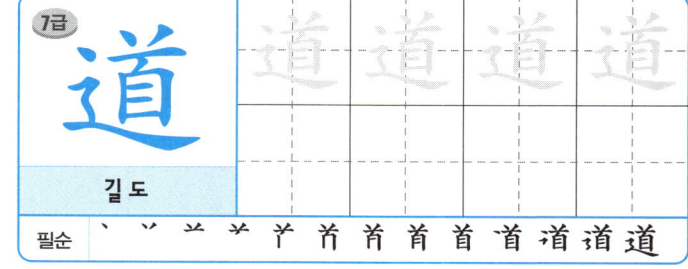

道 길 도
필순: 丶丷丷丷亠首首首首道道

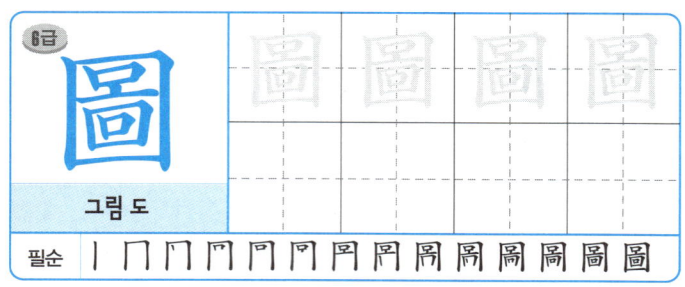

圖 그림 도
필순: 丨冂冂冋冋冋圄圄圖圖圖

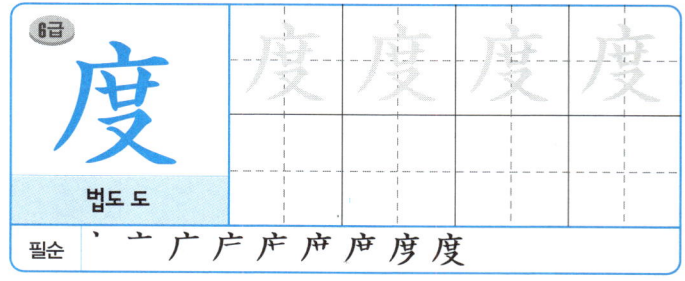

度 법도 도
필순: 丶亠广广广户庐度

500자 다지기 5급

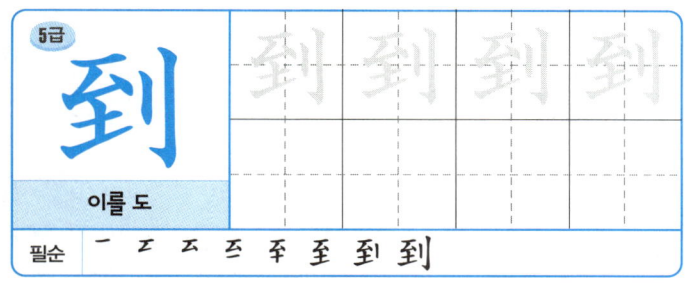
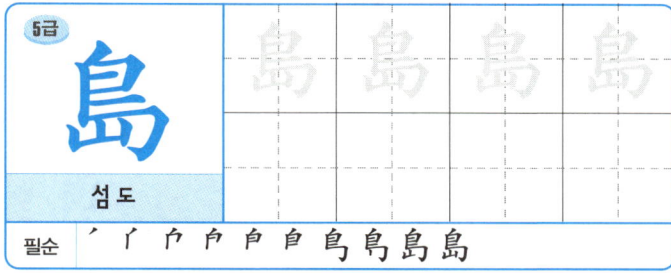
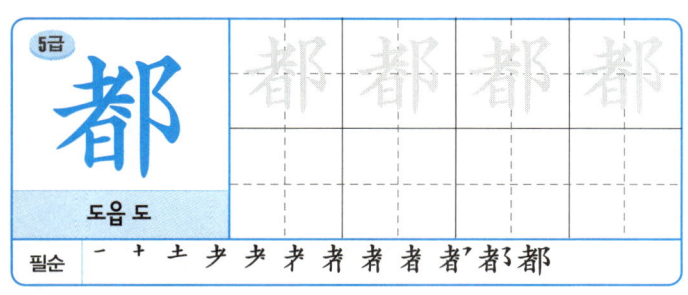
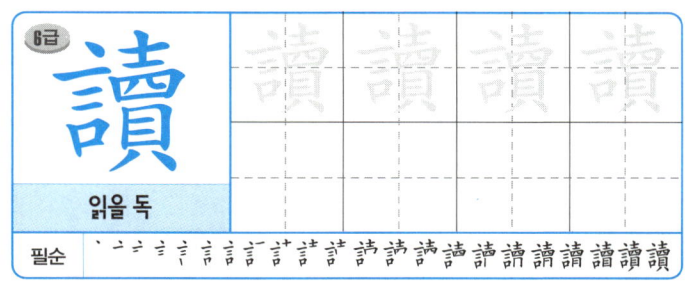
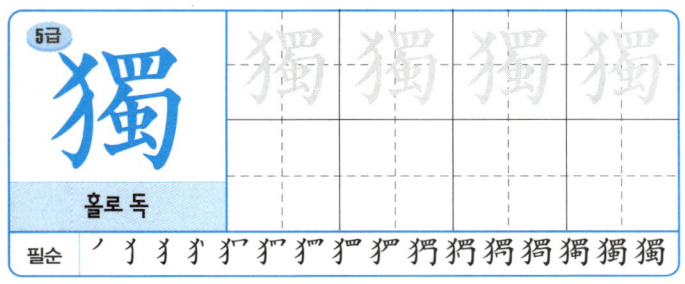
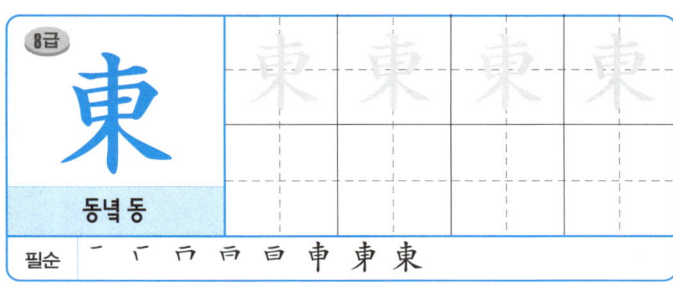
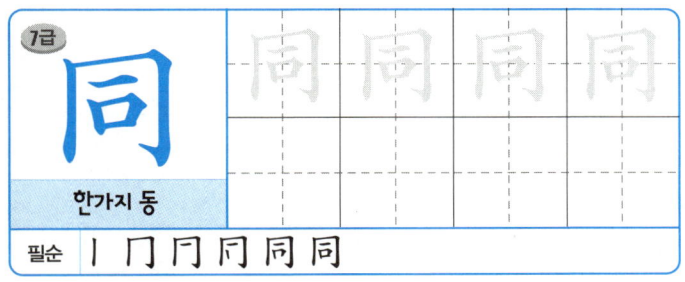
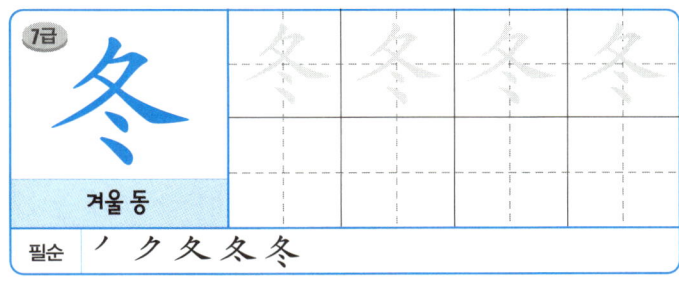
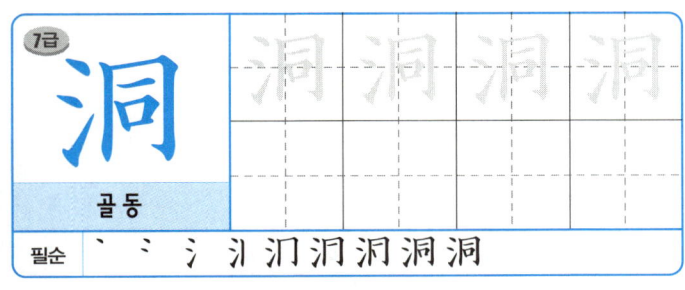
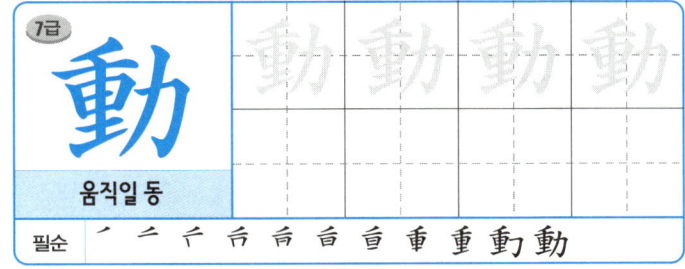
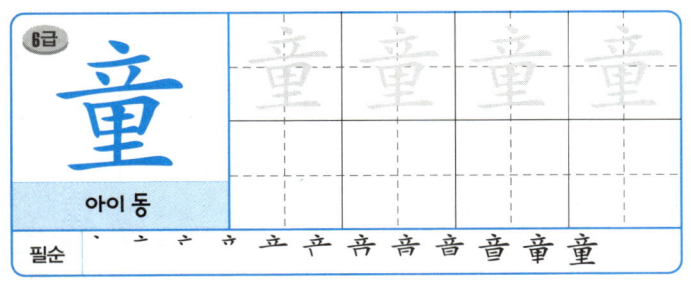
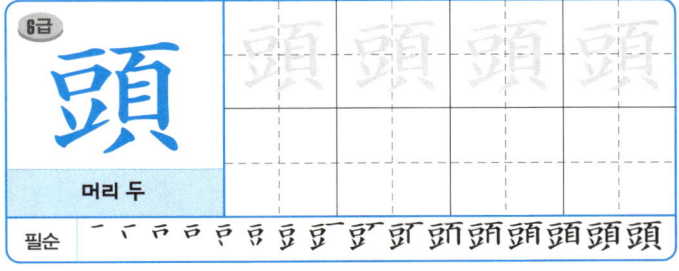

5급

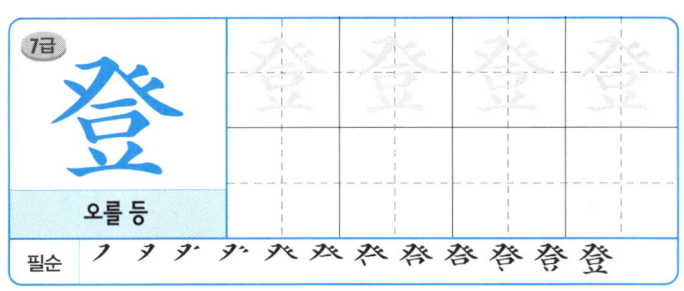
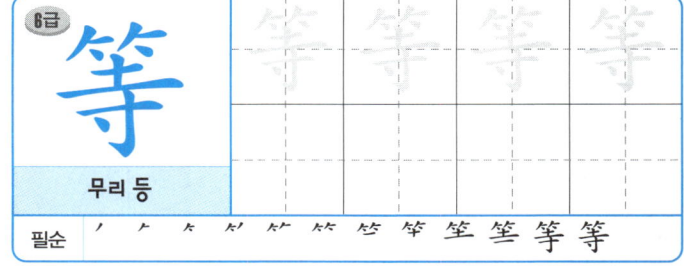
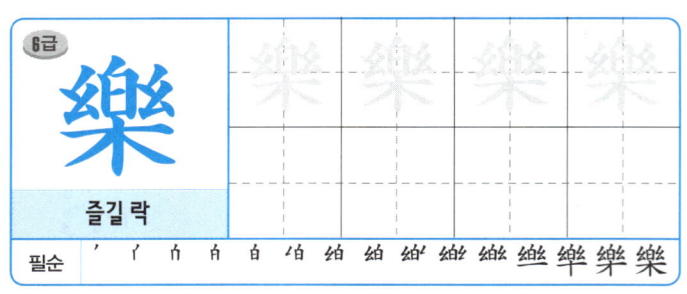
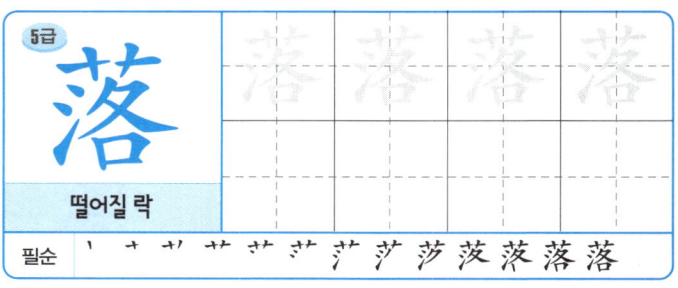
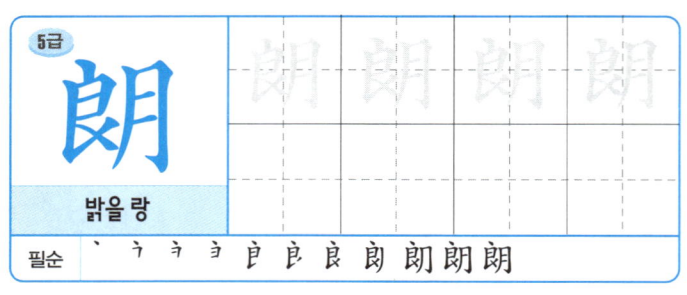
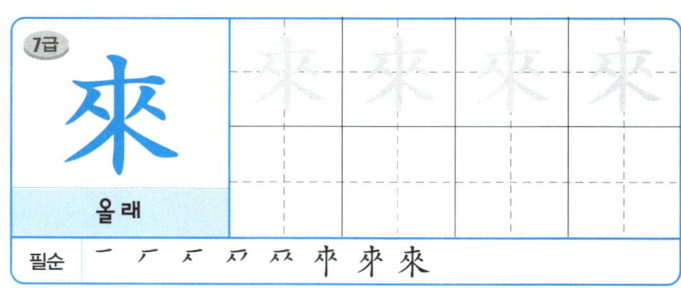
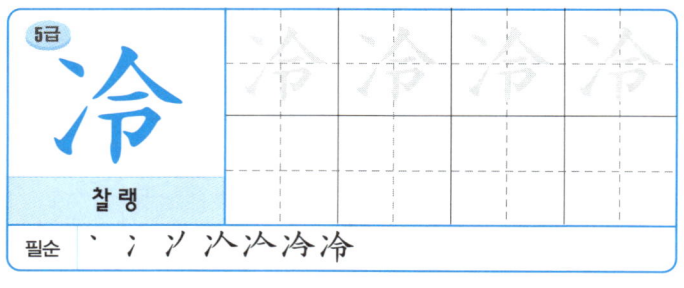
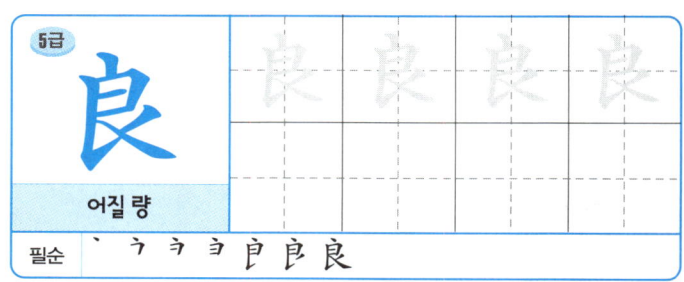
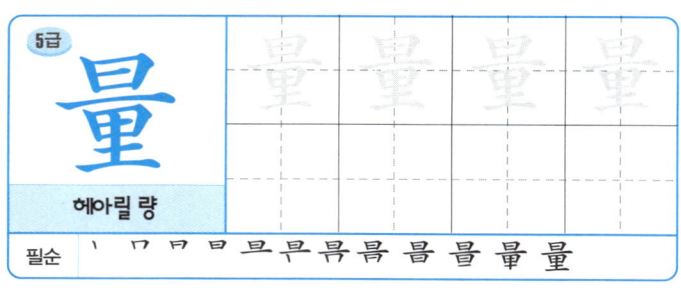
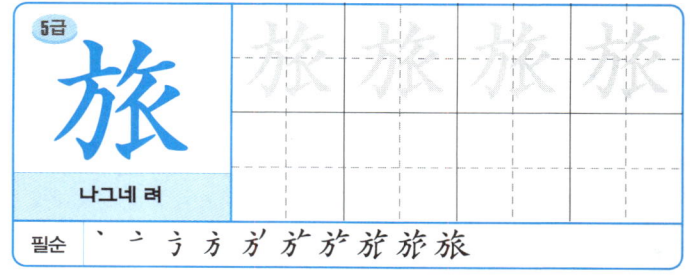
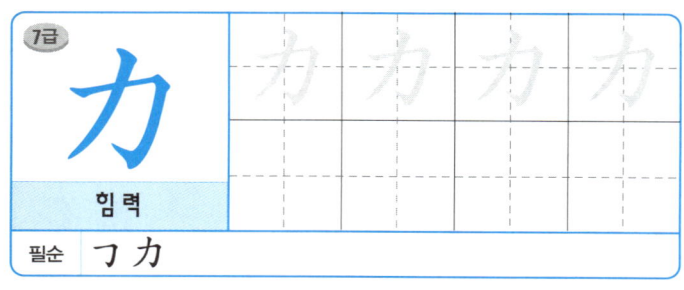
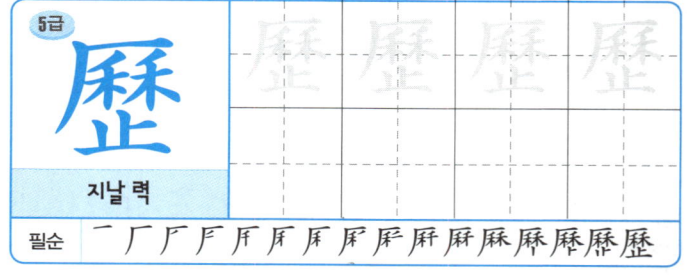

500자 다지기

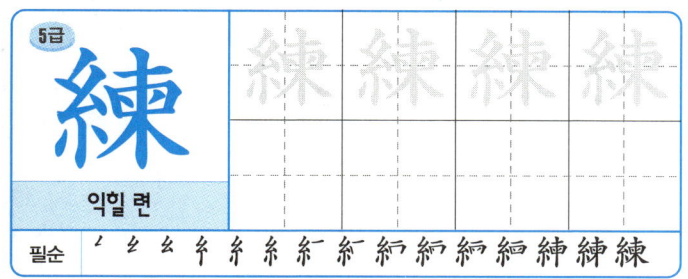
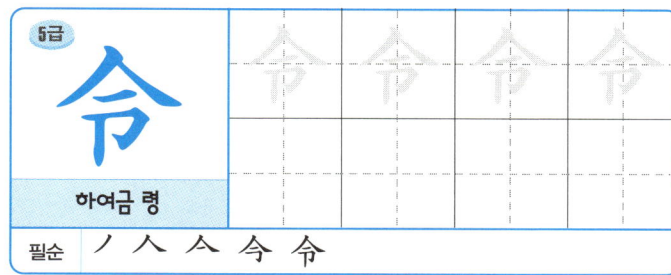
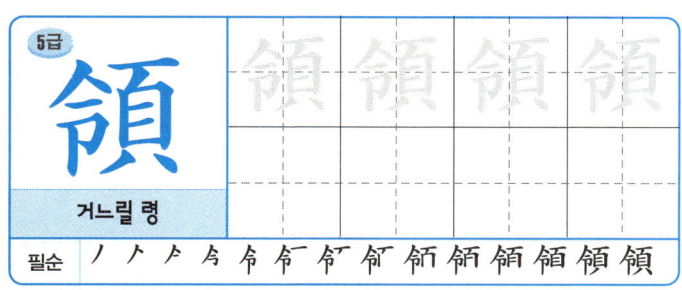
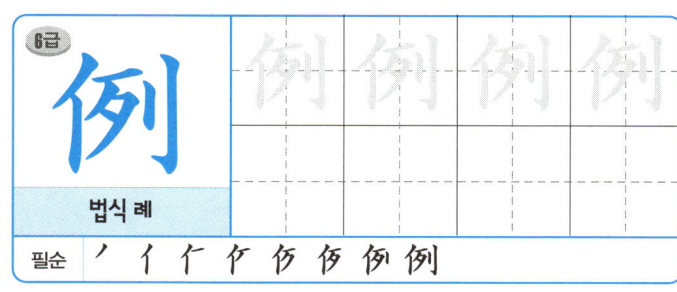
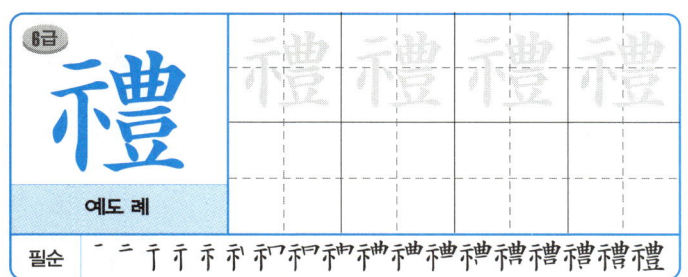
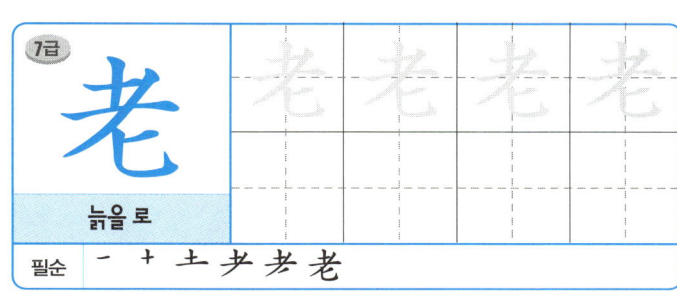
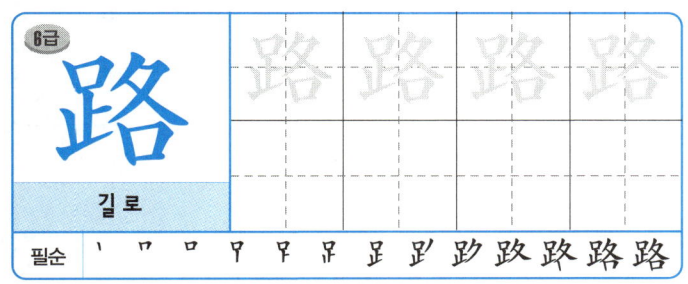
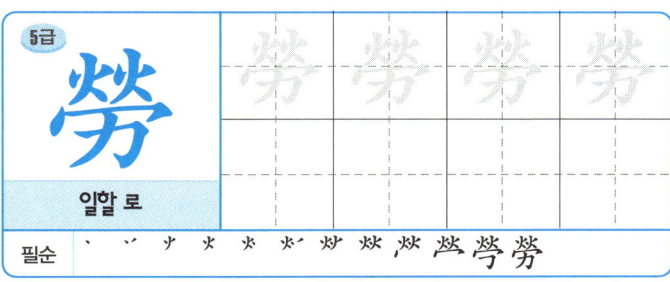
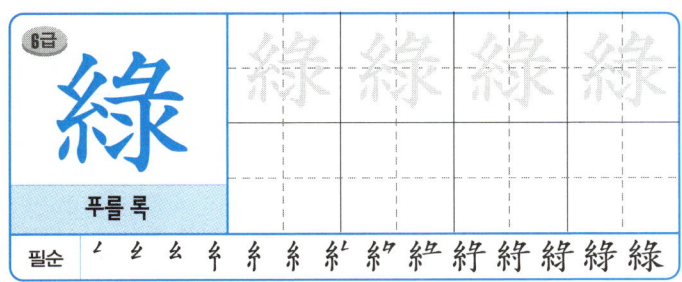
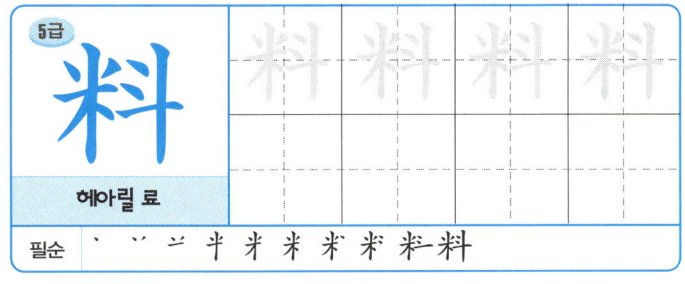
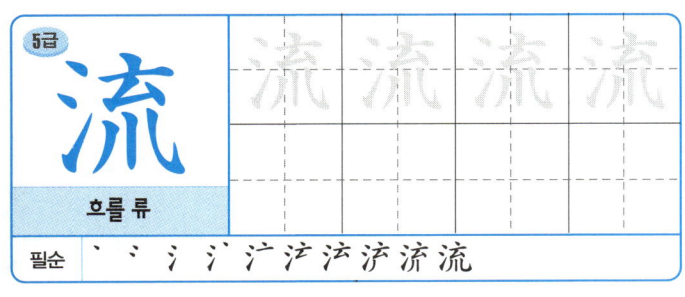
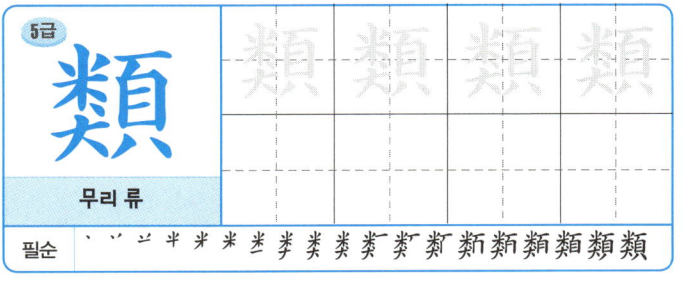

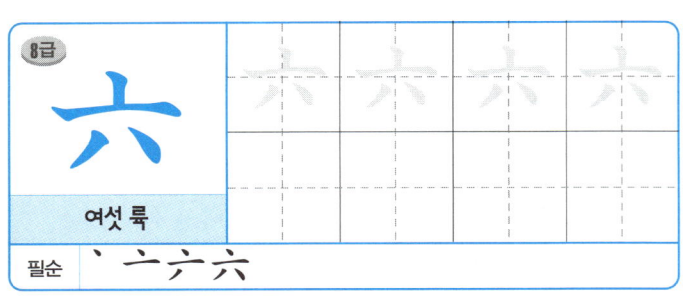
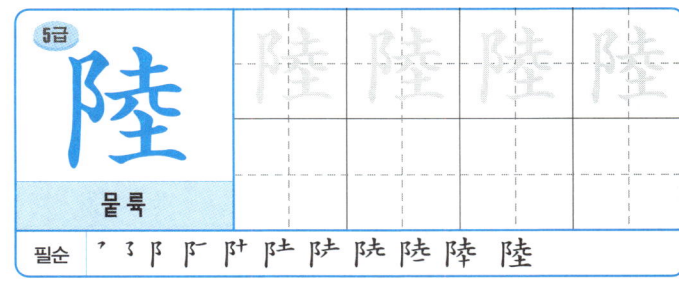
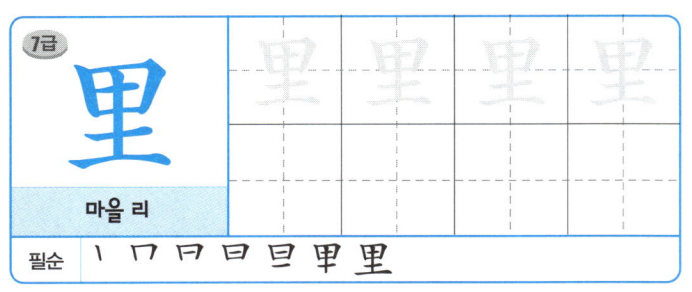
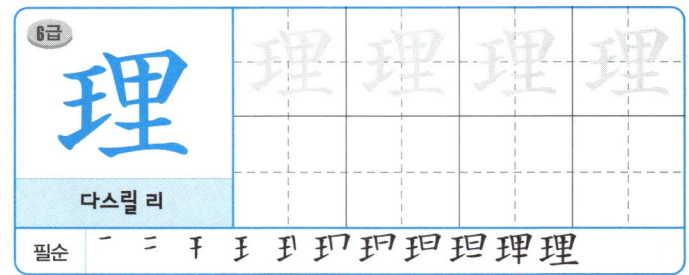
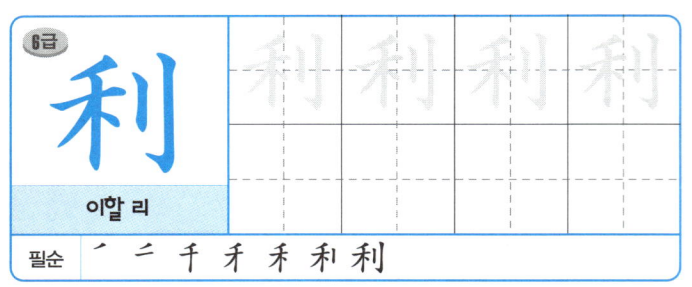
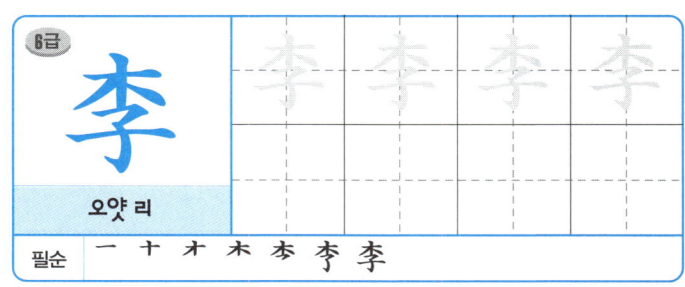
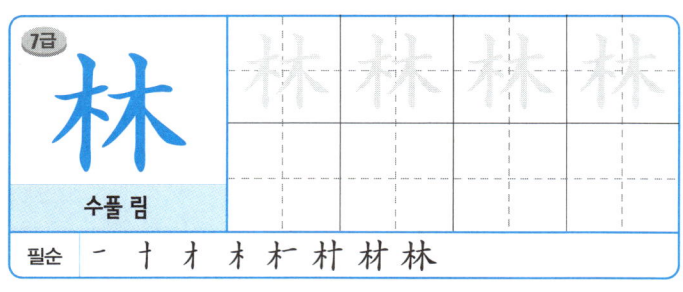
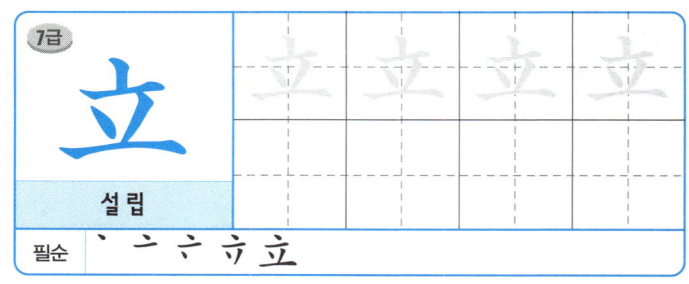
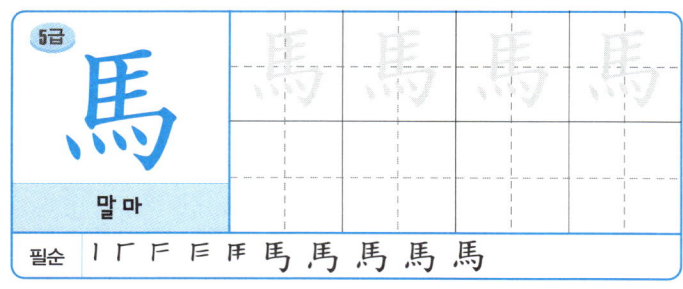
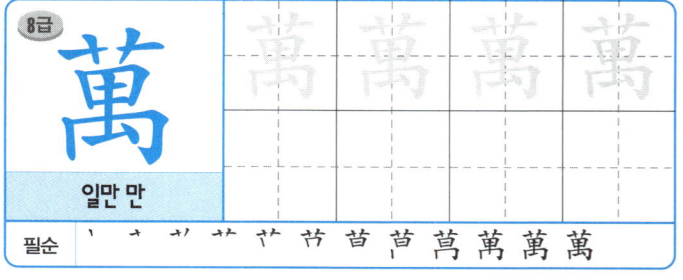
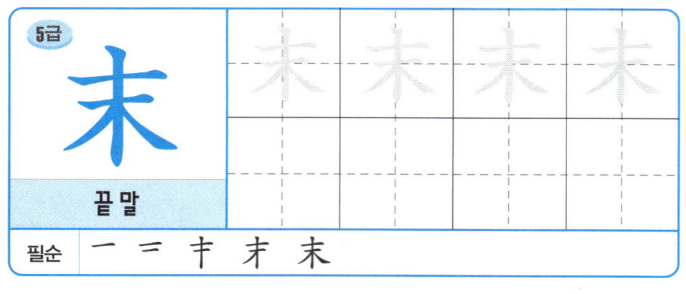
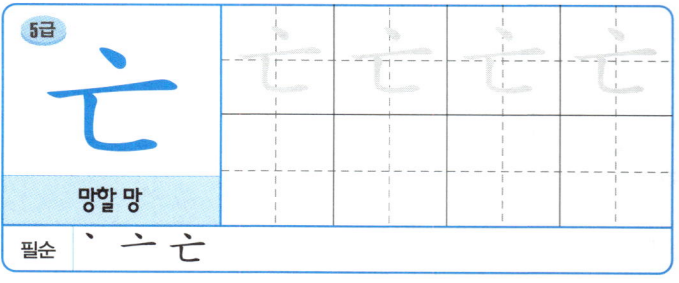

500자 다지기

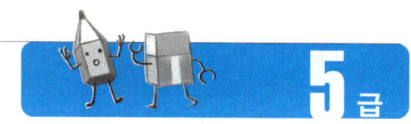

5급

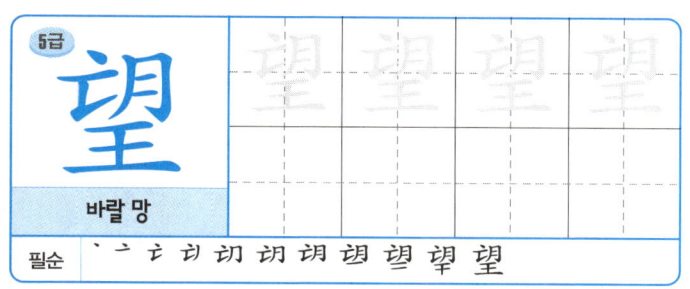
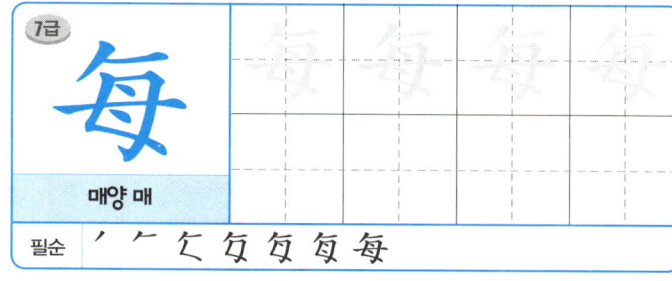
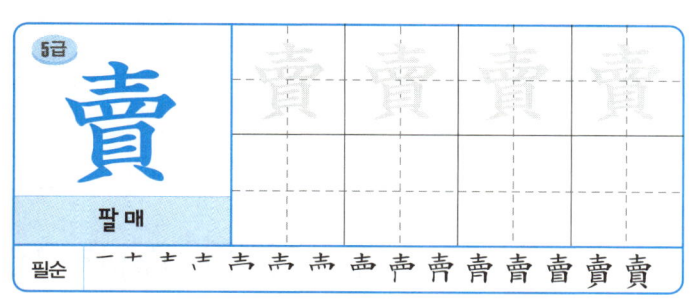
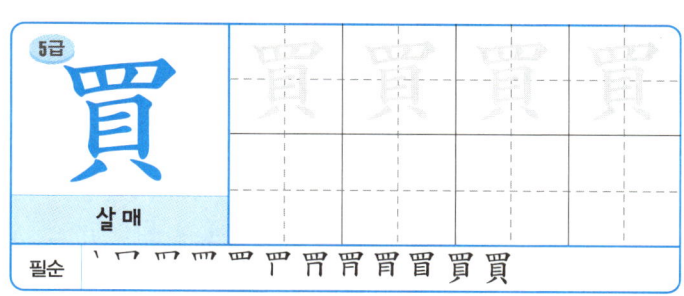
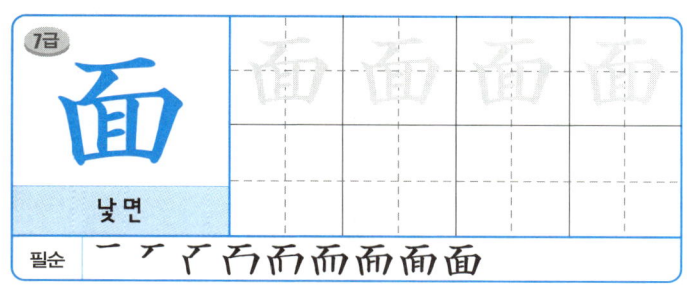
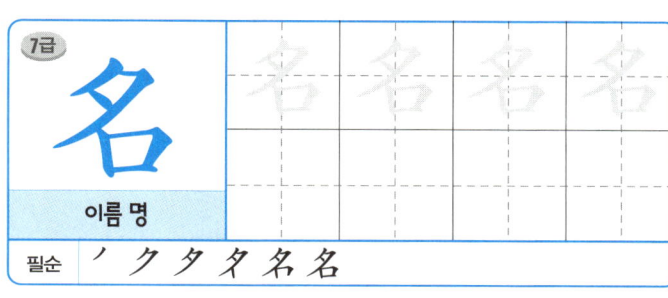
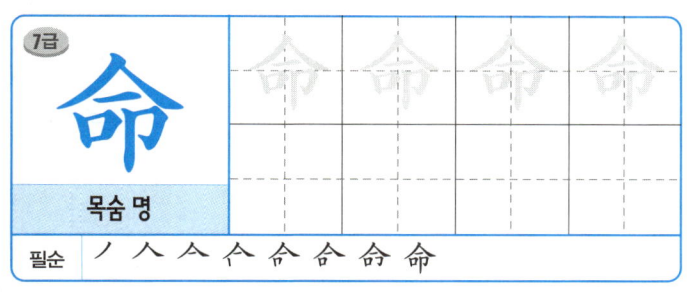
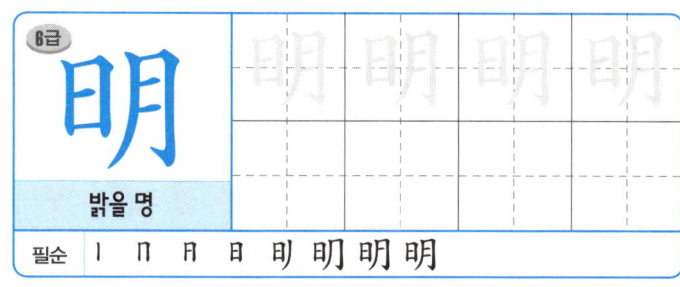
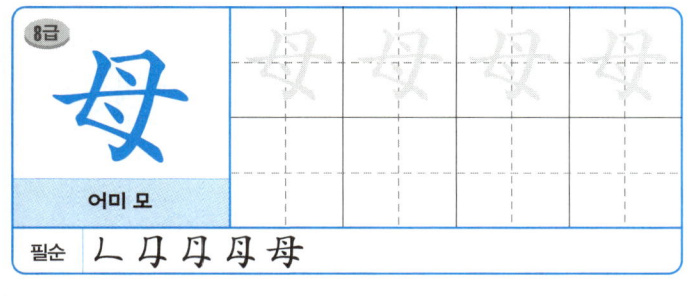
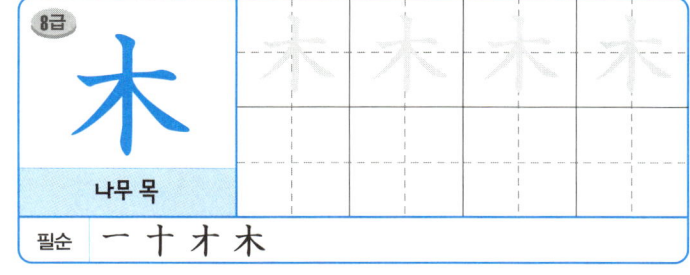
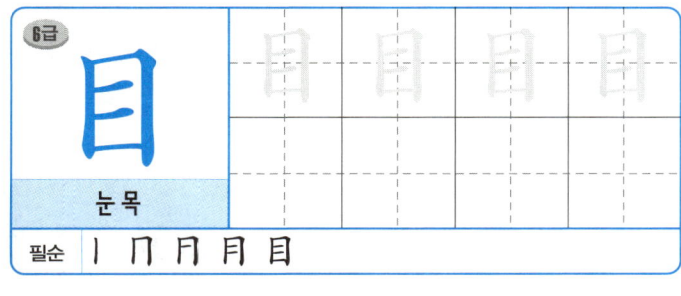
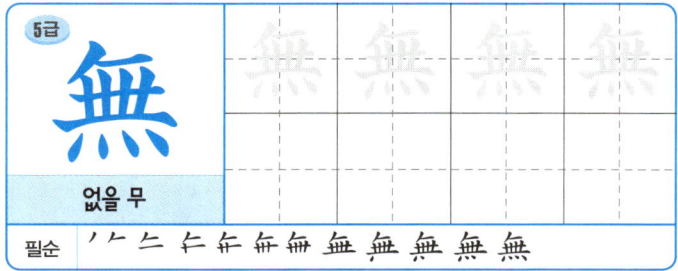

5급

5.급.배.정

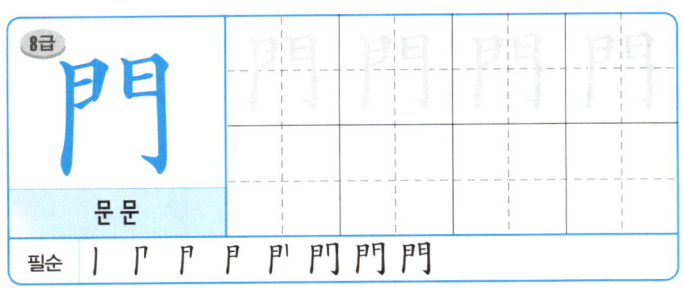
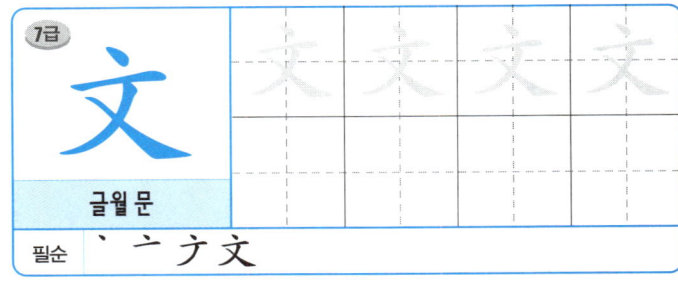
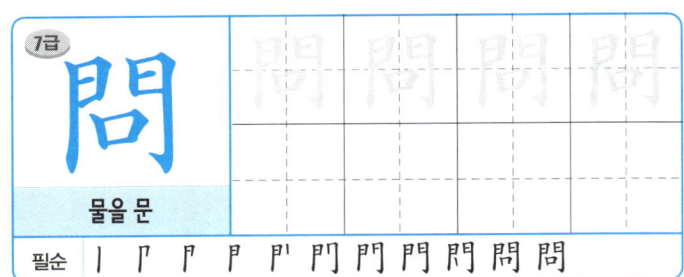
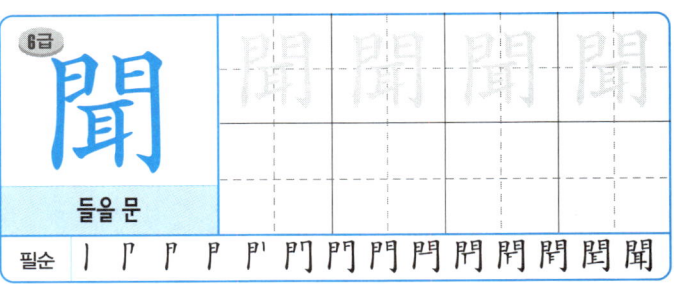
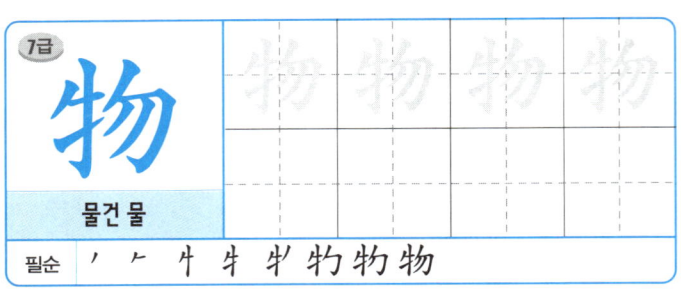
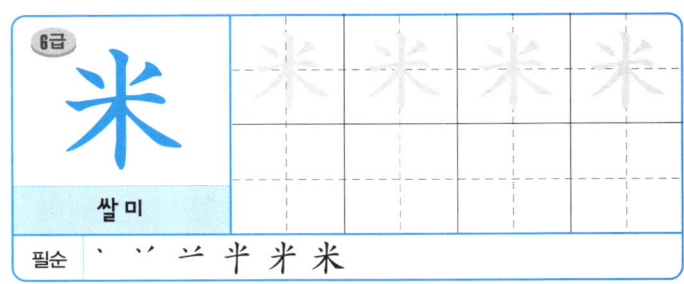
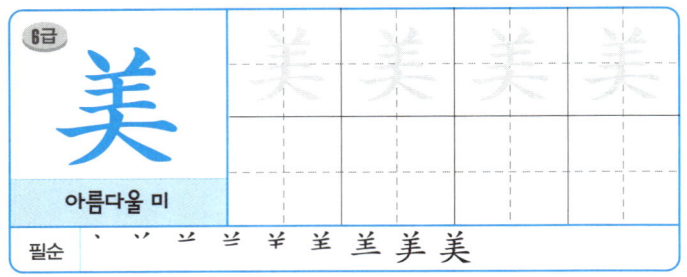
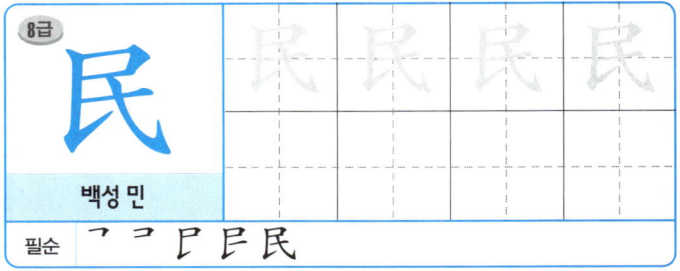
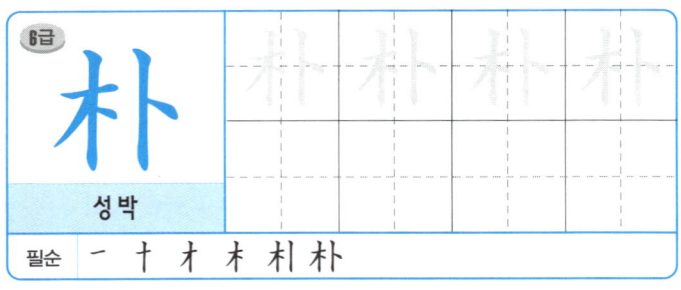
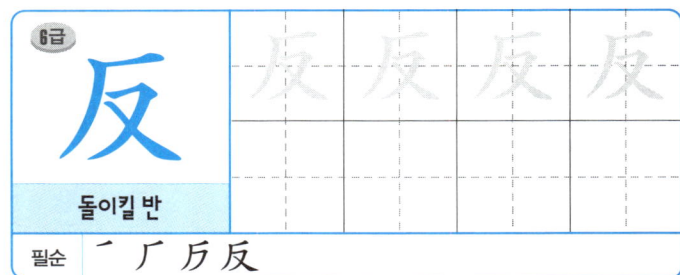
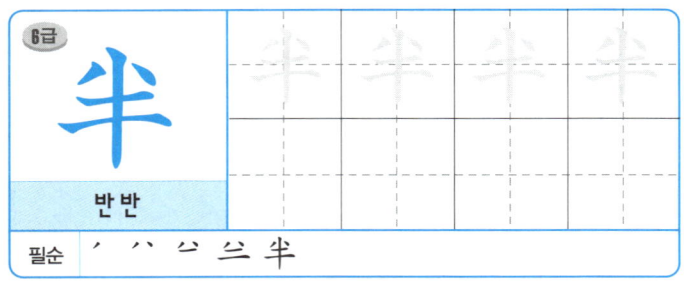
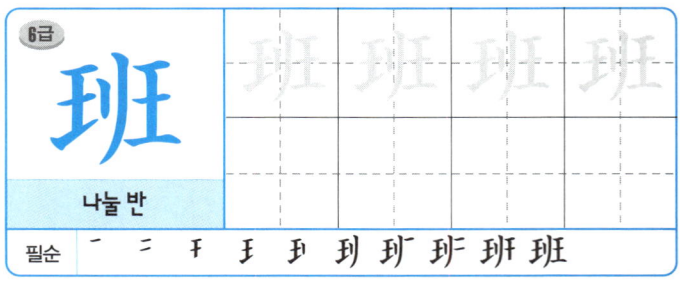

500자 다지기

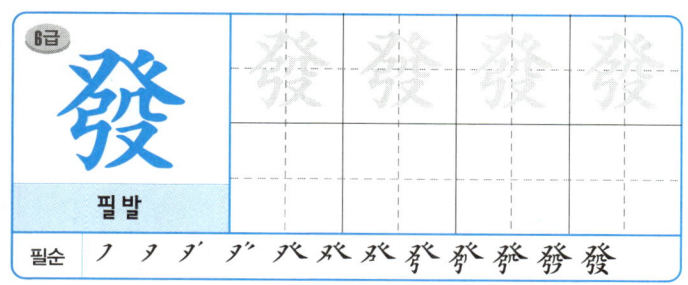
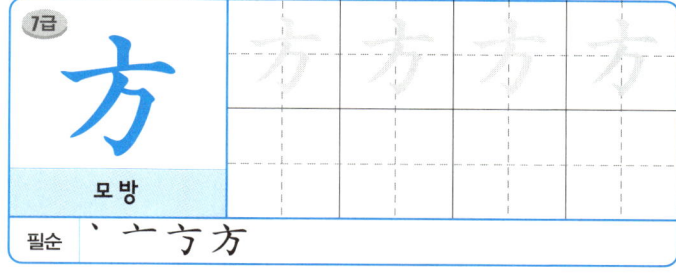
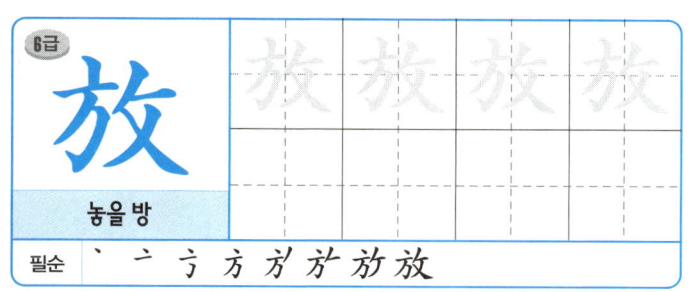
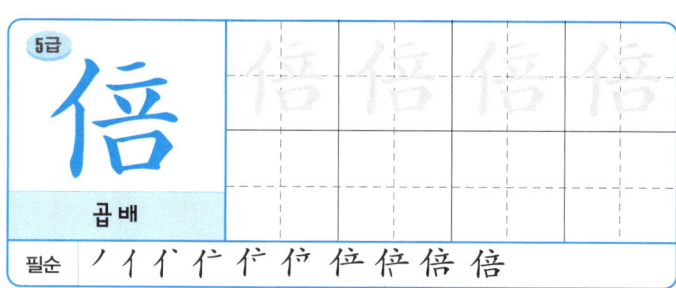
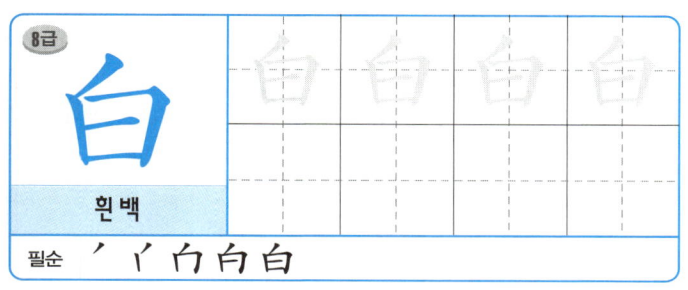
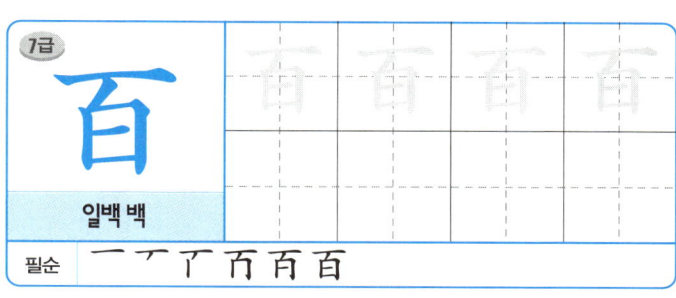
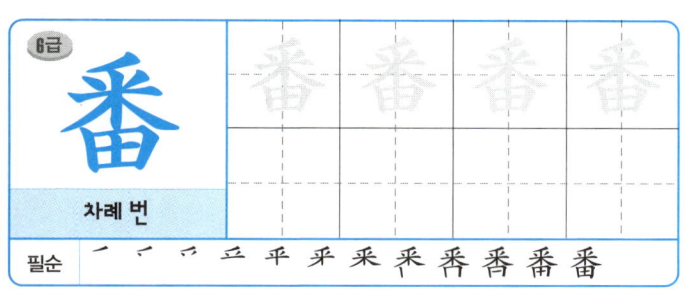
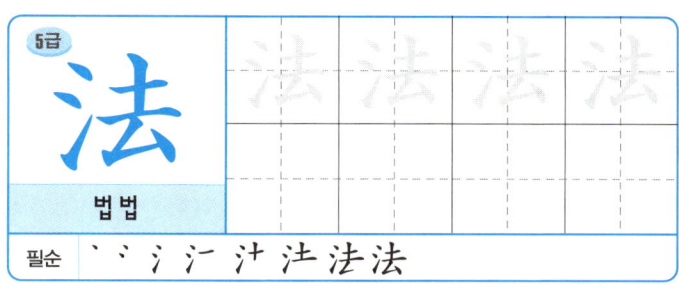
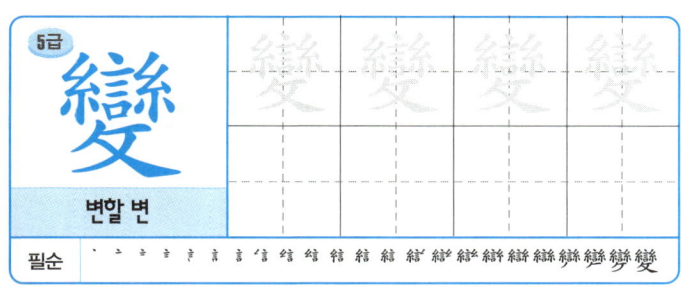
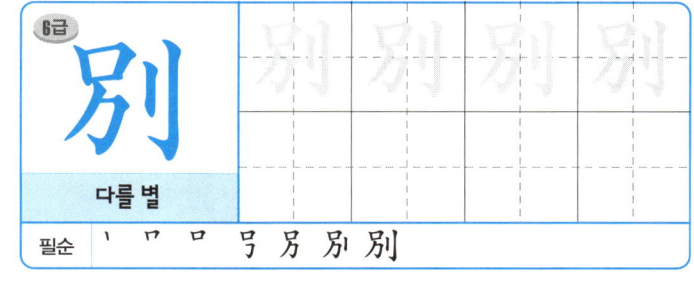
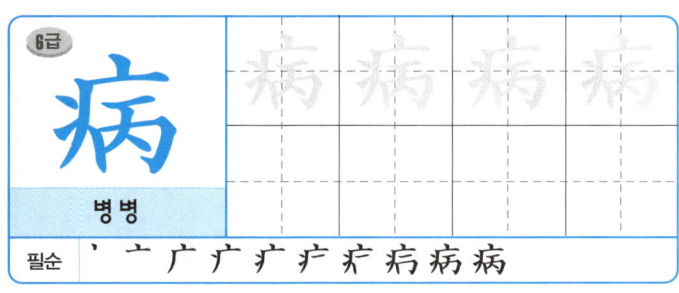
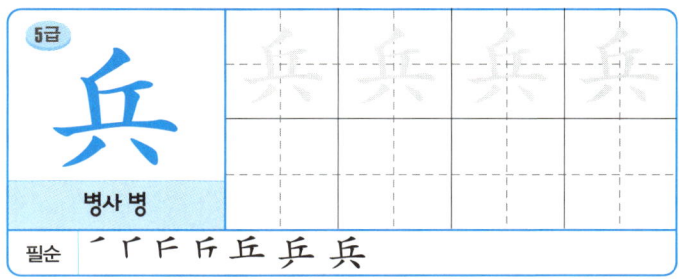

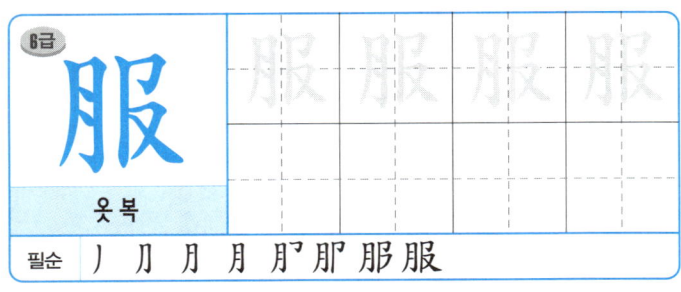
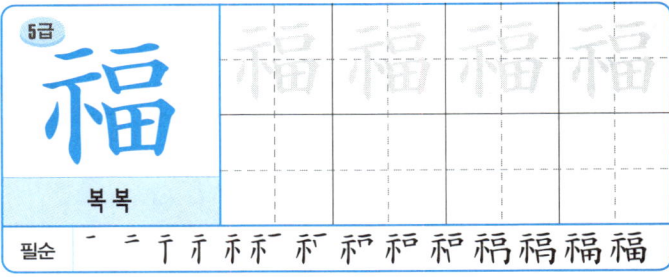
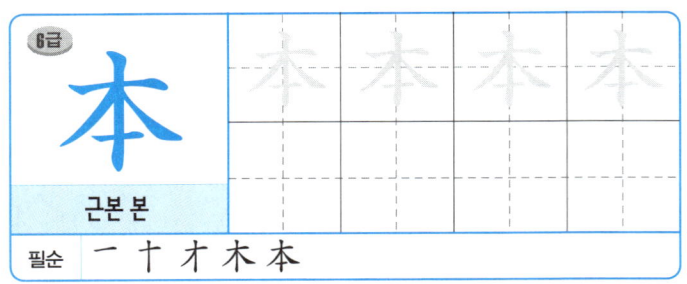
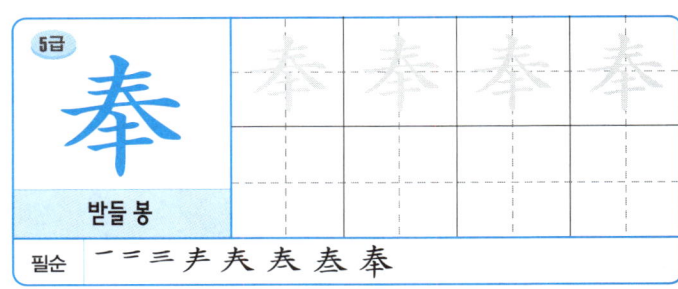
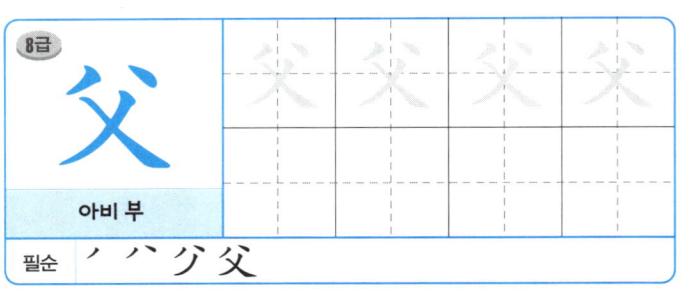
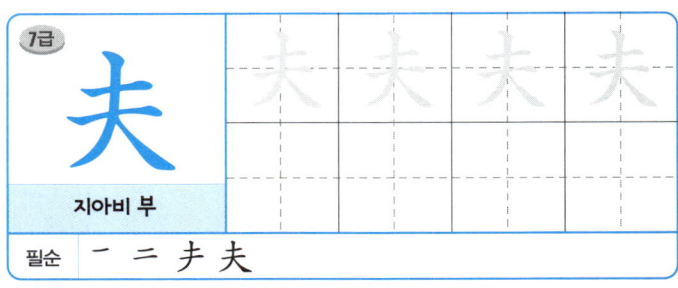
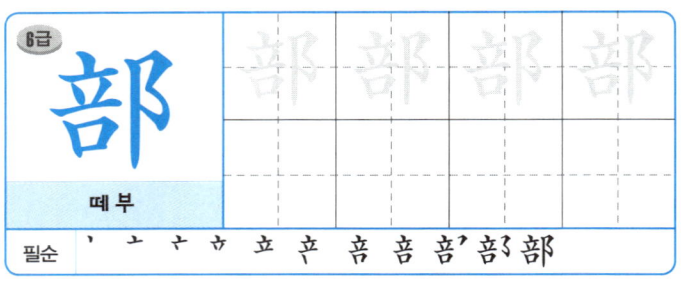
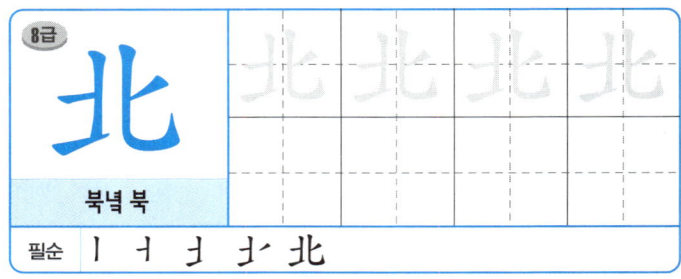
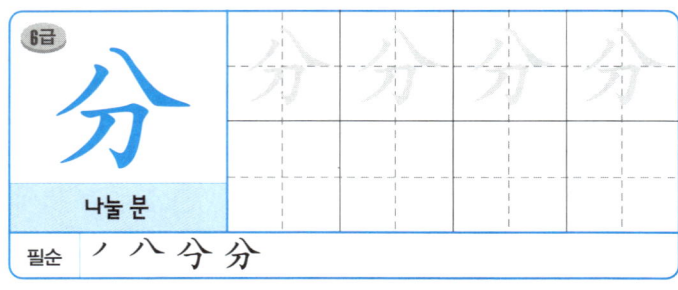
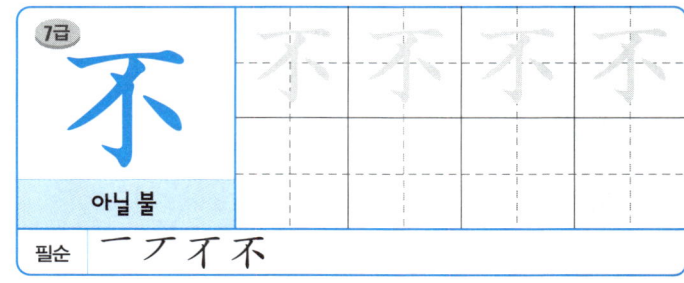
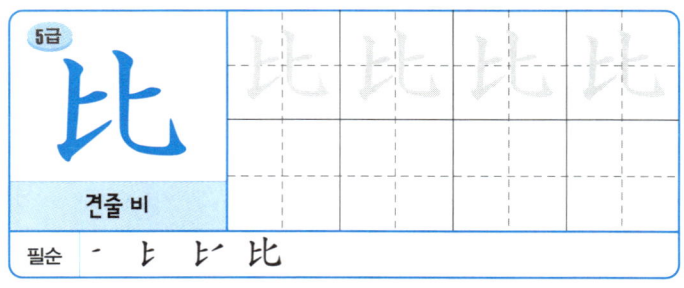
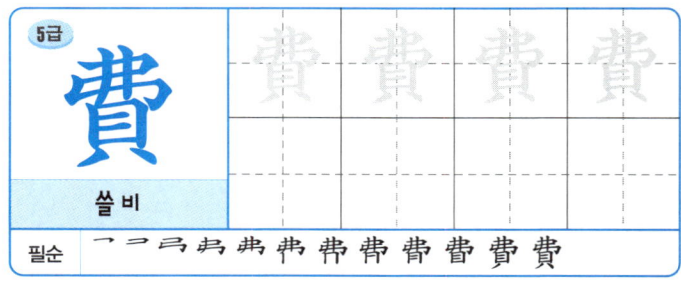

500자 다지기

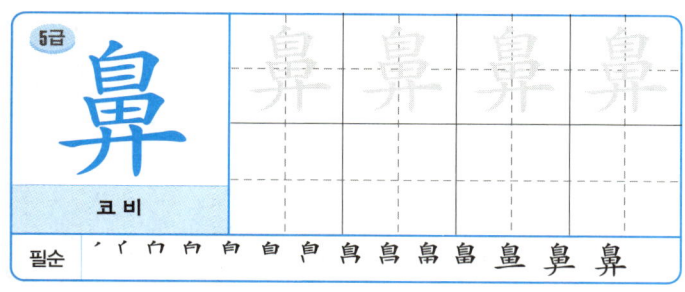
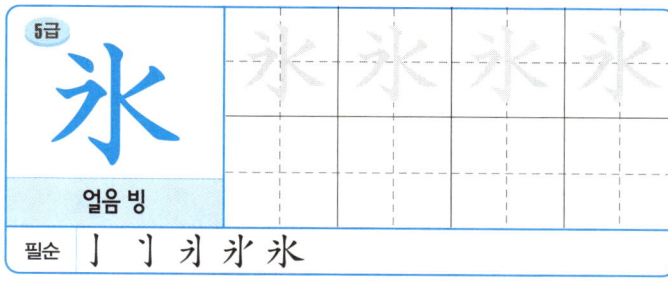
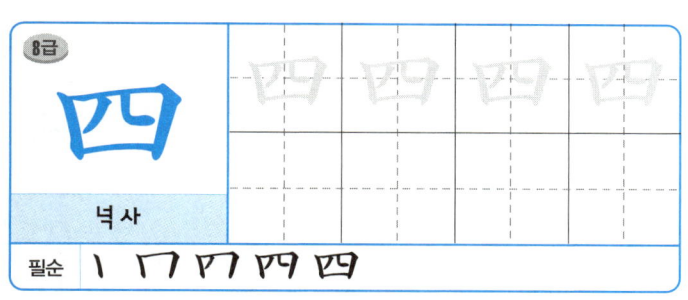
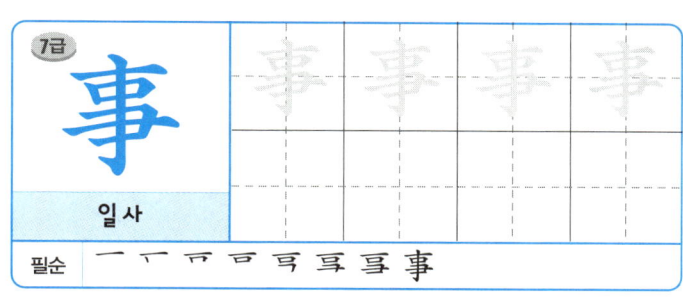
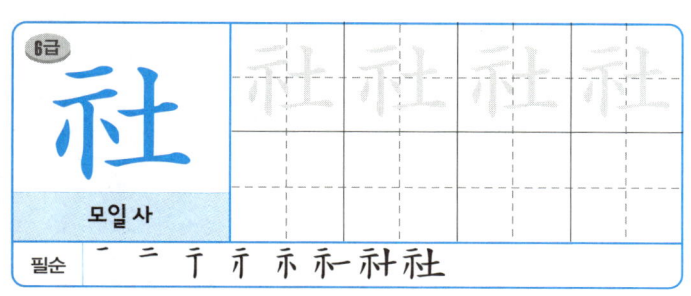
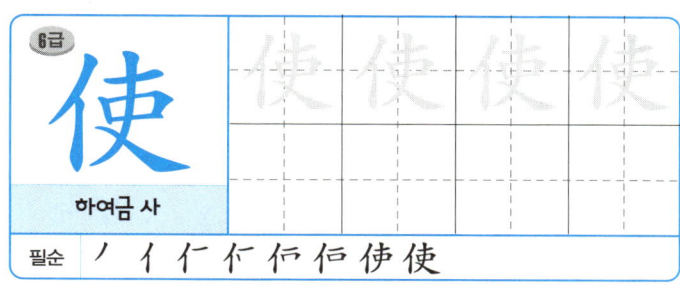
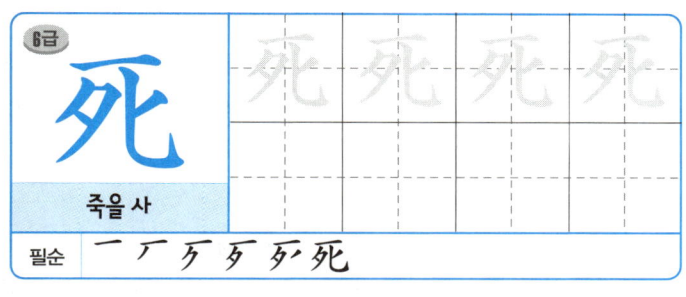
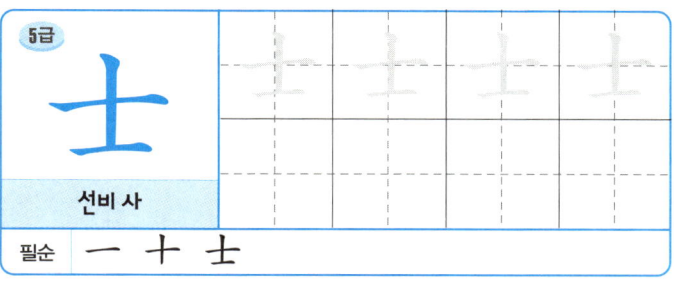
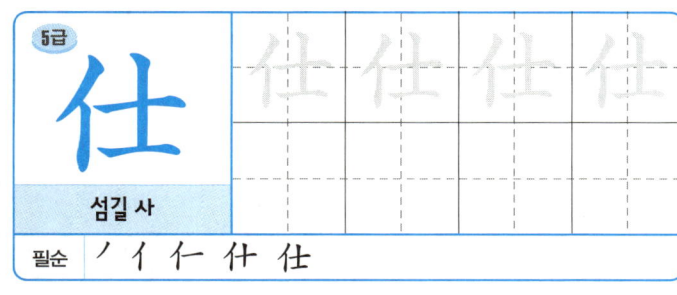

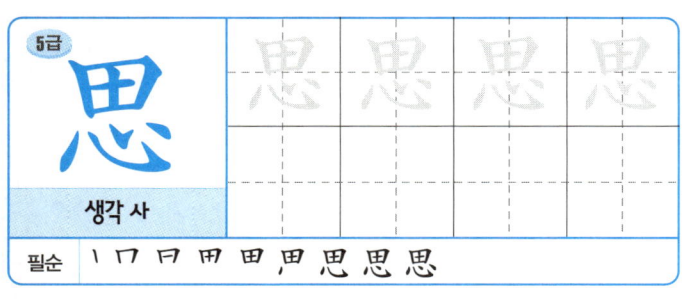
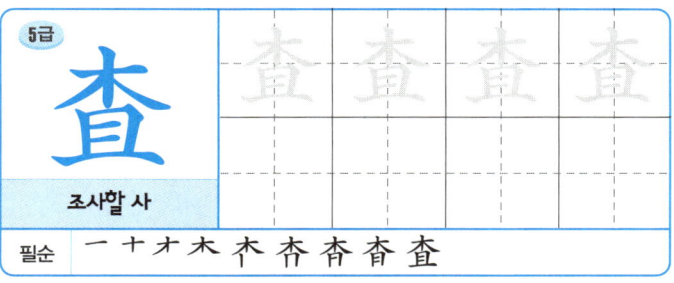

5급

5.급.배.정

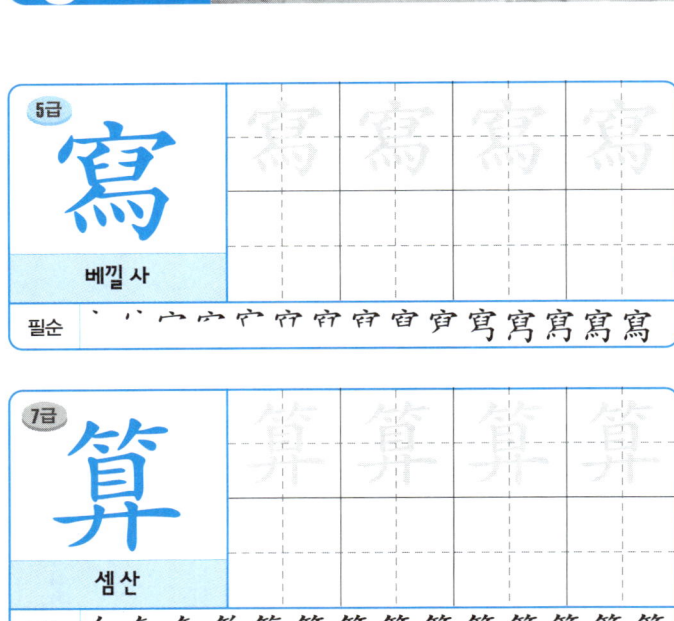

5급 寫 베낄 사	8급 山 메 산
필순: 丶宀宀宀宀宀宀宀宀寫寫寫寫寫	필순: 丨山山

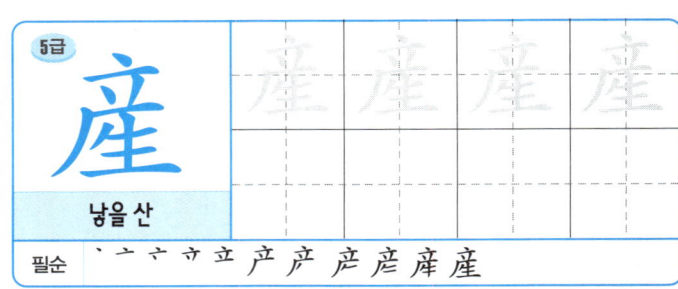

7급 算 셈 산	5급 産 낳을 산
필순: ノ ノ ナ ナ ナ ナ ナ ナ ナ ナ 笪 算 算	필순: 丶 亠 亠 立 产 产 产 产 産 産

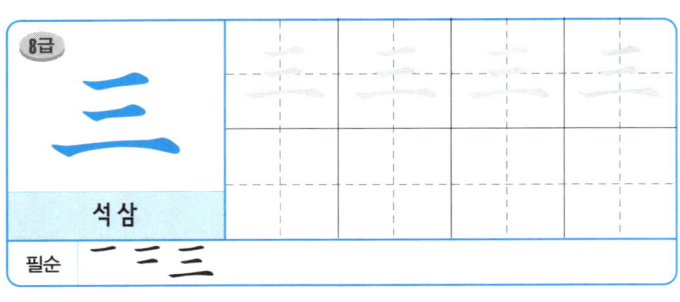

8급 三 석 삼	7급 上 윗 상
필순: 一 二 三	필순: 丨 上 上

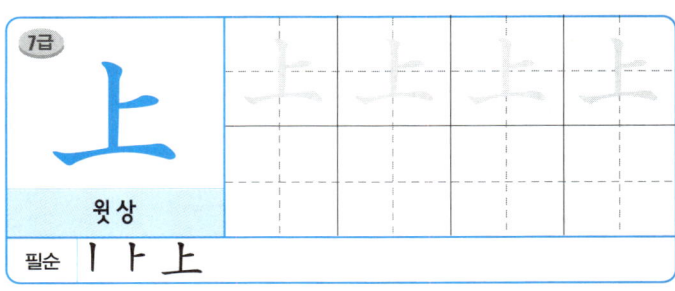

5급 相 서로 상	5급 商 장사 상
필순: 一 十 才 木 朴 朴 相 相 相	필순: 丶 亠 亠 产 产 产 商 商 商

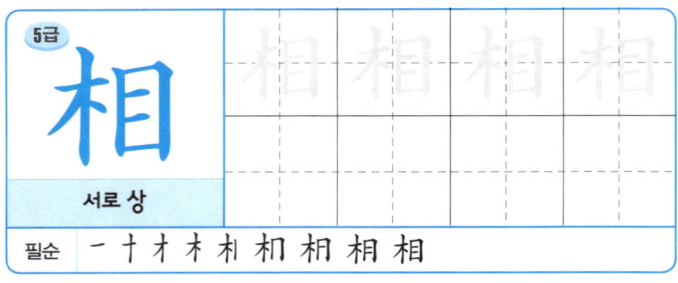

5급 賞 상줄 상	7급 色 빛 색
필순: 丨 ㅗ ㅛ ㅛ ㅛ 常 常 常 常 常 賞 賞	필순: ノ ク 夕 夕 色 色

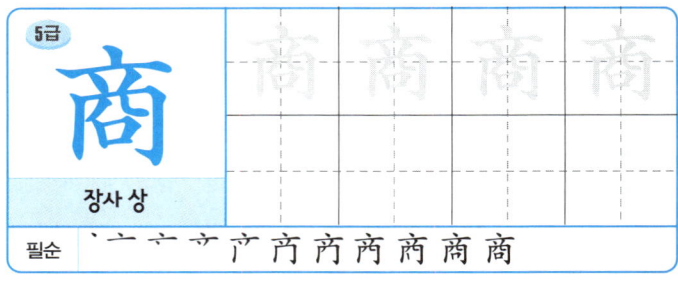

8급 生 날 생	8급 西 서녘 서
필순: ノ ノ ㄴ 生 生	필순: 一 丆 丏 西 西 西

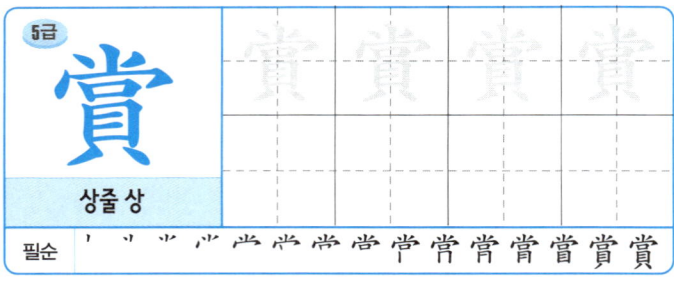
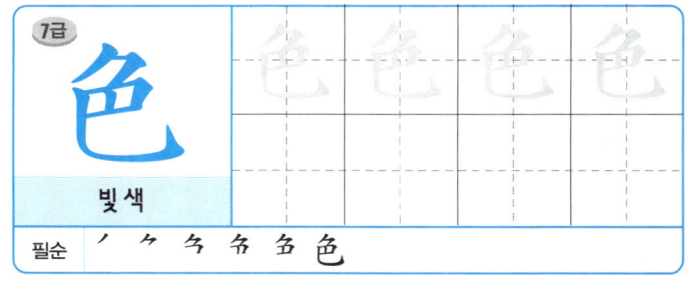
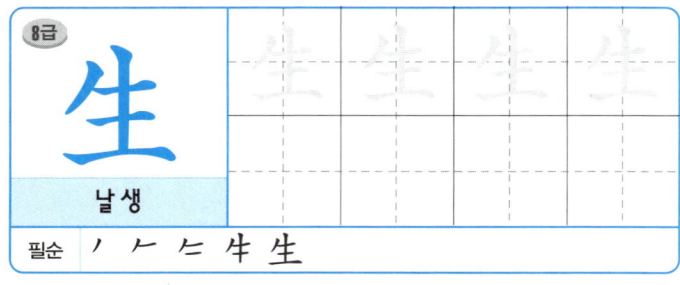
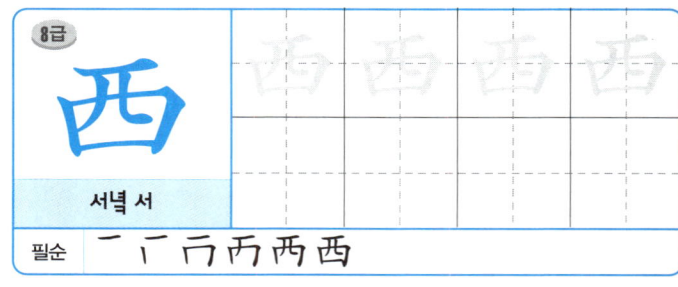

500자 다지기

5급

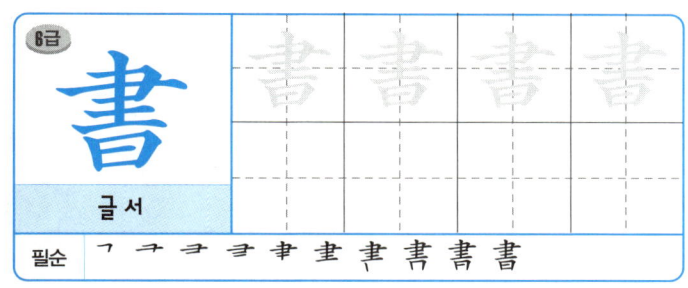
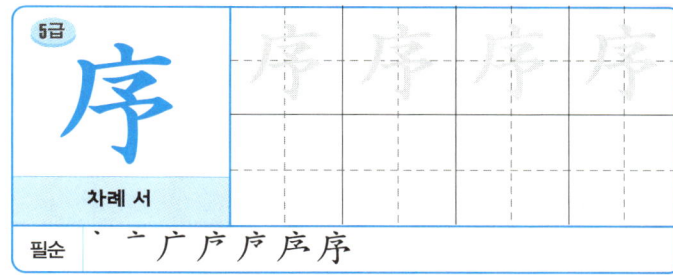
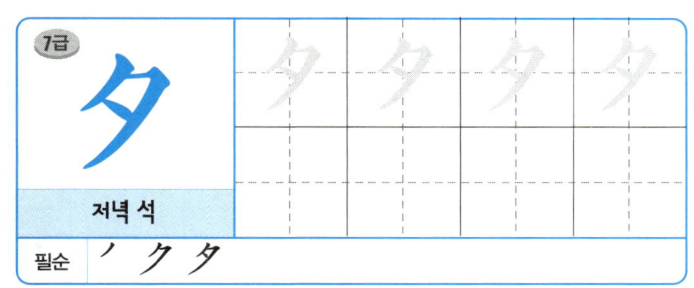
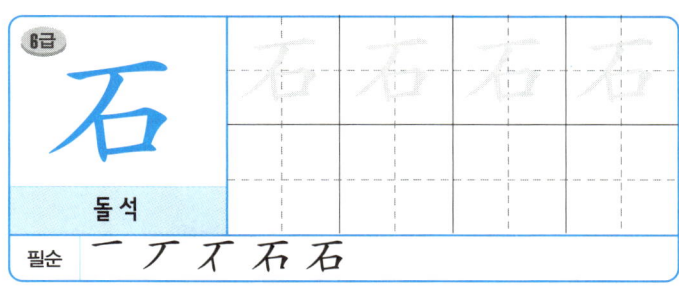
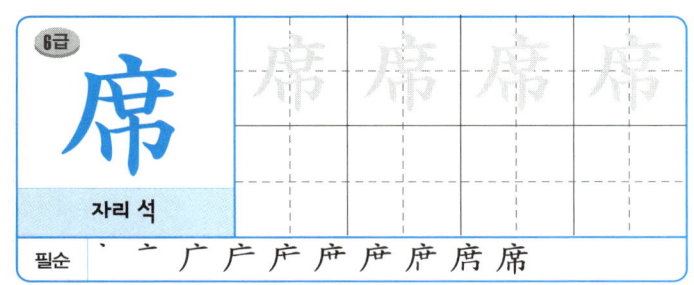
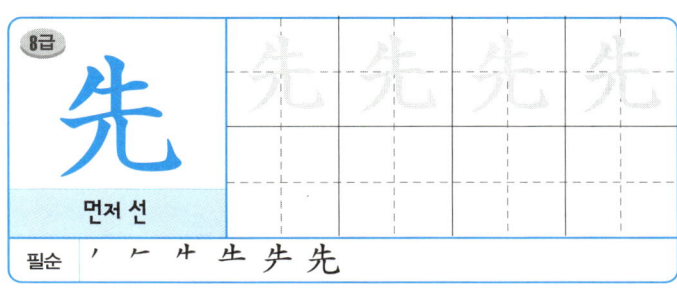
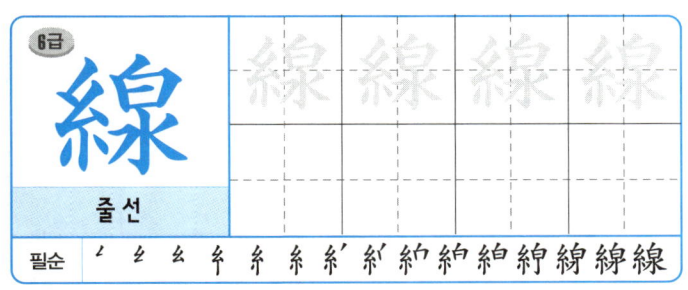
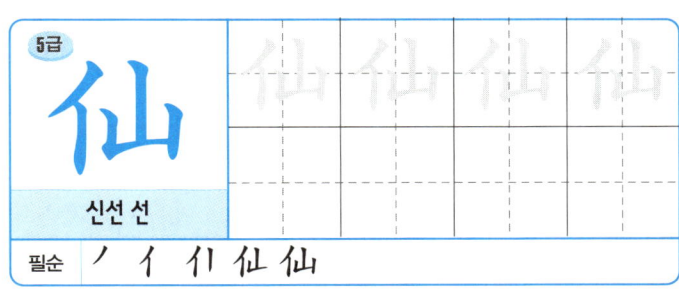
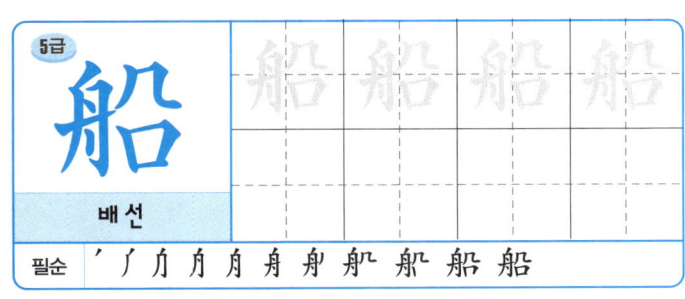
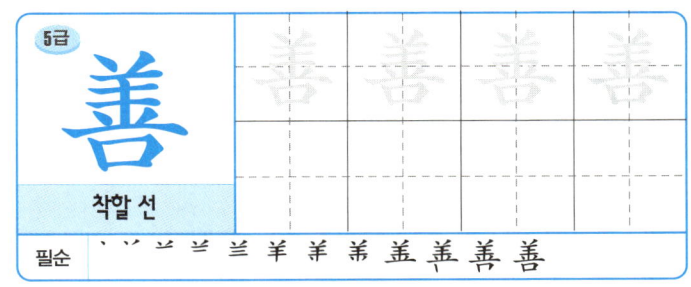
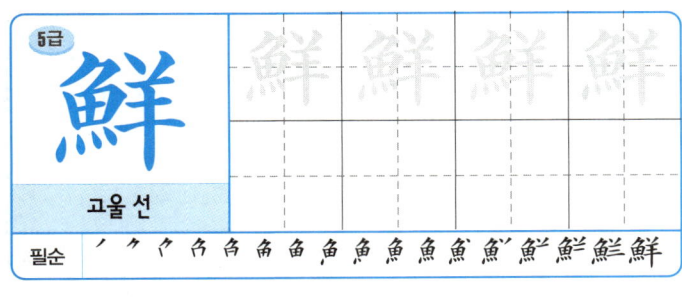
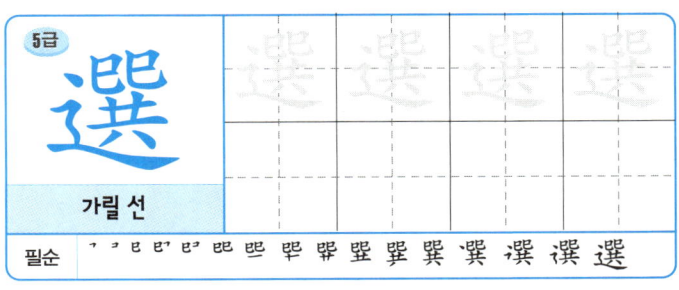

5급

5.급.배.정

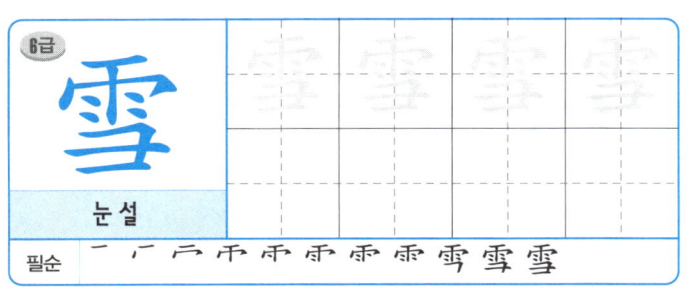
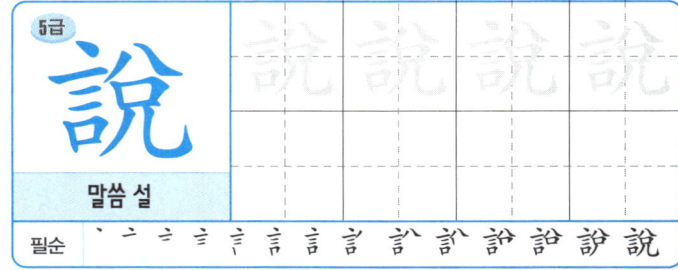
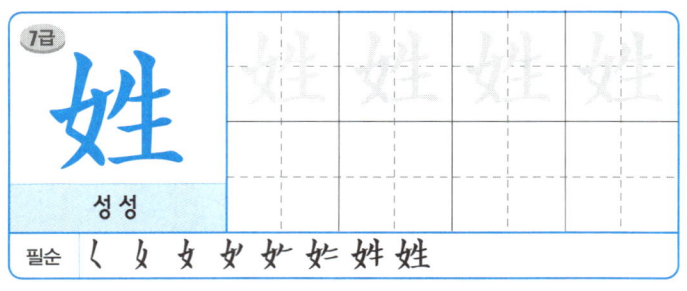
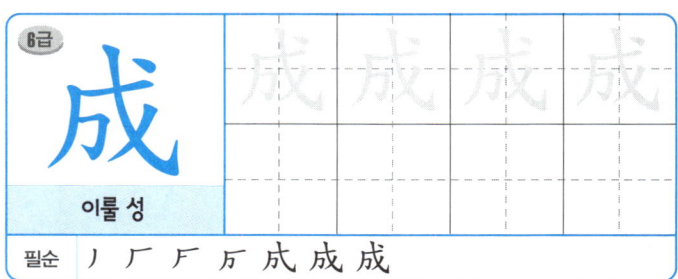
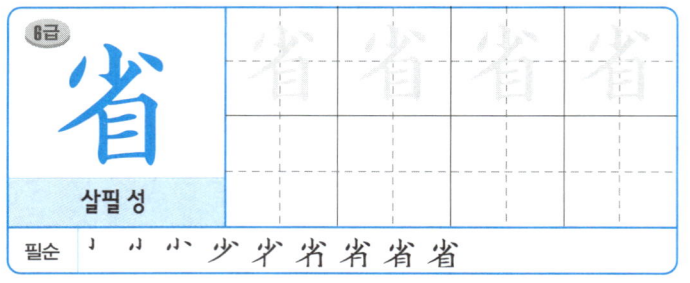
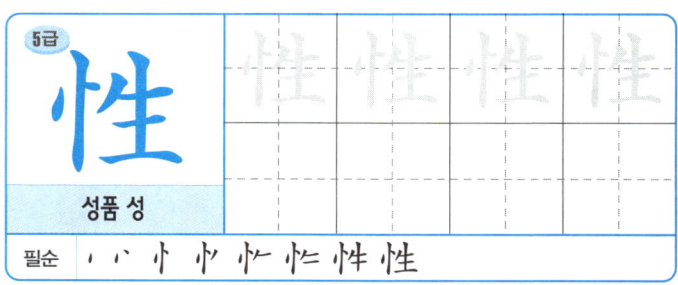
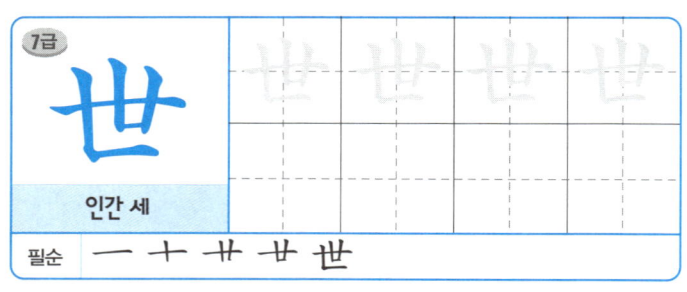
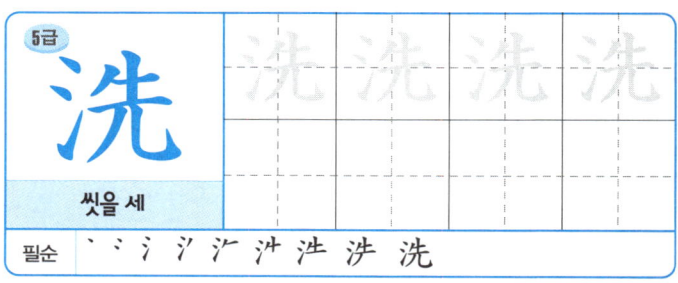
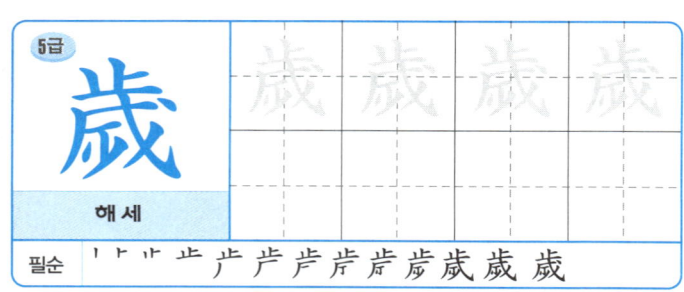
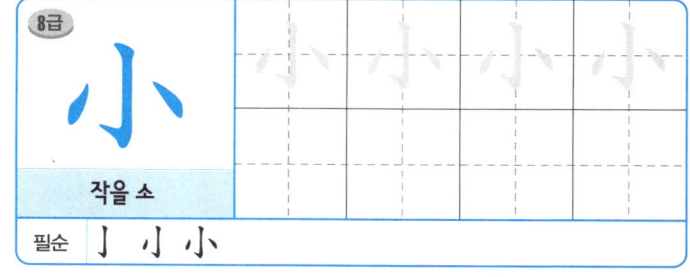
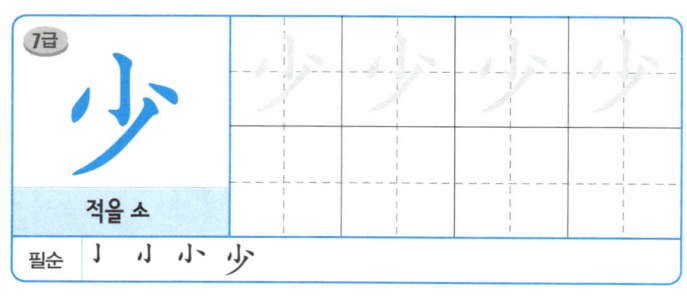
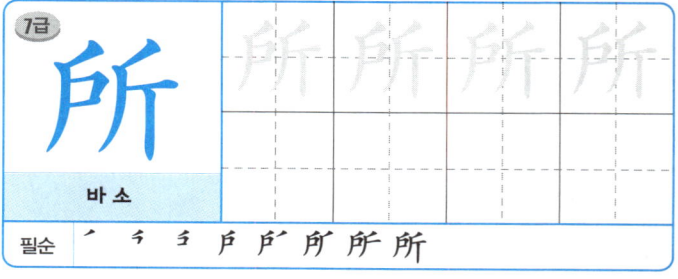

500자 다지기

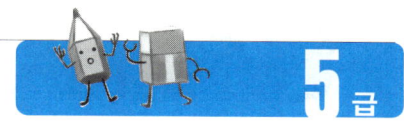

5급

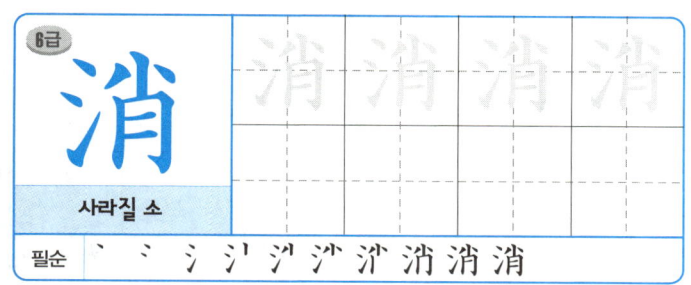
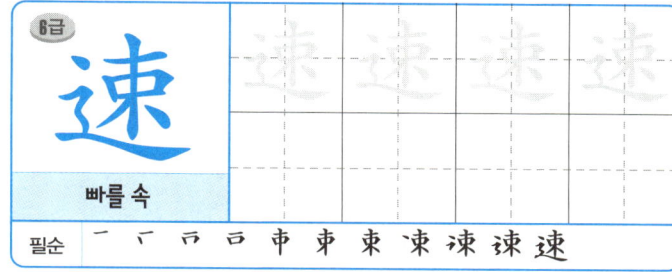
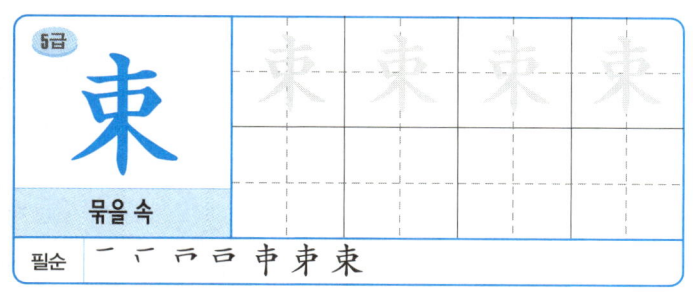
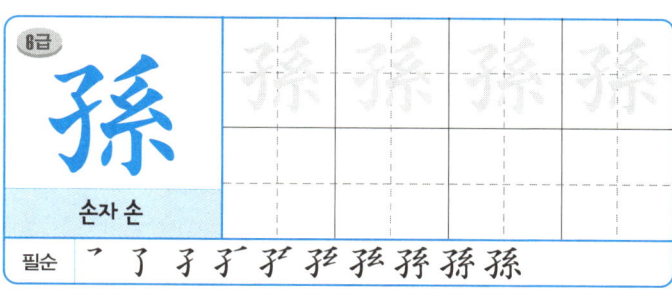
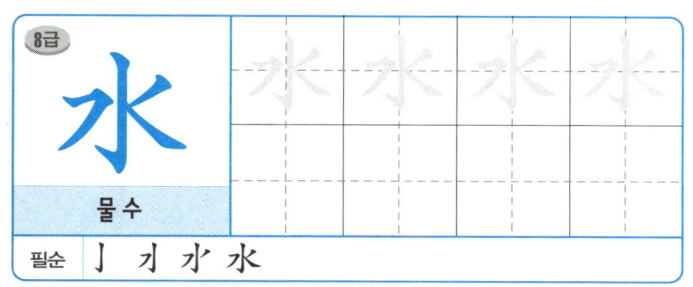
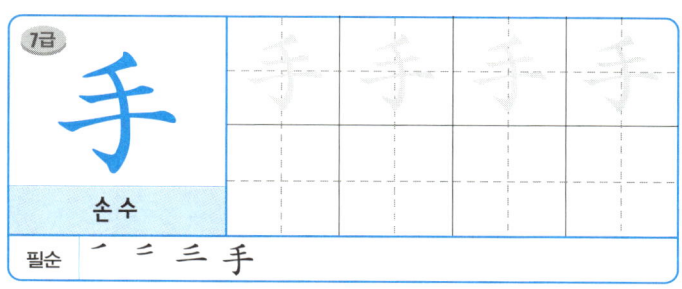
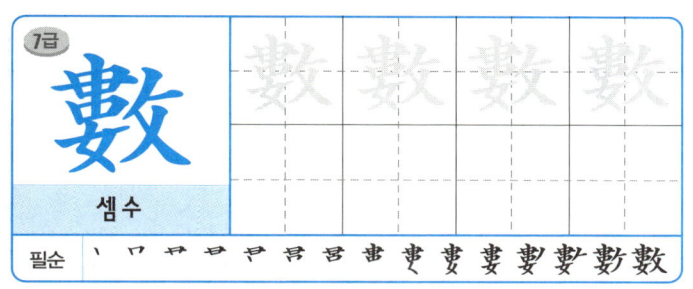
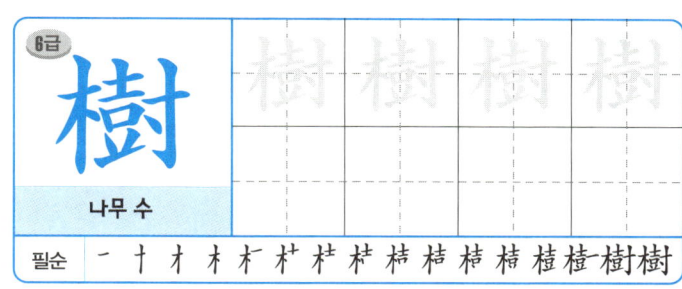
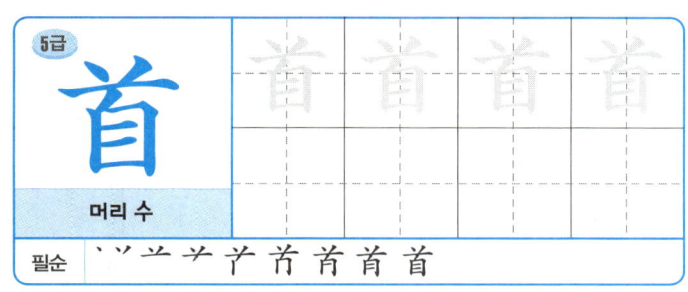
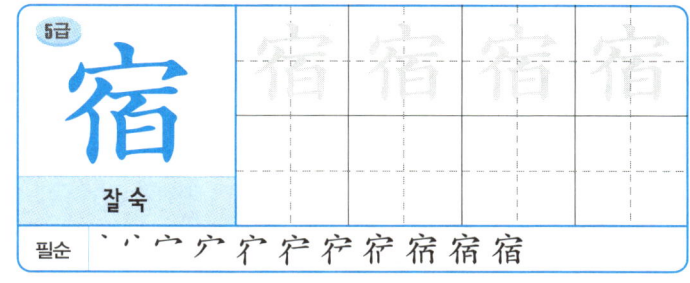
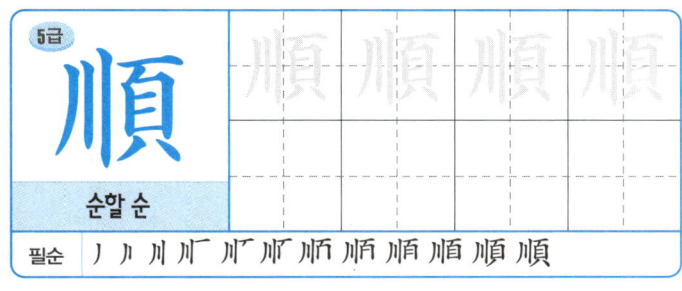
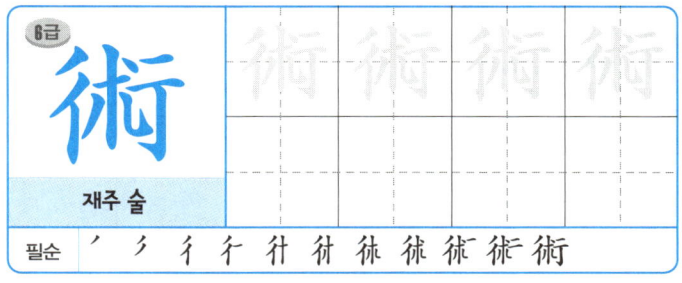

5급

5.급.배.정

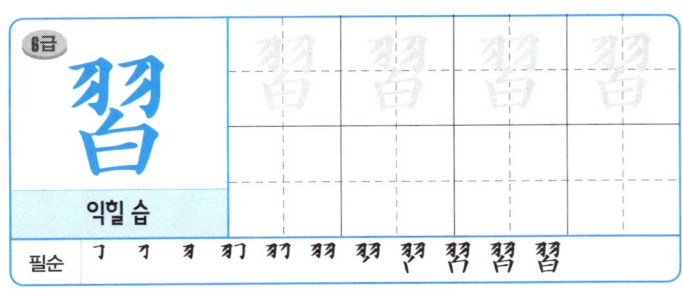
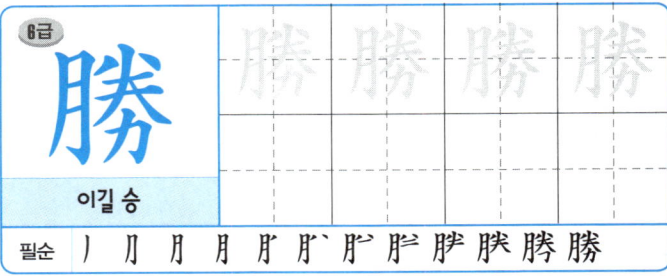
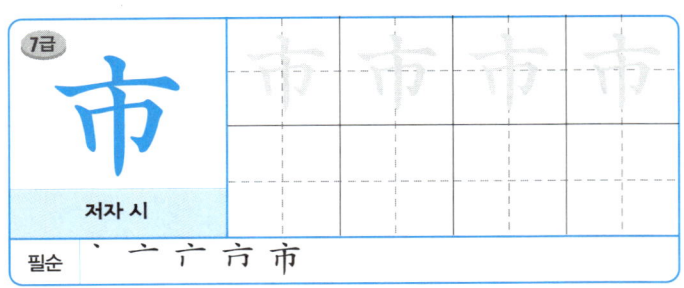
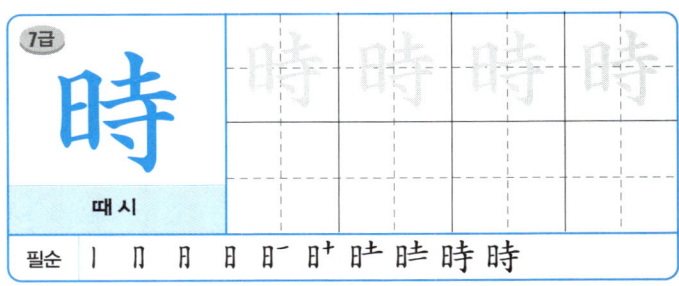
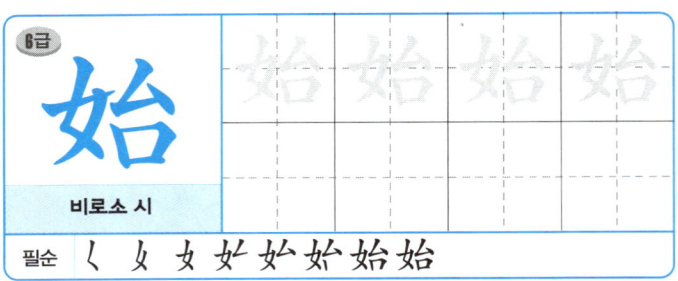
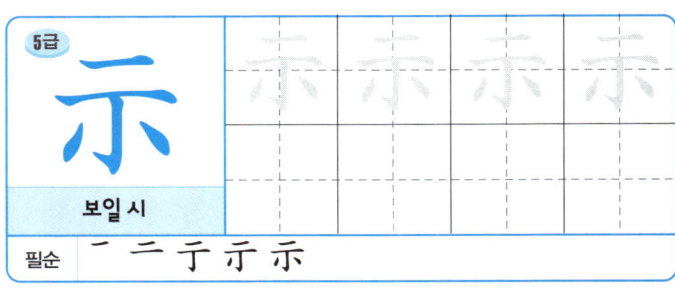
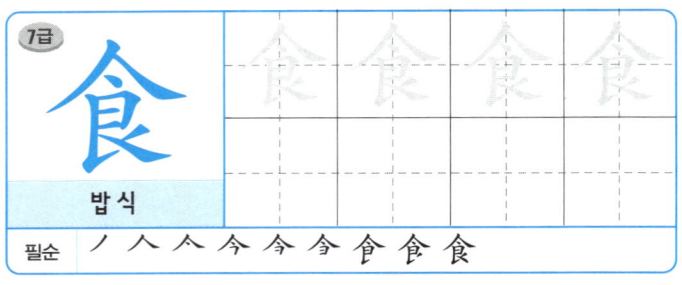
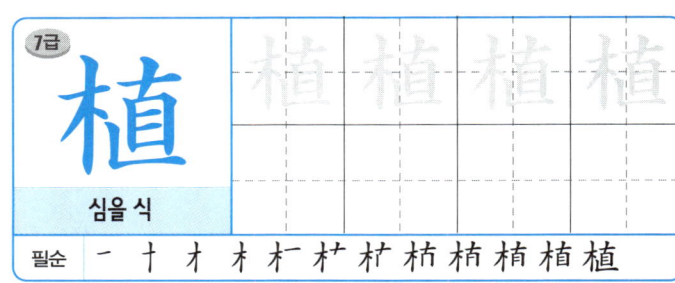
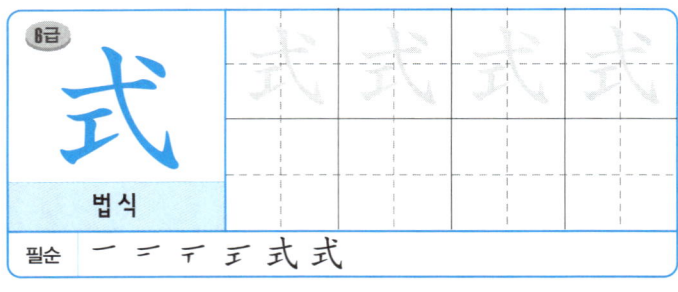
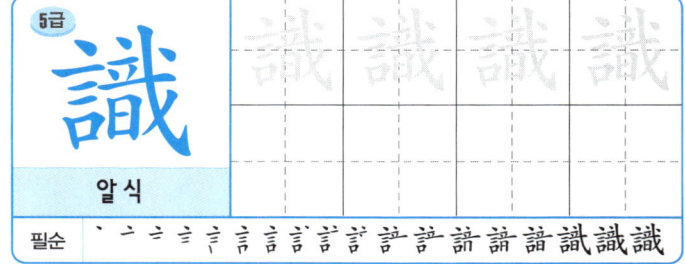
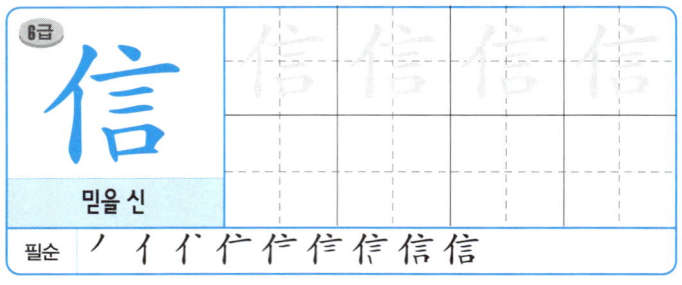
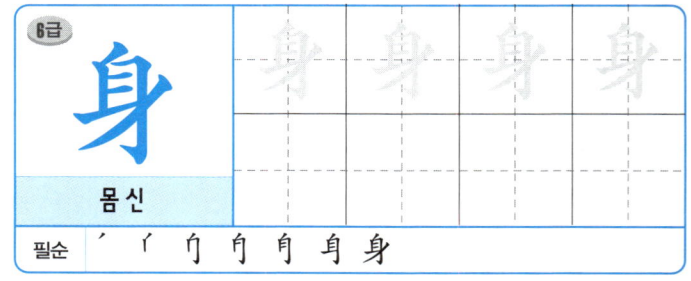

500자 다지기

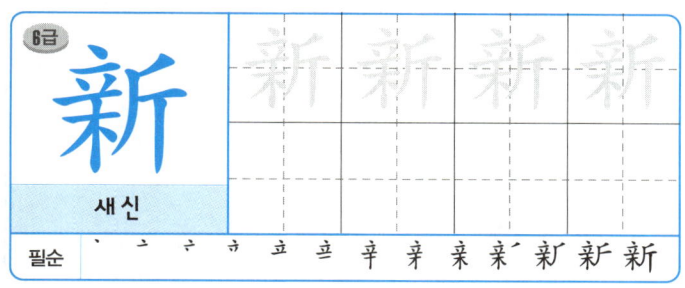
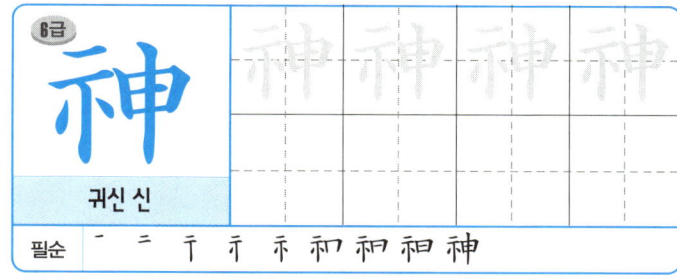
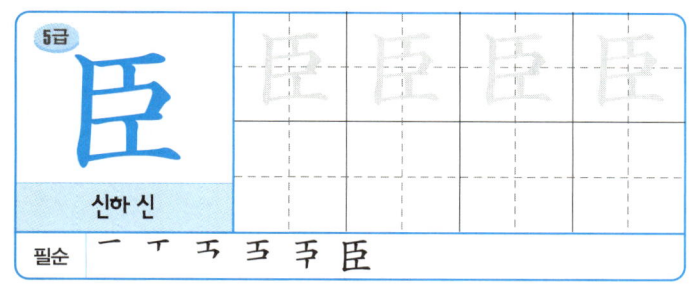
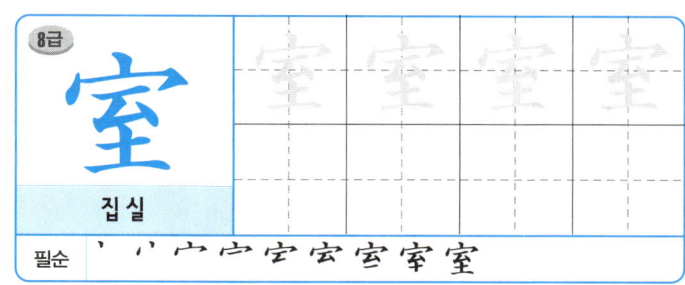
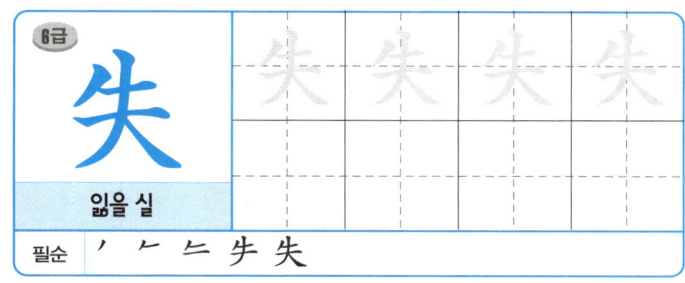
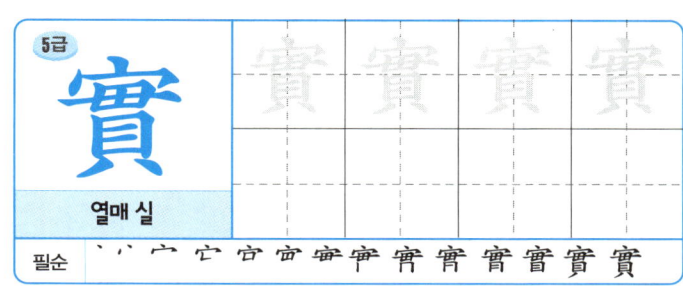
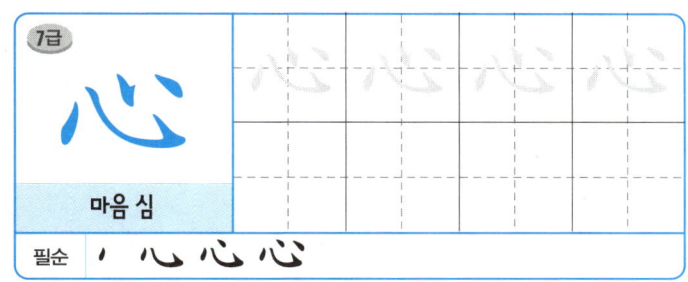
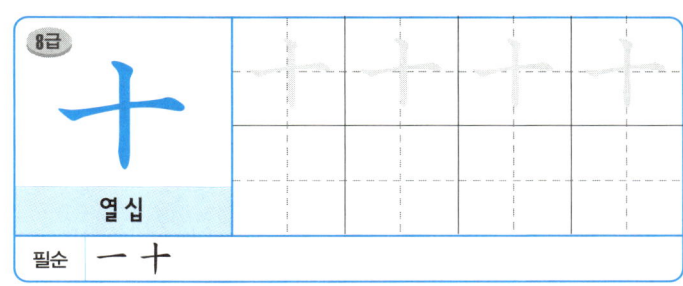
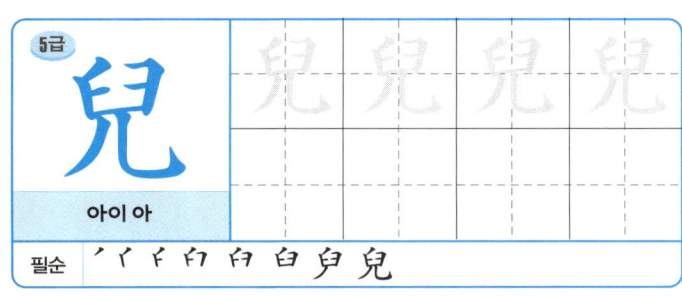
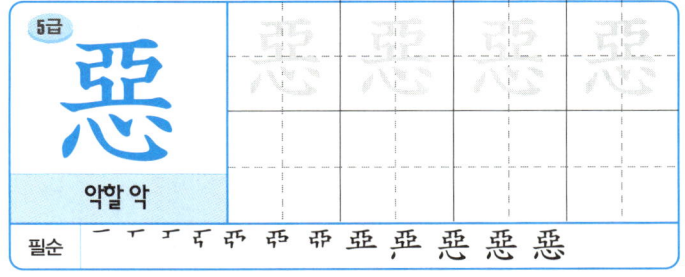
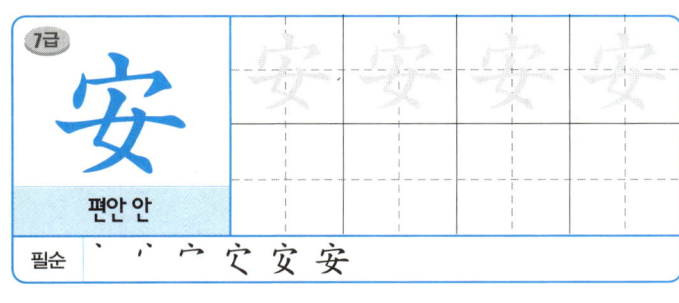
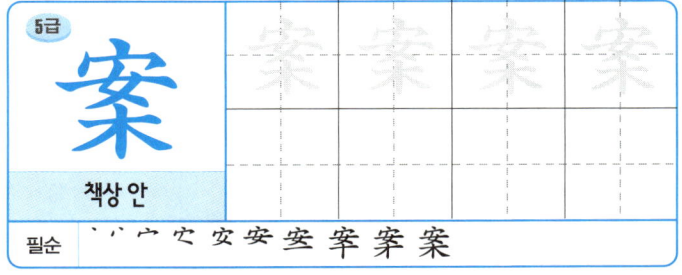

5급

5.급.배.정

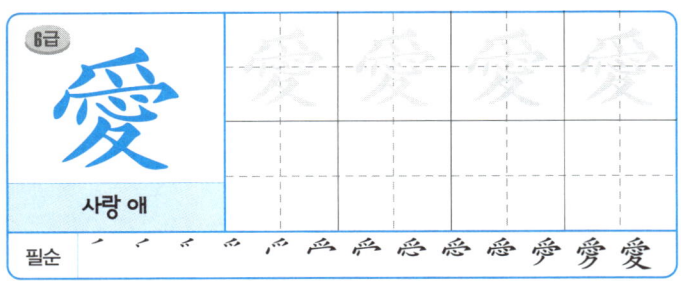
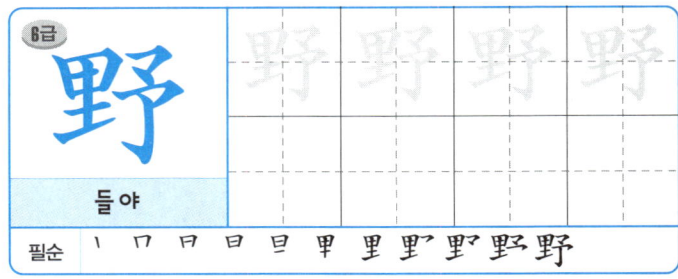
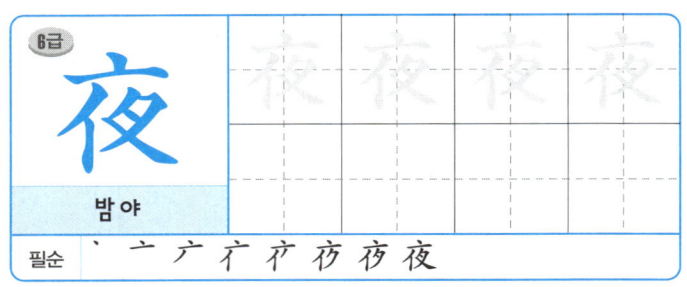
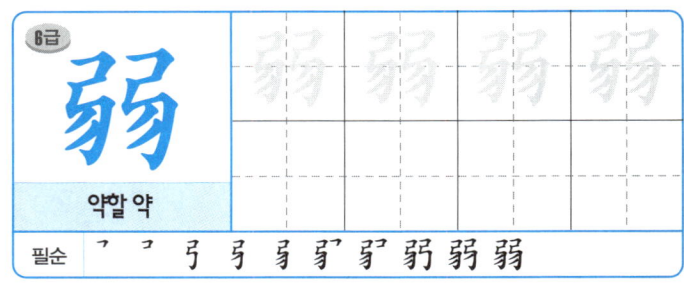
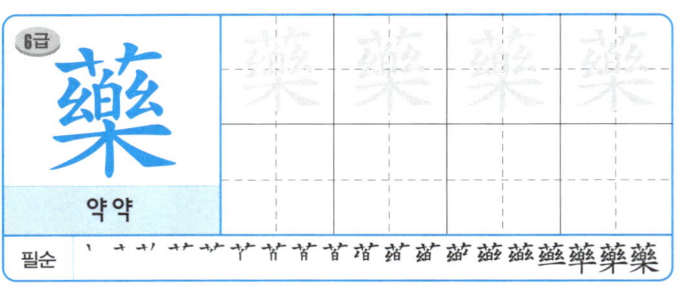
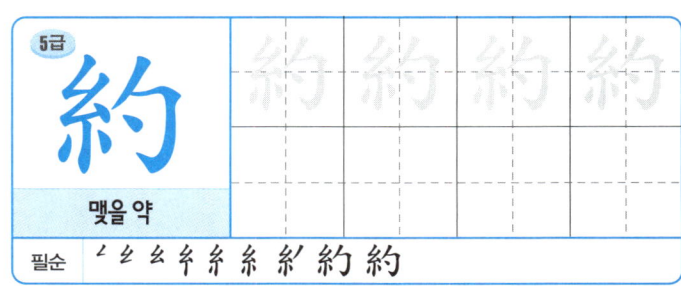
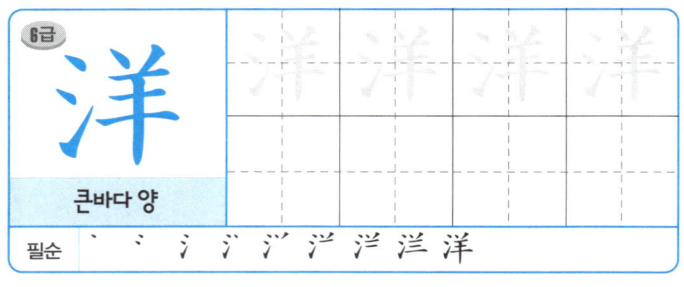
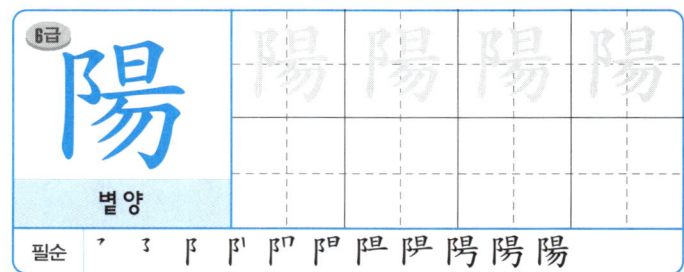
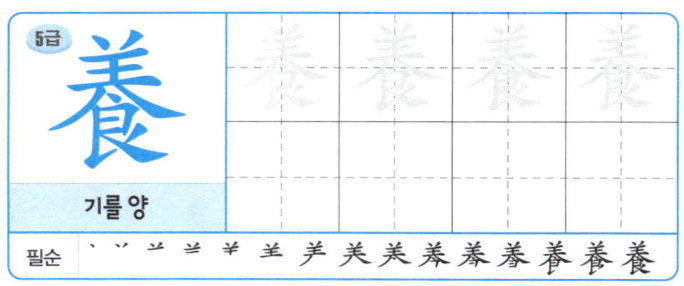
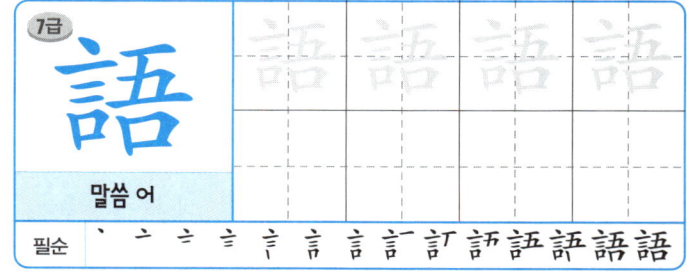
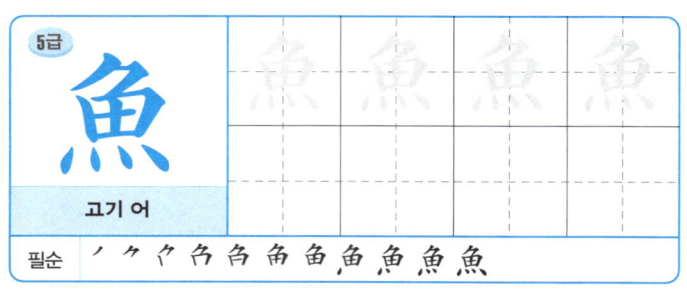
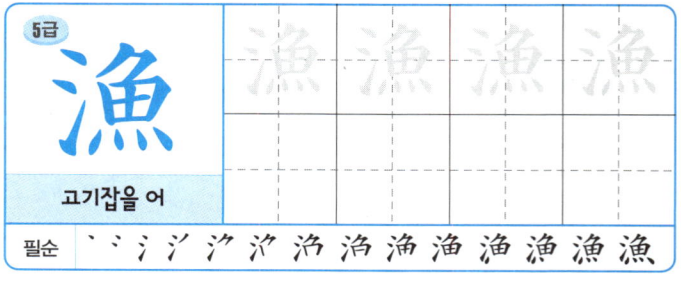

500자 다지기

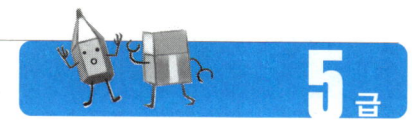

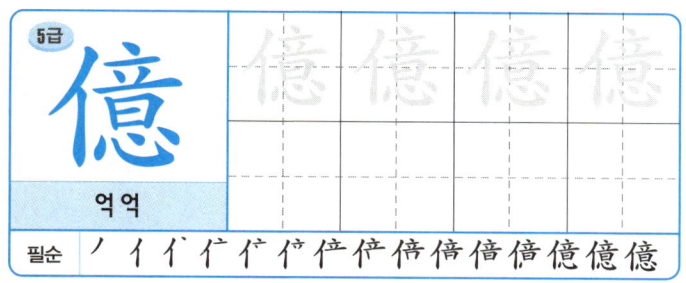
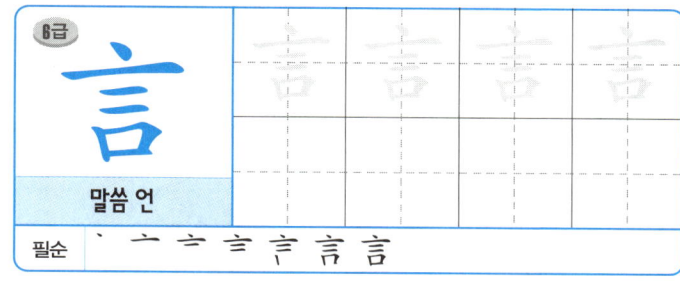
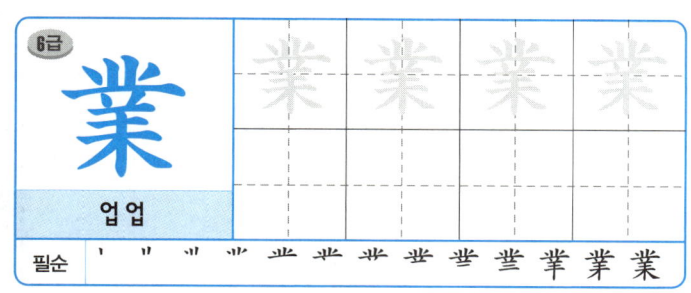
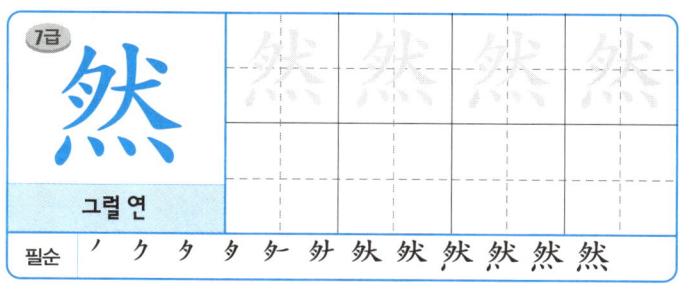
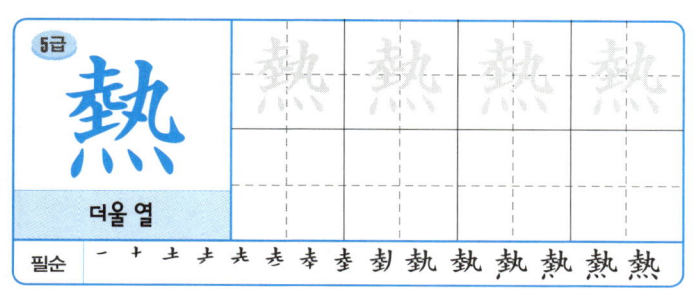
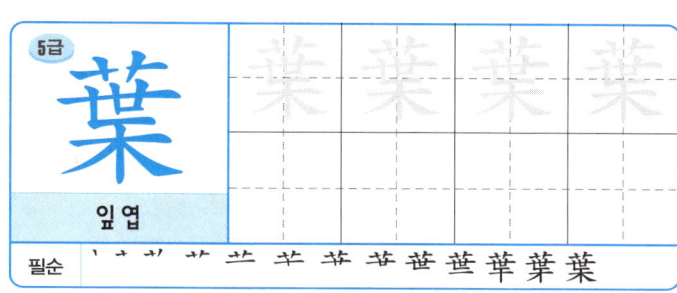
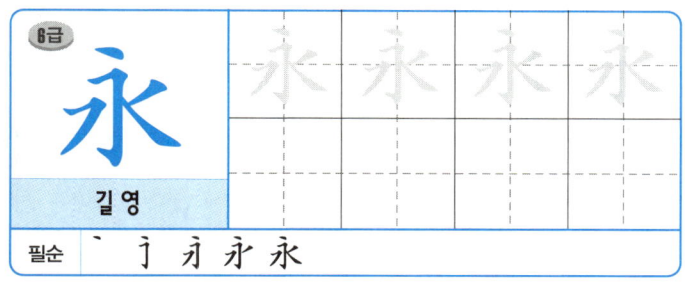
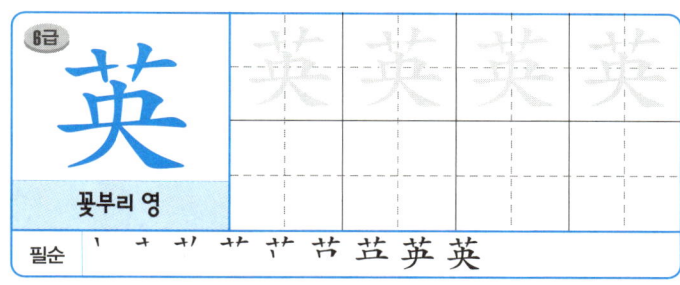
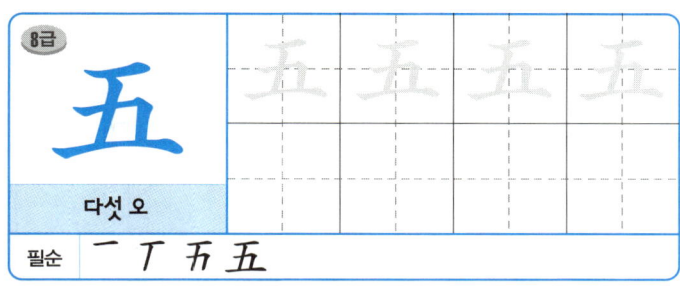
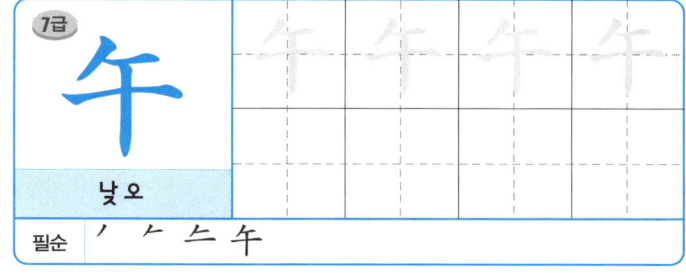
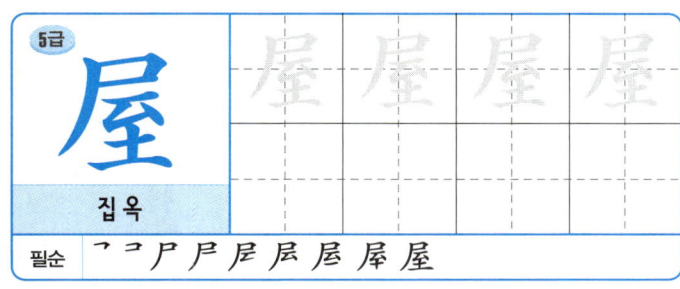

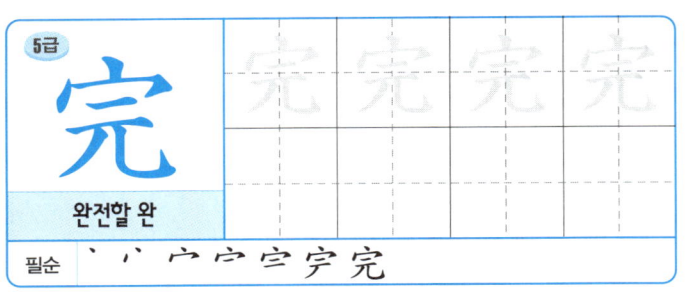
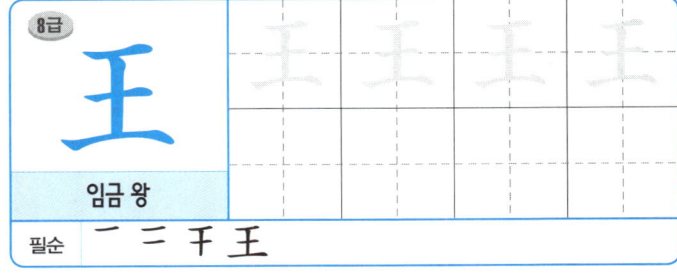
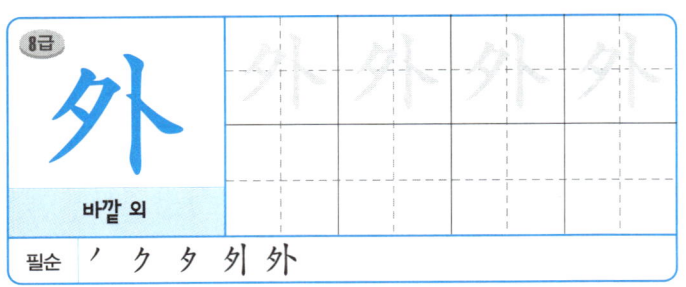
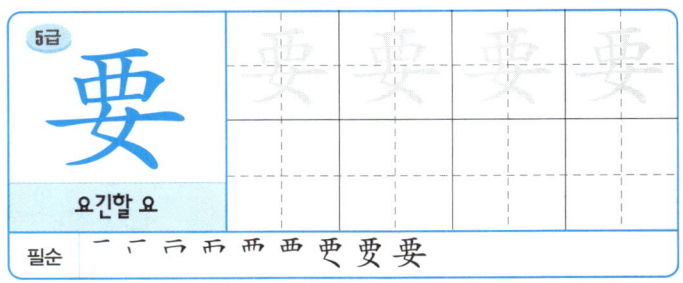
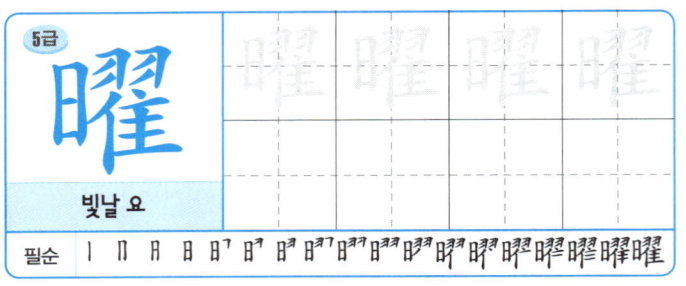
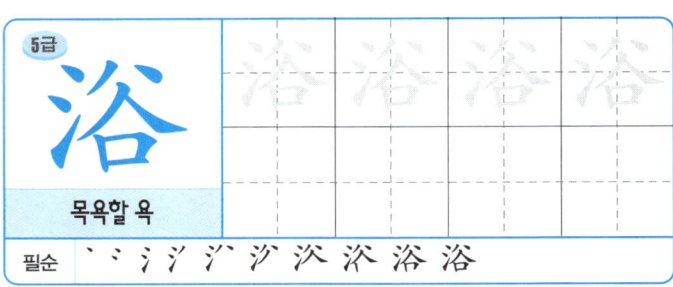
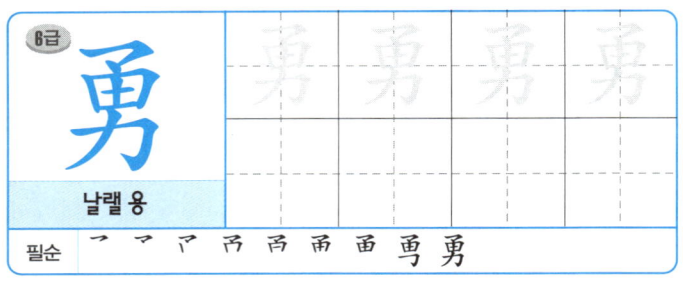
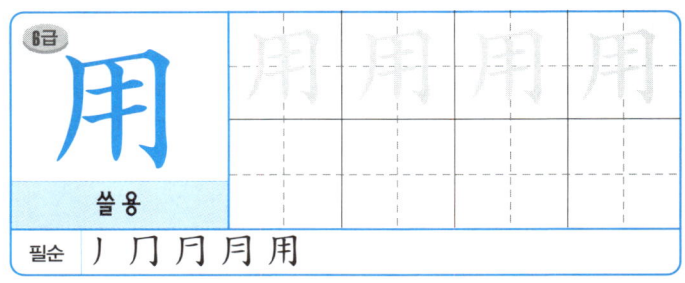
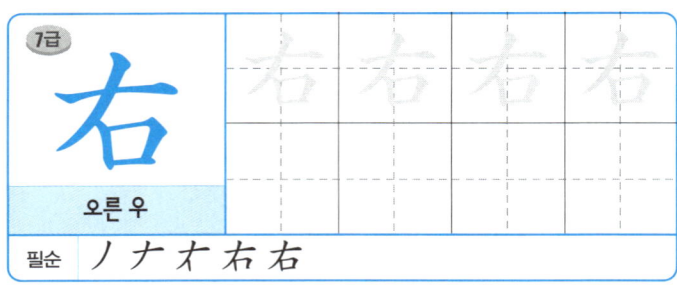
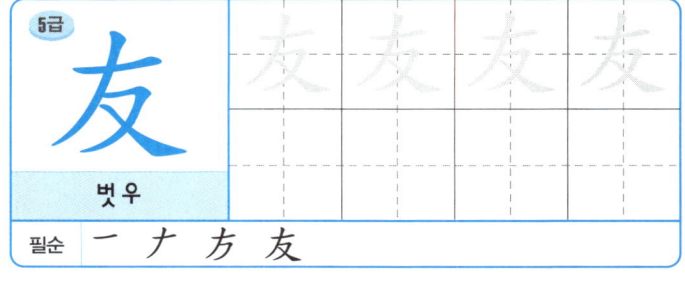
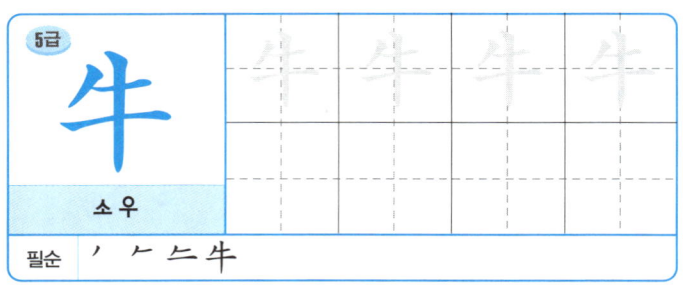
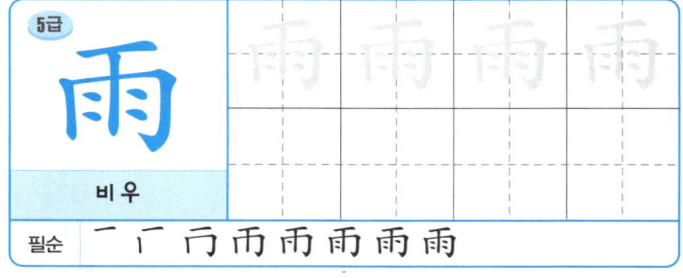

500자 다지기

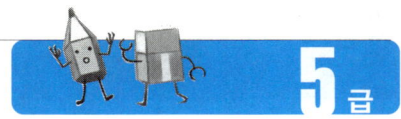

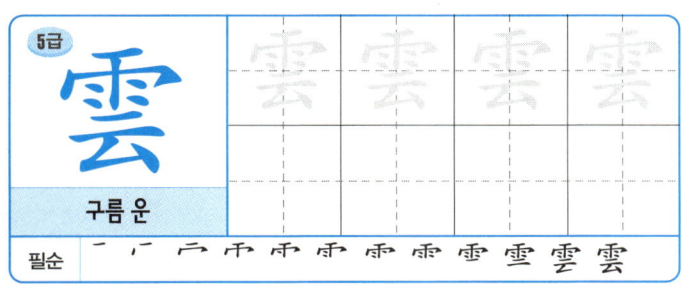
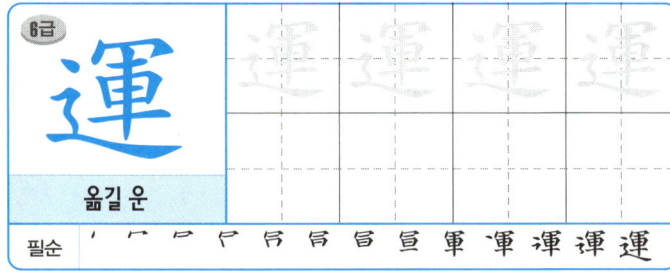
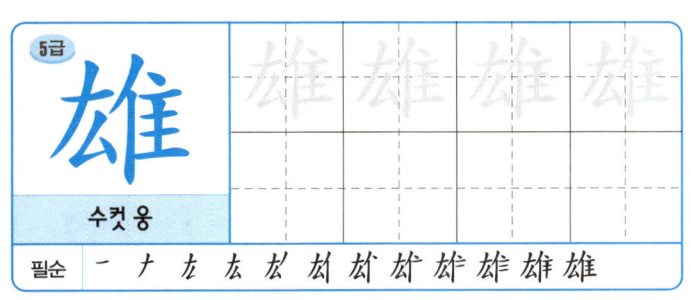
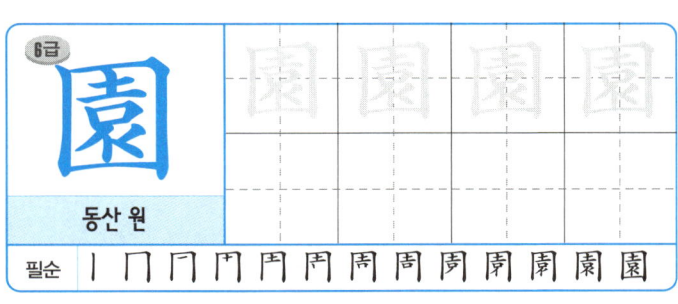
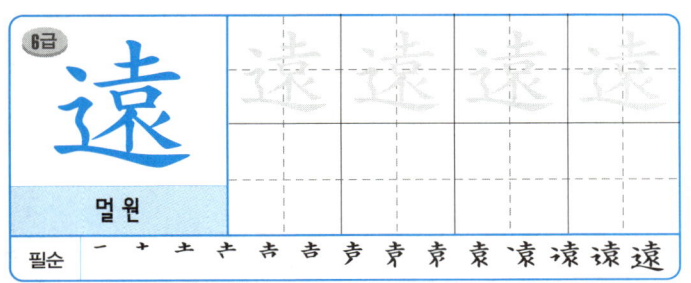
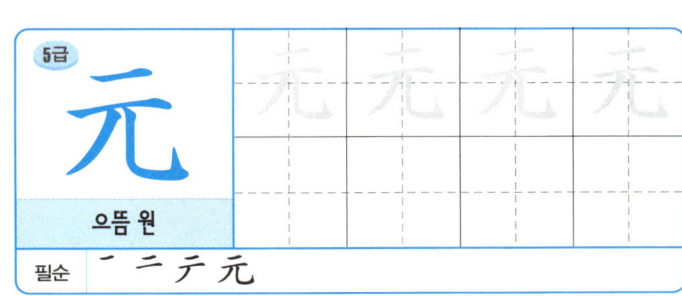
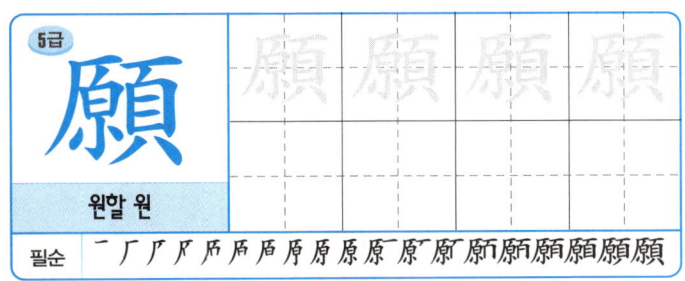
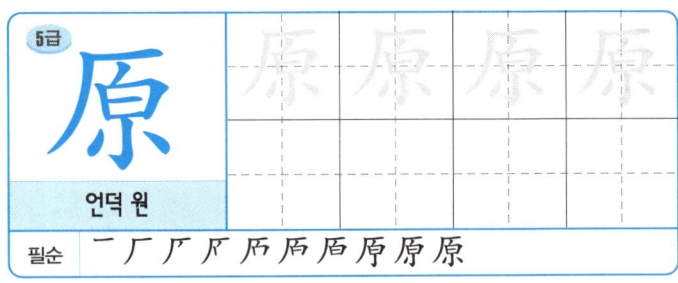
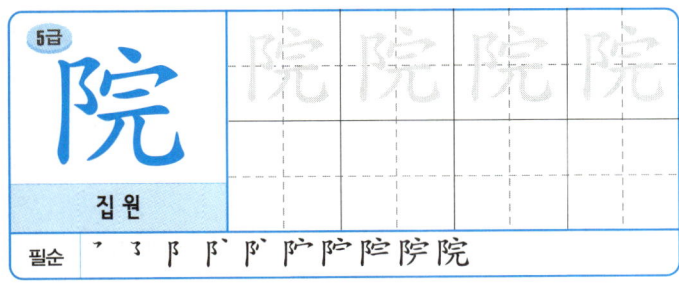
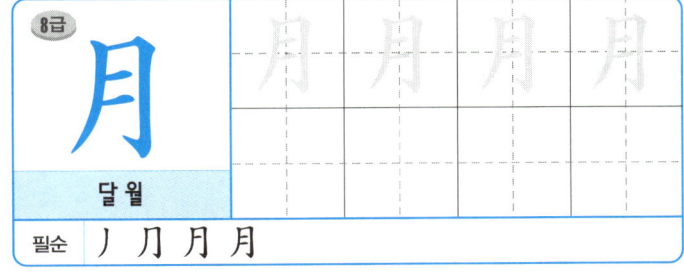
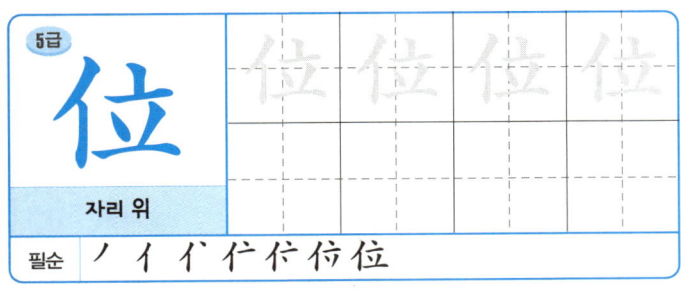
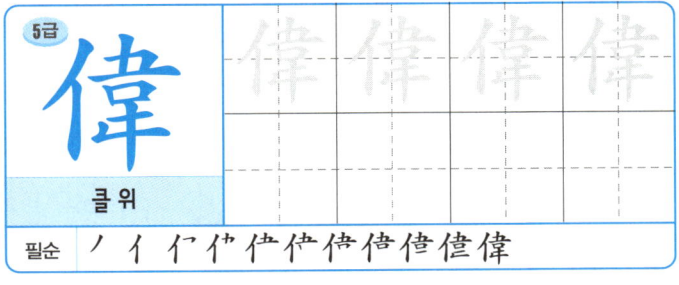

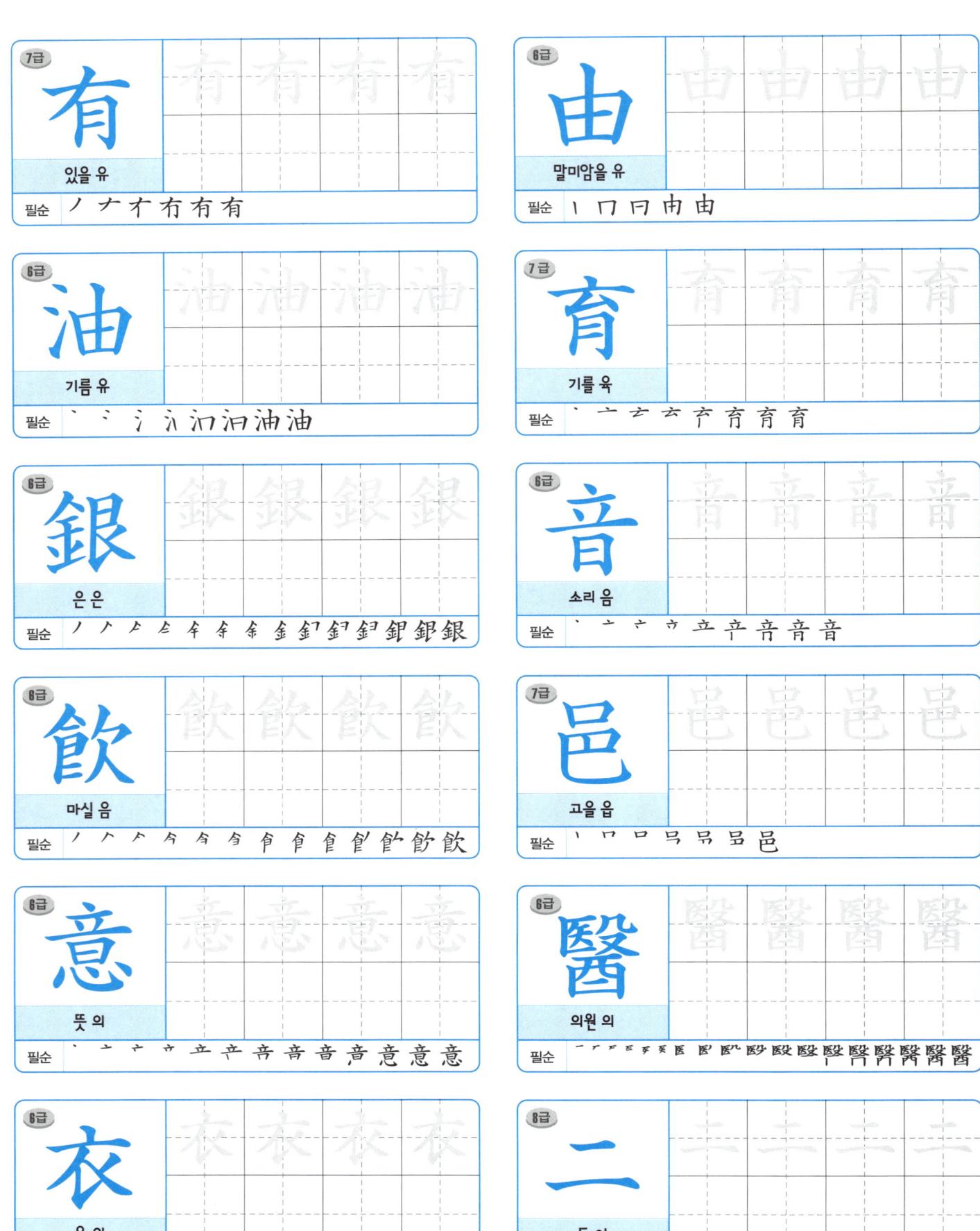

500자 다지기

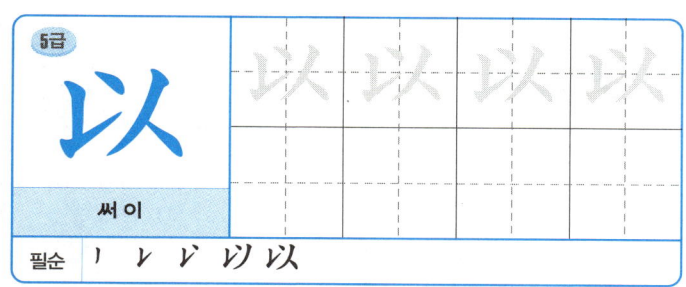
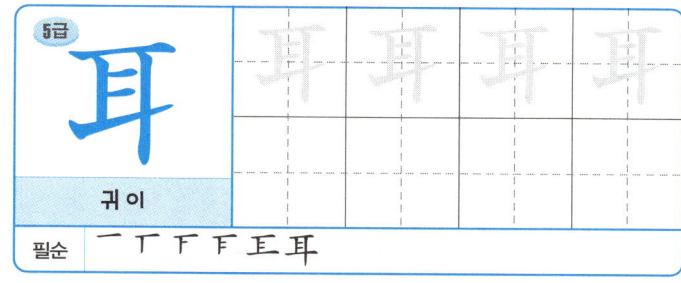
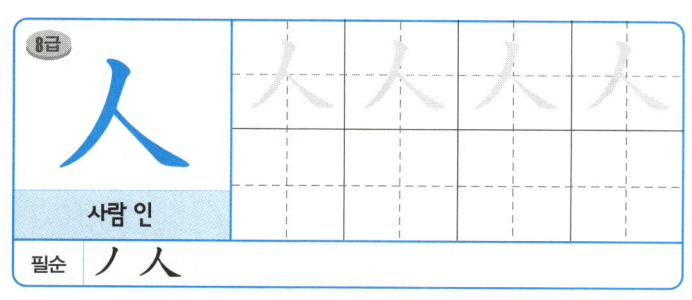
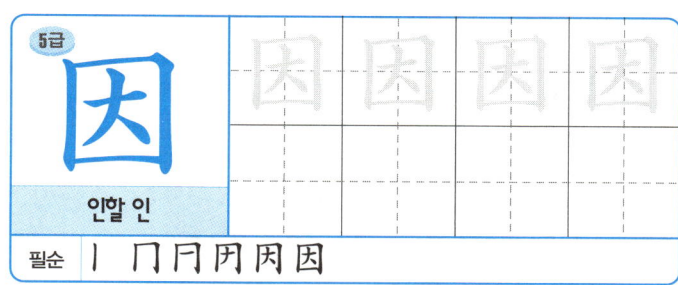
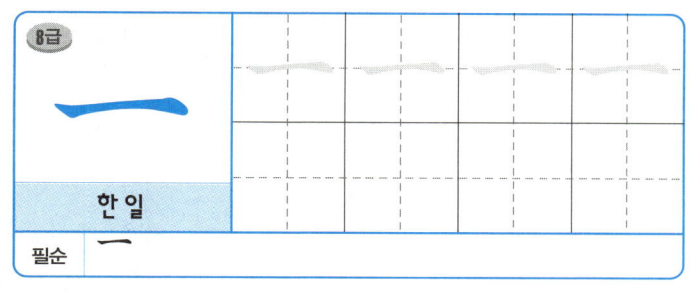
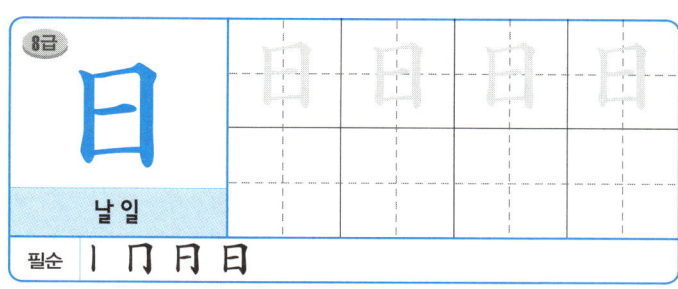
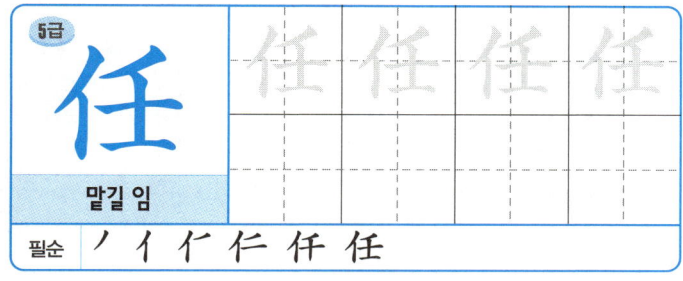
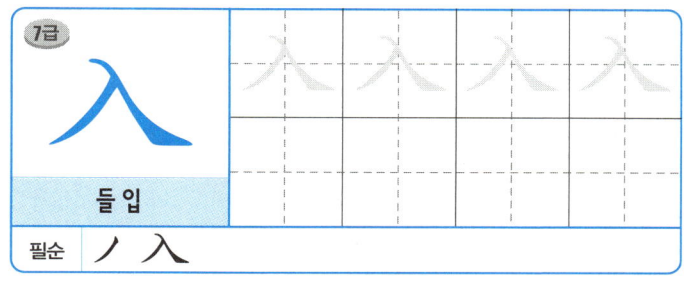
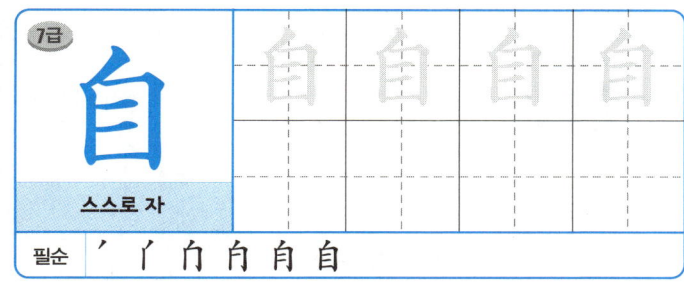
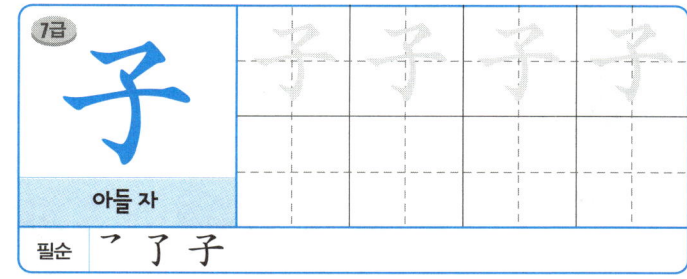
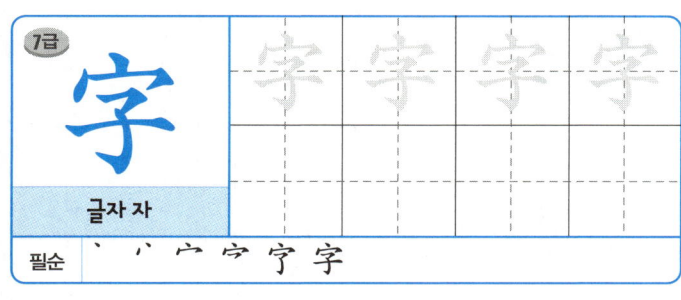
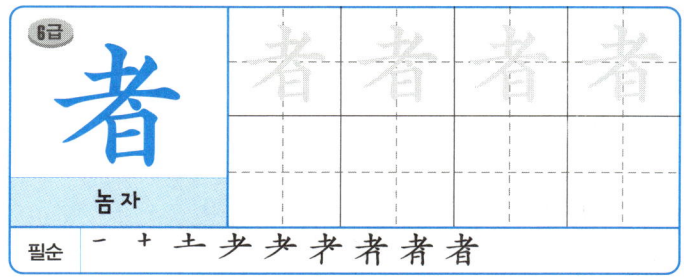

5급

5.급.배.정

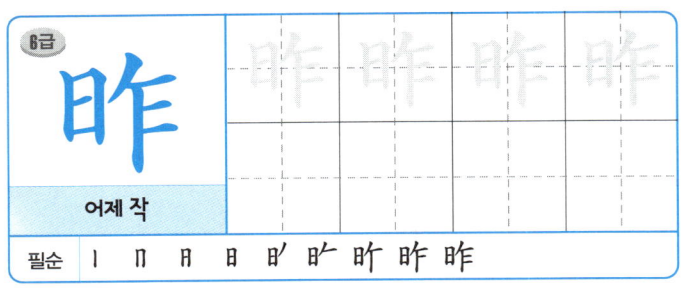
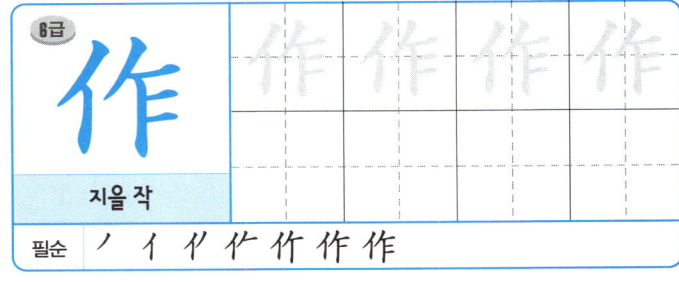
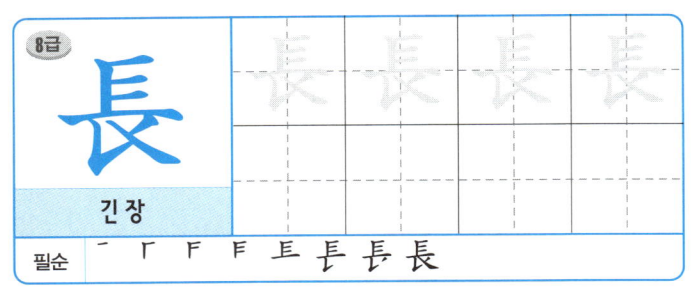
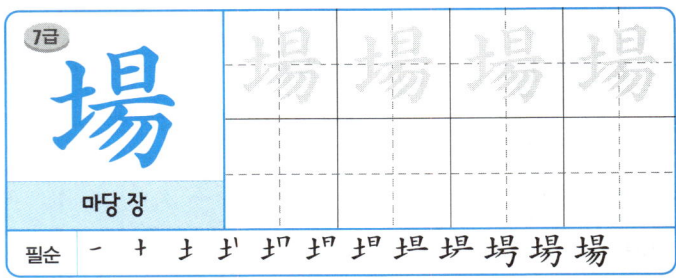
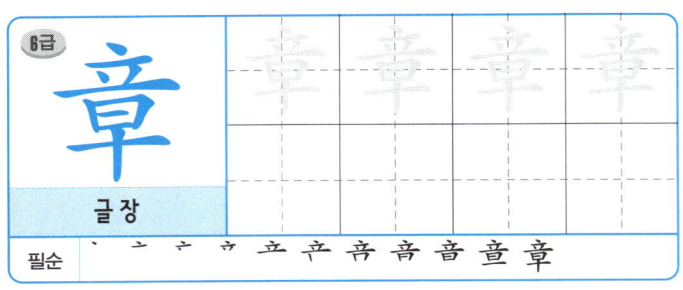
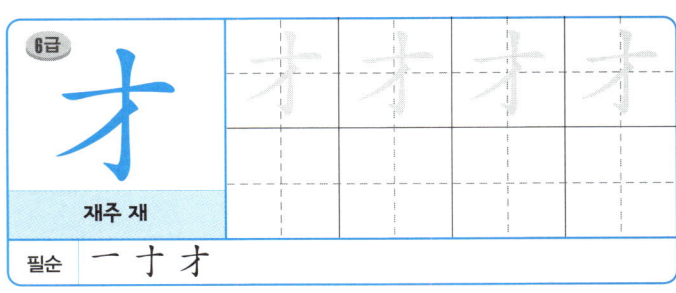
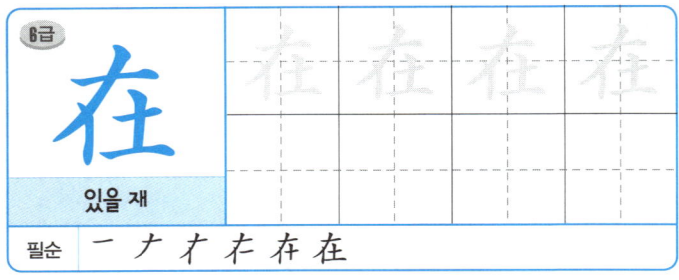
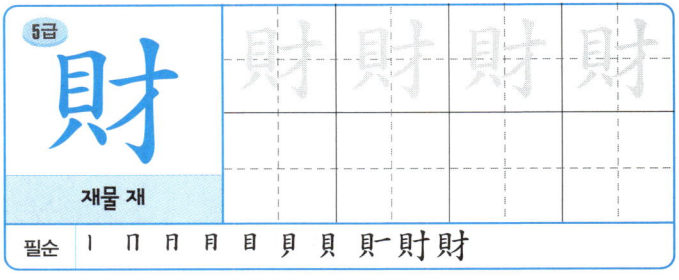
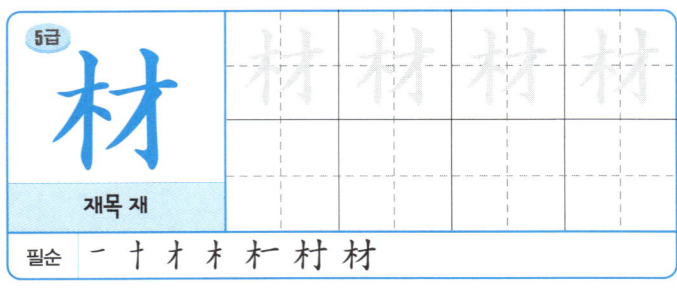
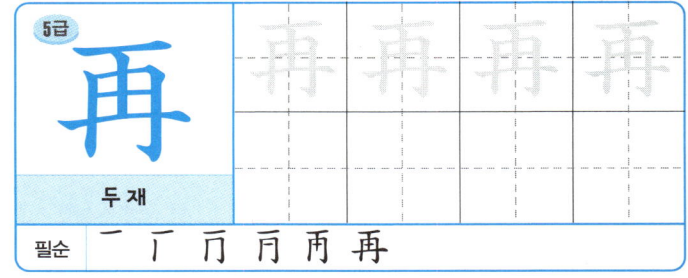
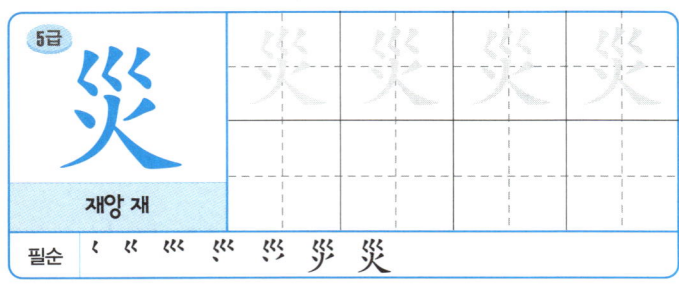
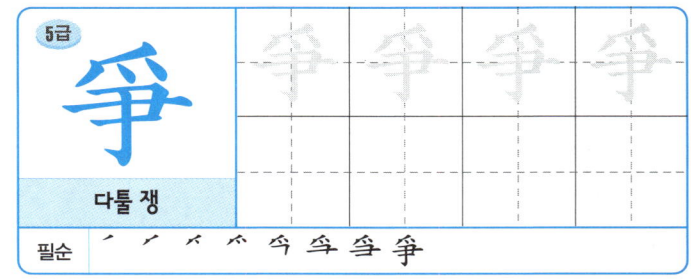

500자 다지기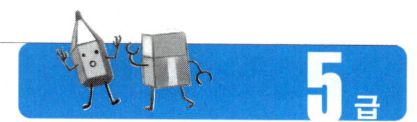

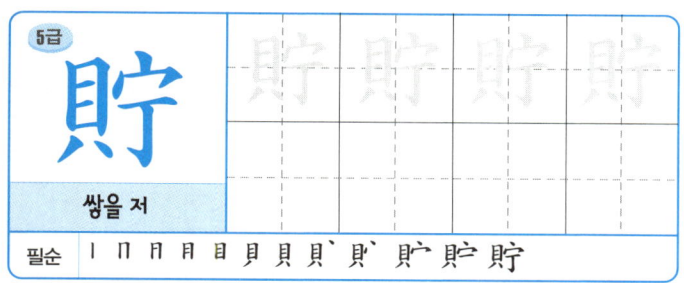
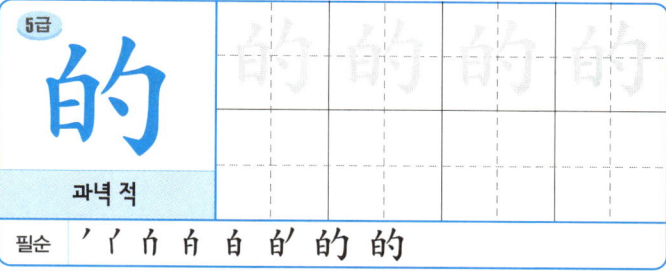
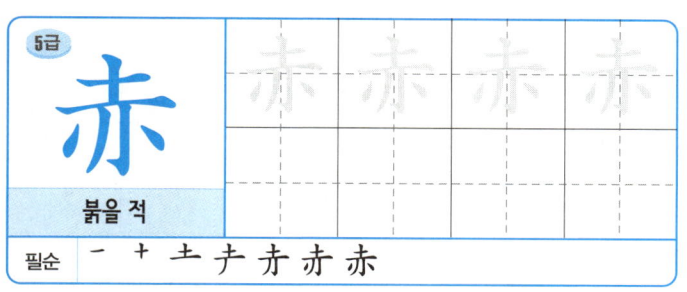
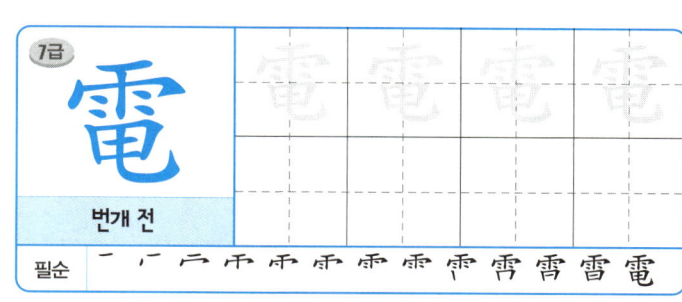
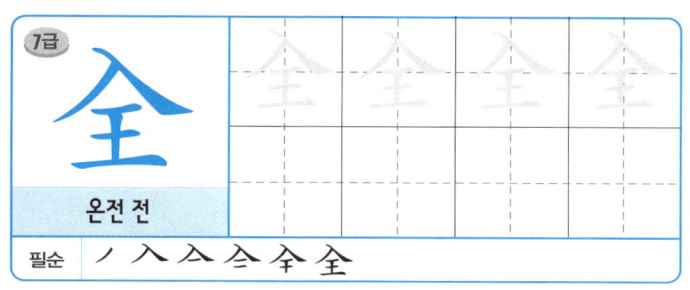
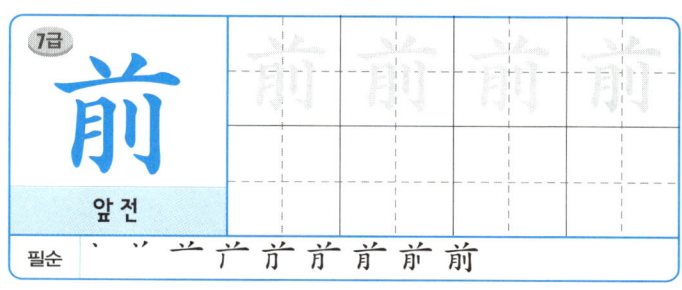
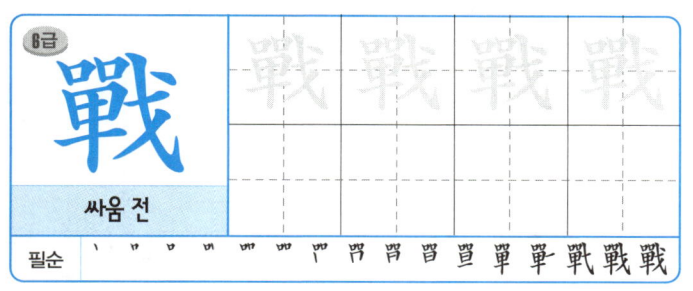
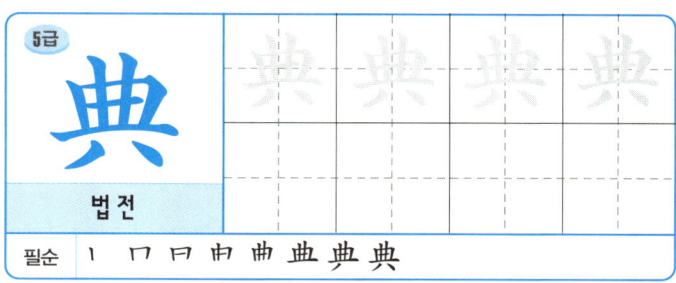
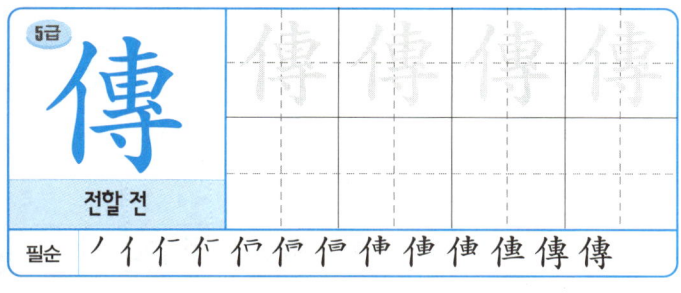
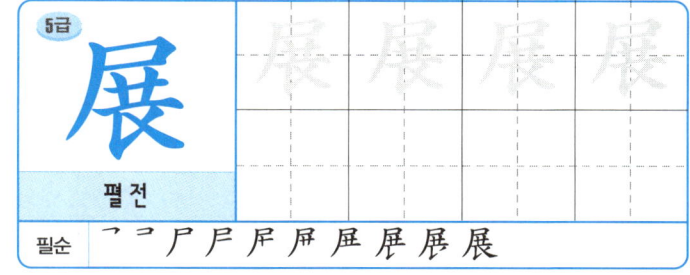
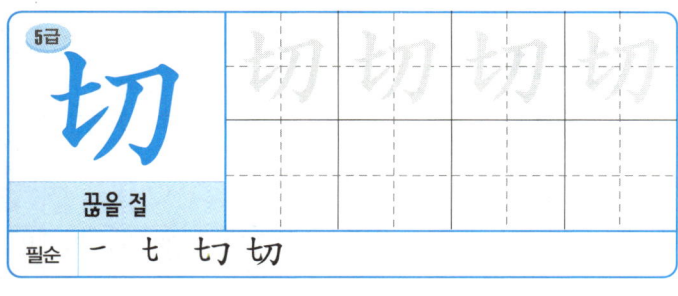
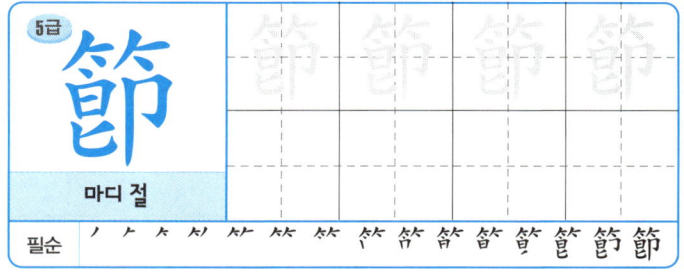

5급

5.급.배.정

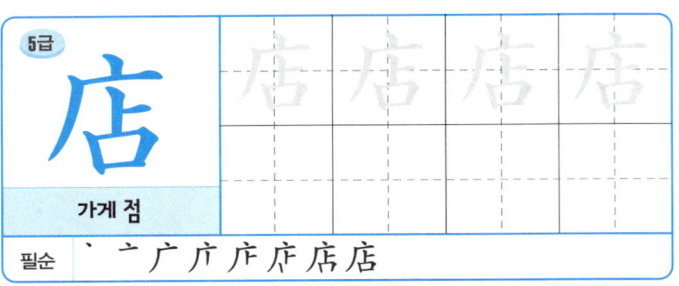

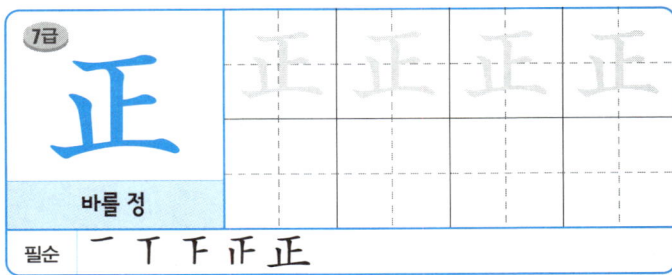

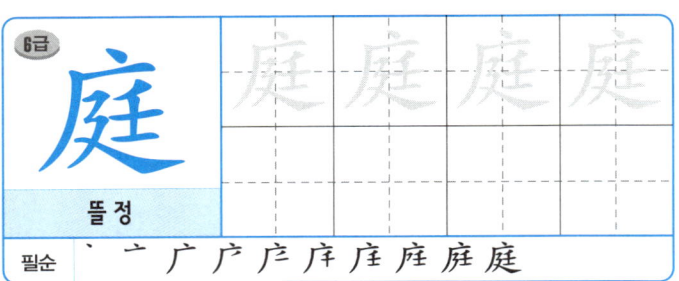

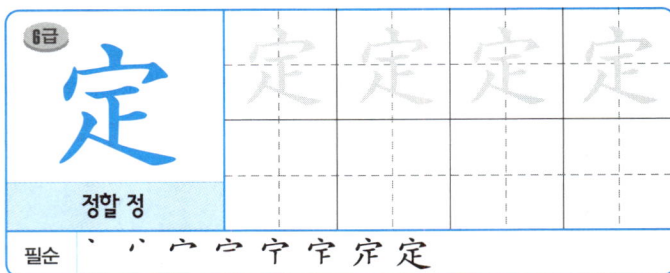

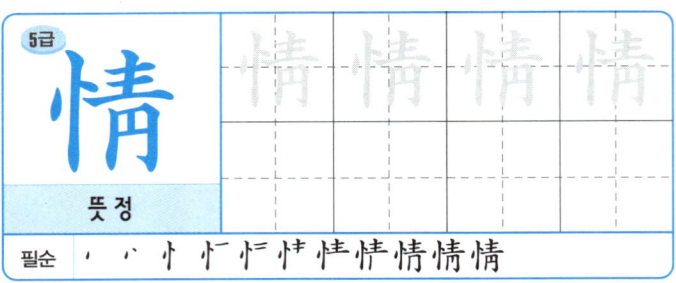

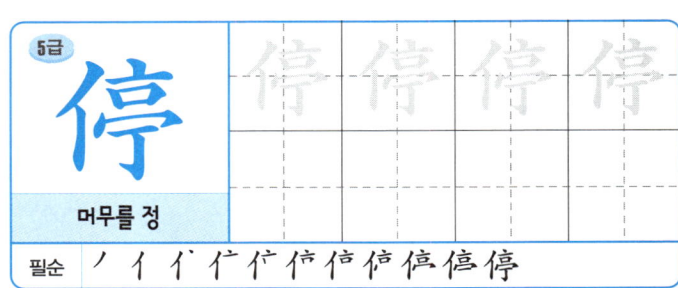

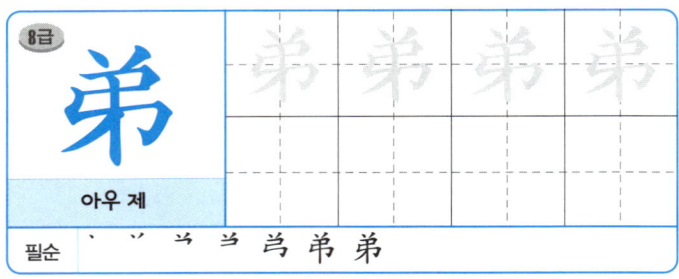

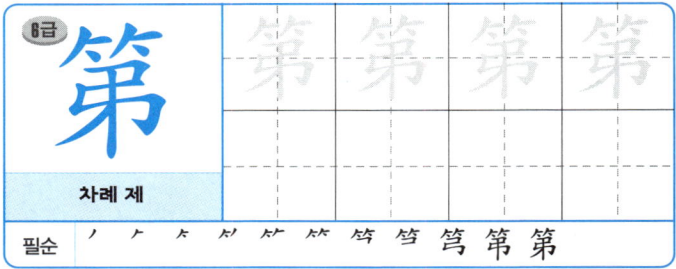

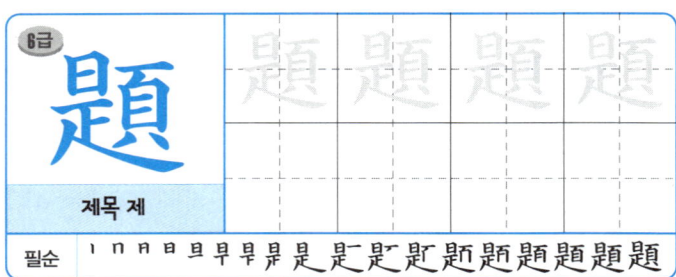

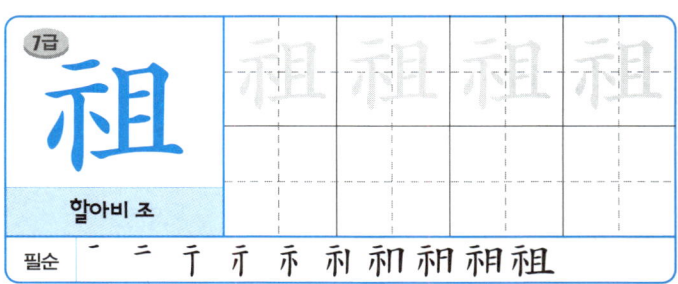

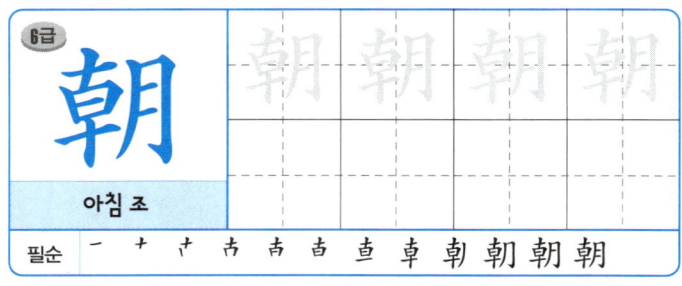

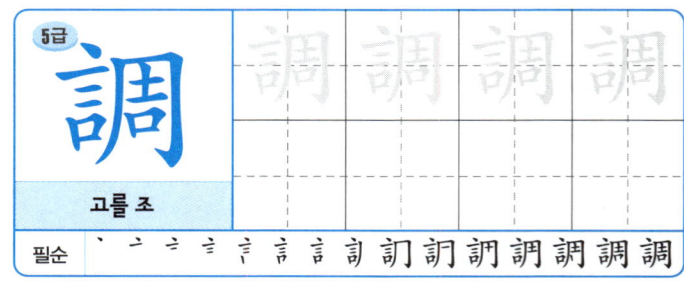

500자 다지기

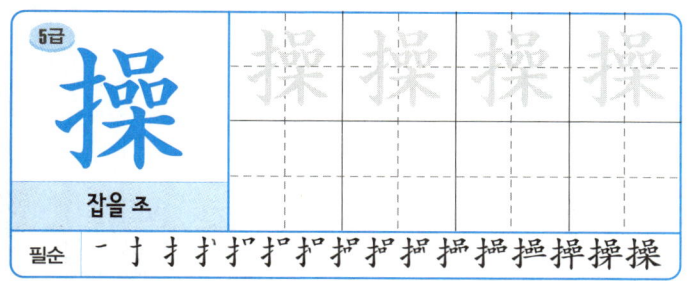
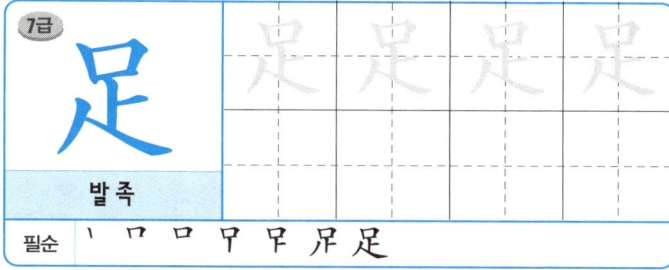
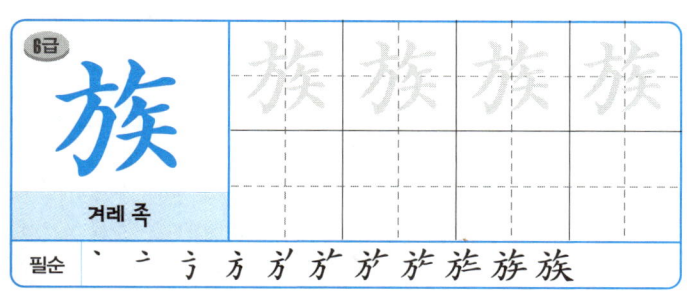
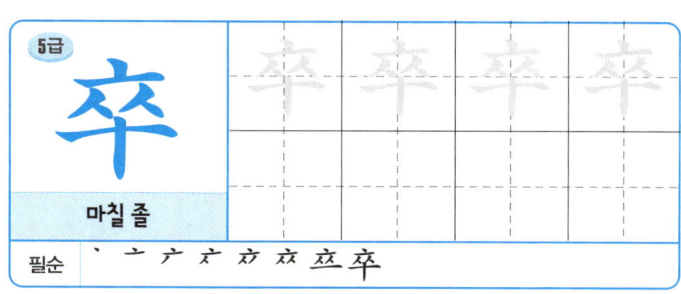
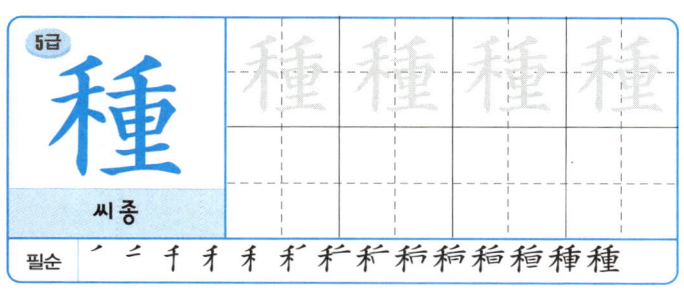
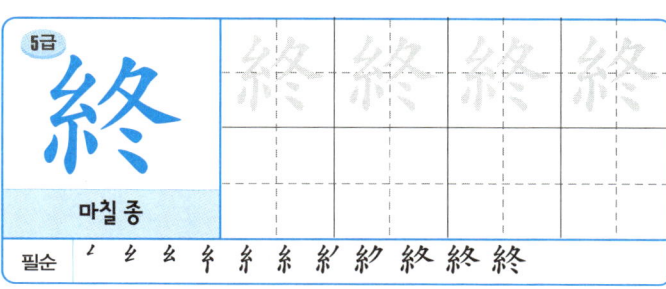
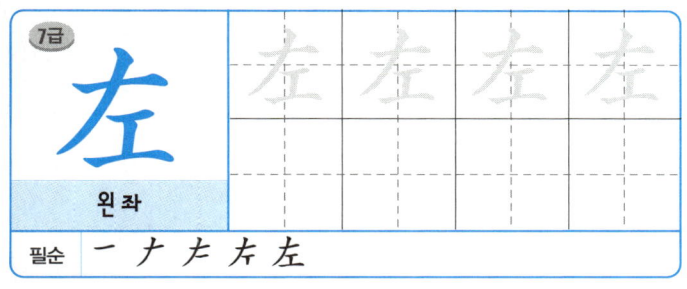
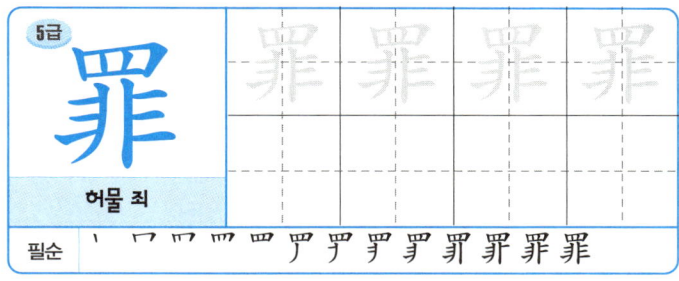
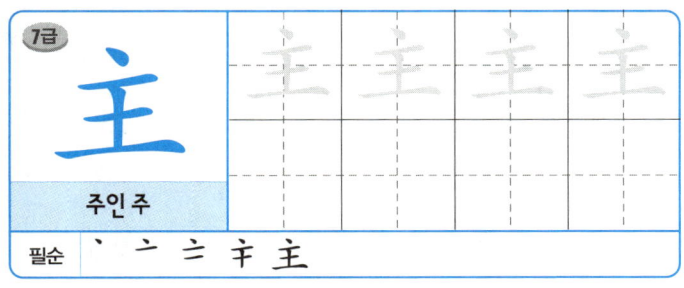
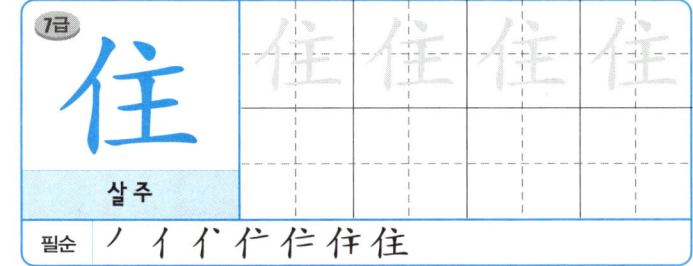
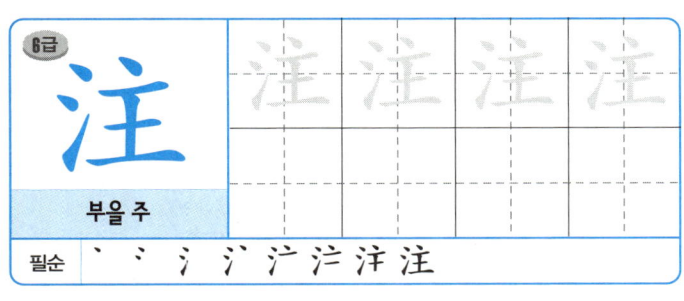
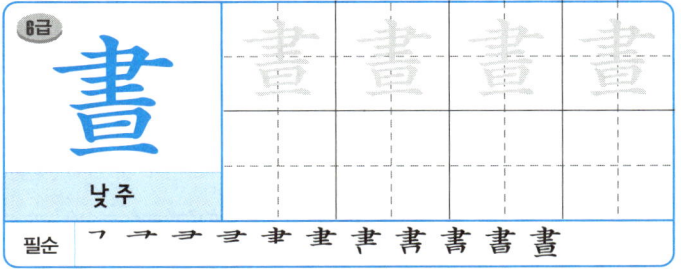

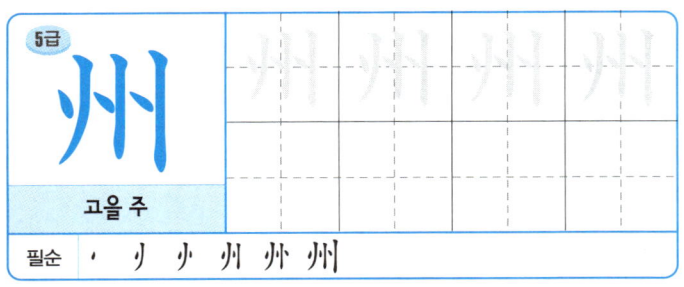
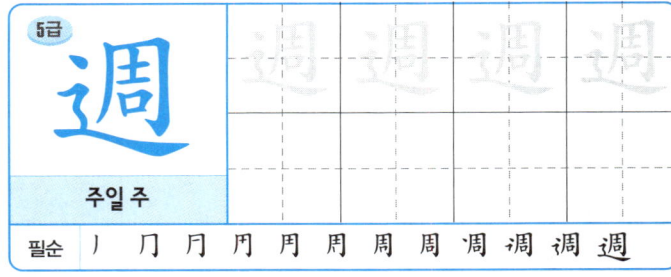
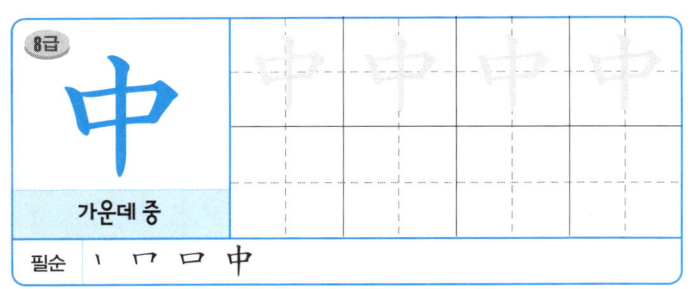
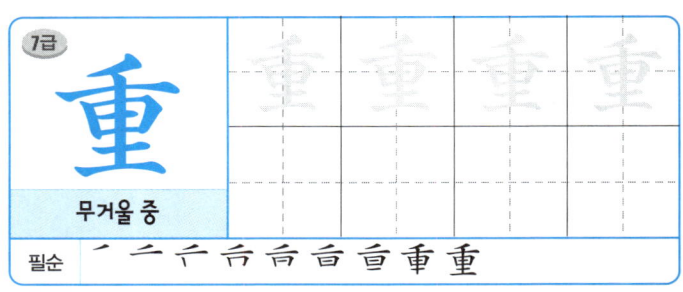
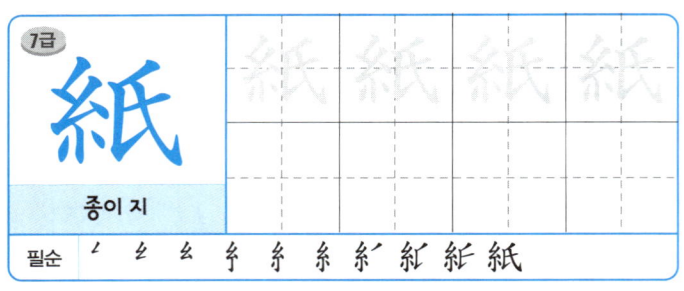
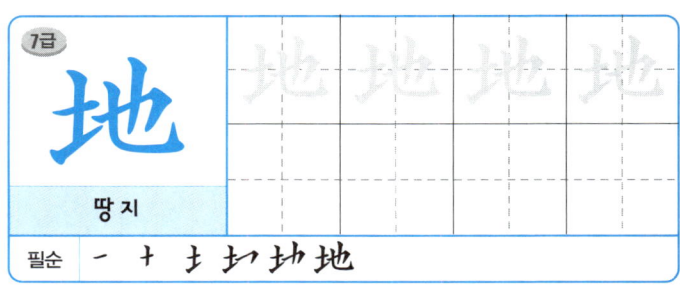
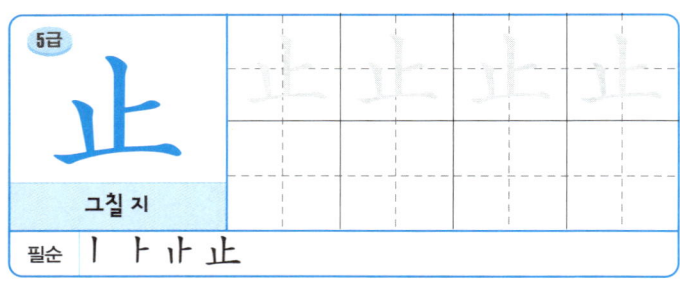
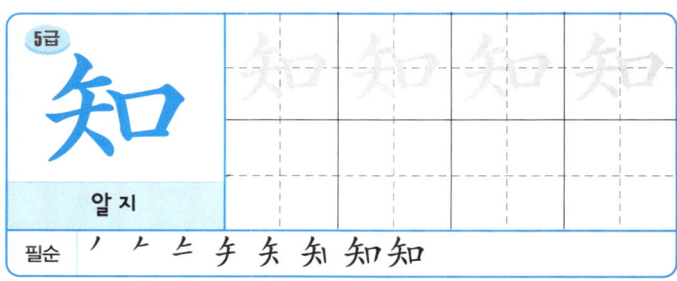
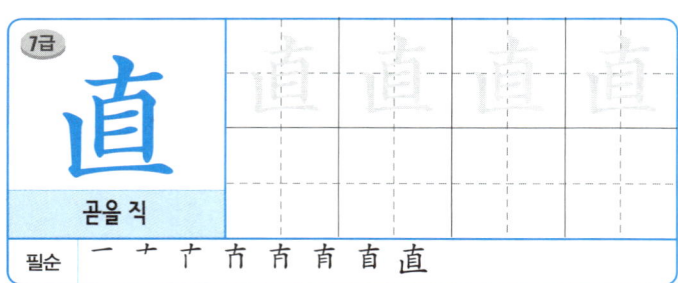
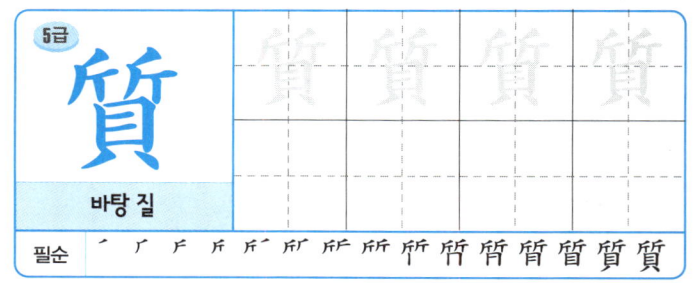
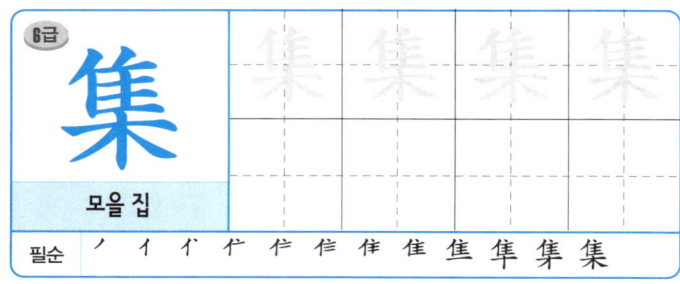
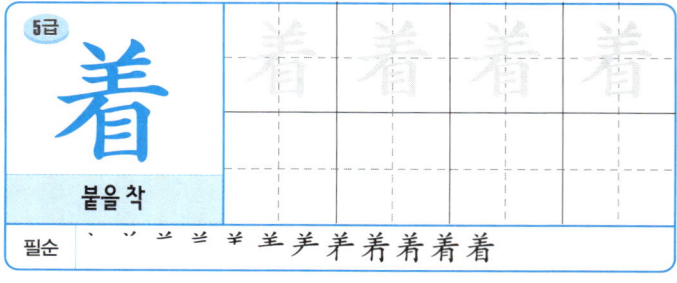

500자 다지기

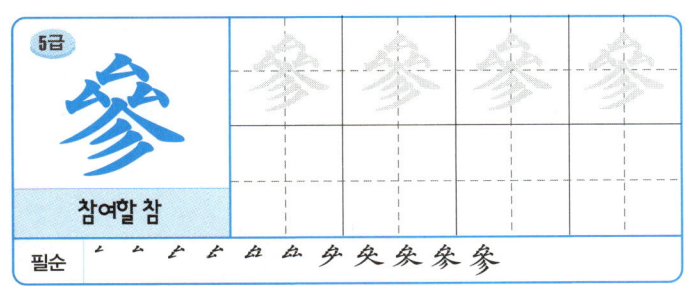
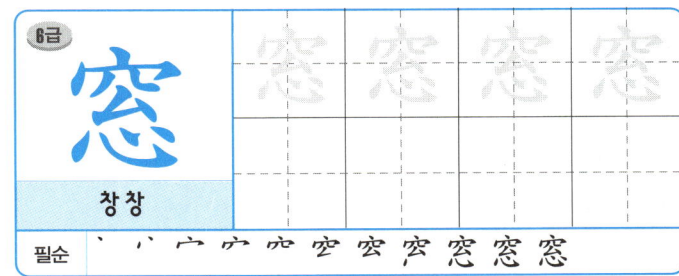
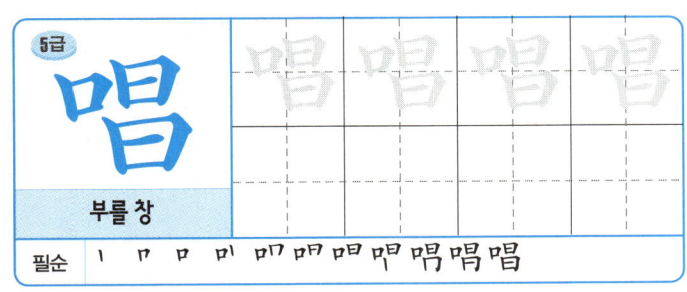
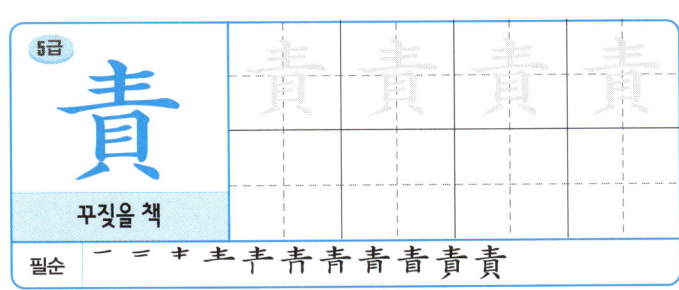
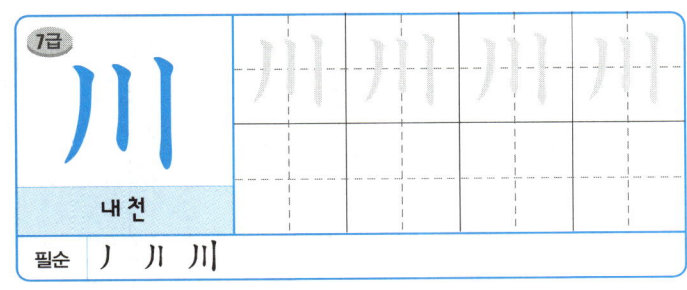
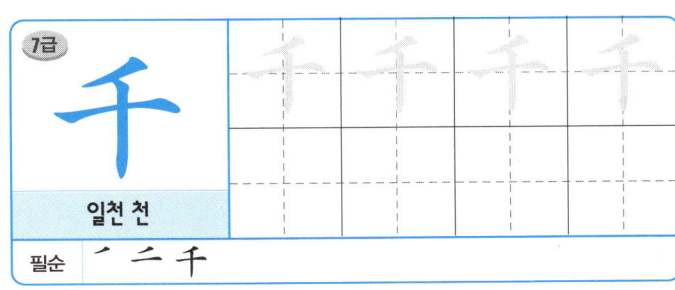
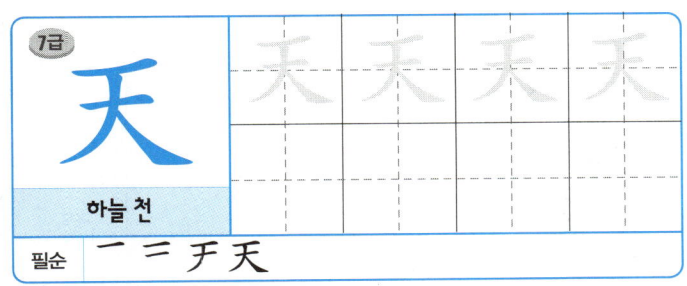
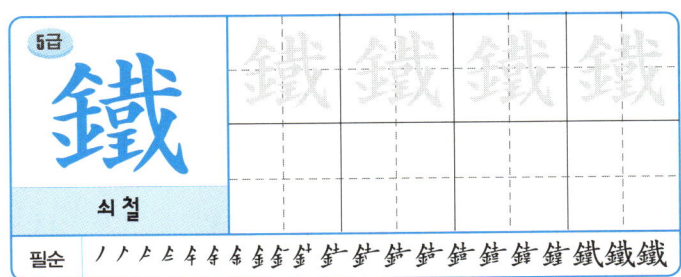
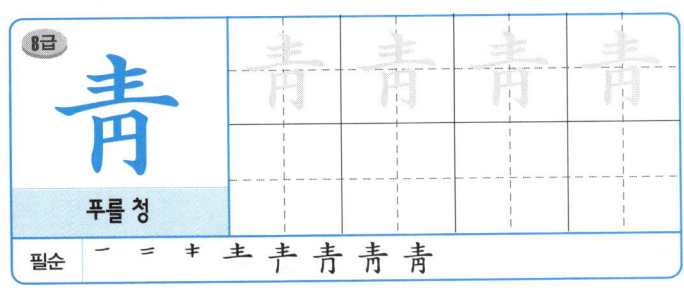
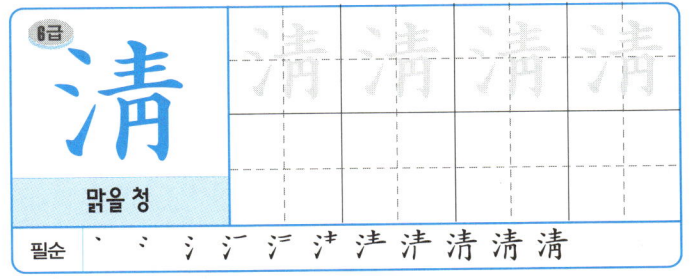
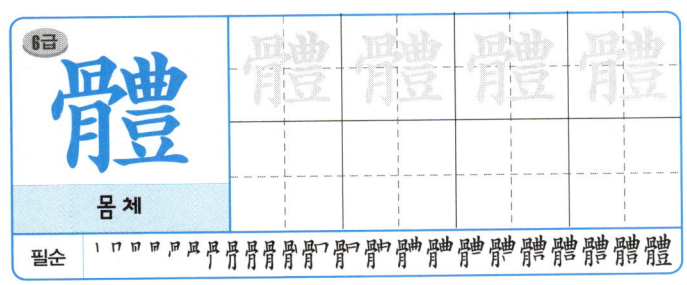
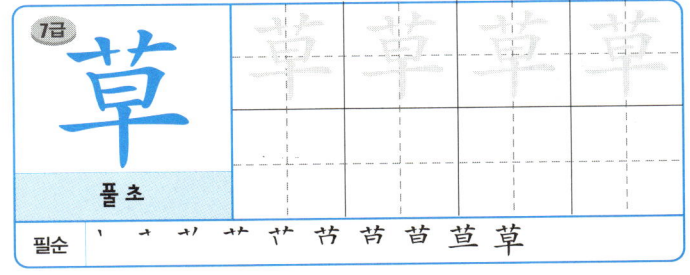

5급

5.급.배.정

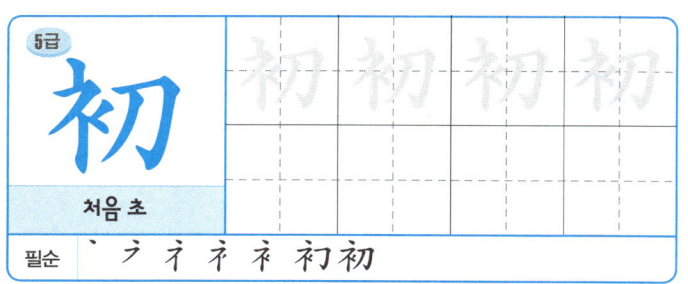
初 처음 초
필순: 丶ㄱㄱ衤衤初初

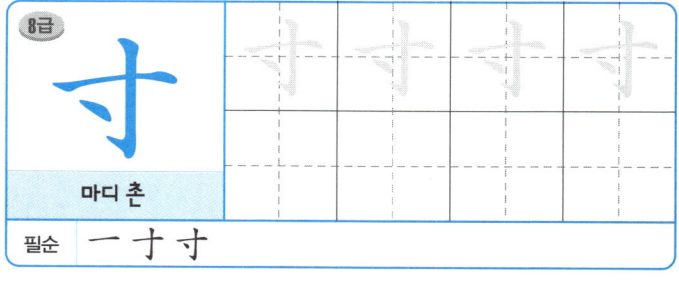
寸 마디 촌
필순: 一寸寸

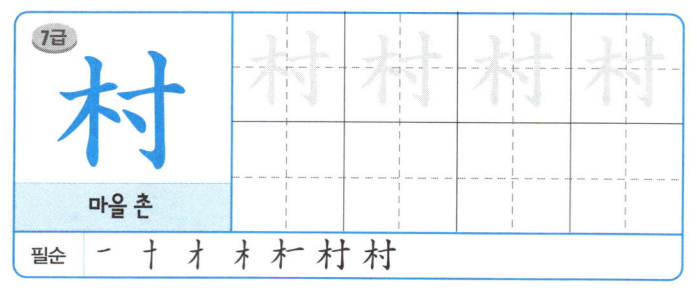
村 마을 촌
필순: 一十才木木村村

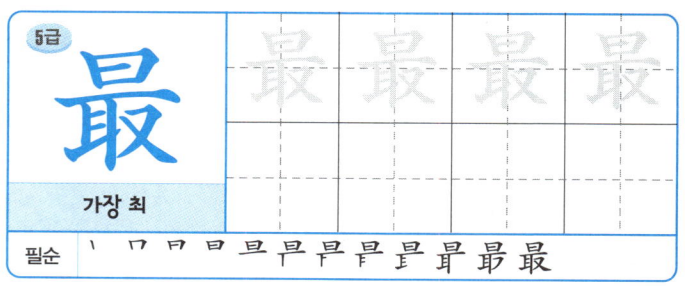
最 가장 최
필순: 丨冂日日日旦早品昌昌最最

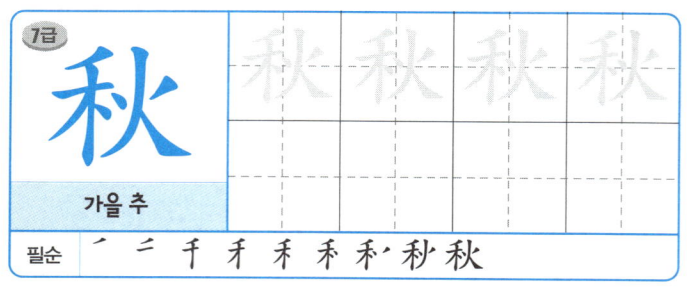
秋 가을 추
필순: 一二千干禾禾科秋秋

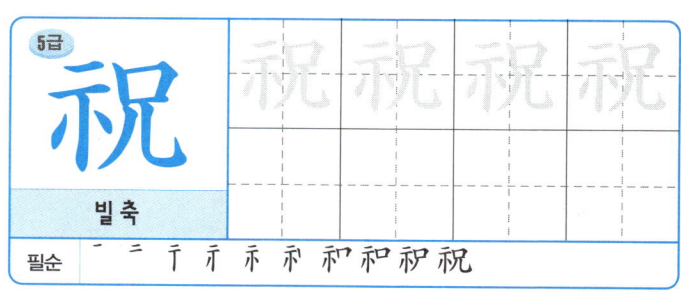
祝 빌 축
필순: 一二亍示示礻祀祀祝

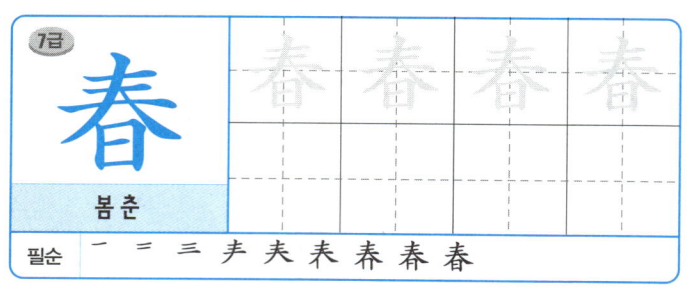
春 봄 춘
필순: 一二三声夫未春春春

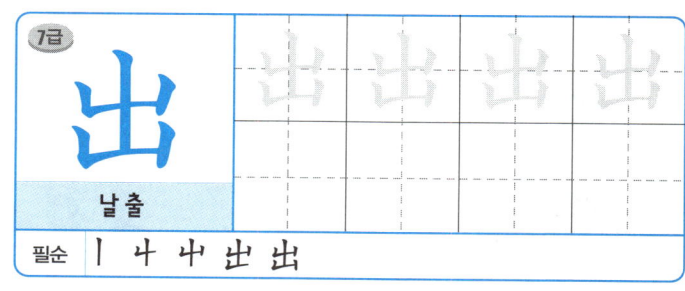
出 날 출
필순: 丨屮屮出出

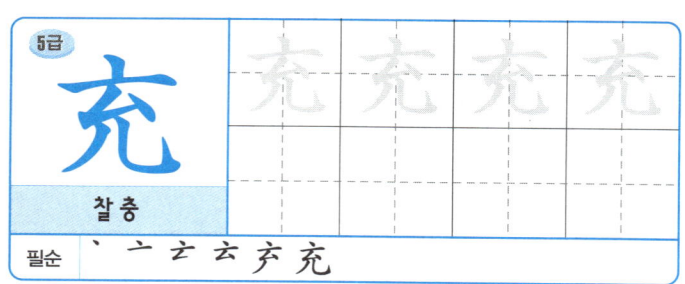
充 찰 충
필순: 丶亠云云充

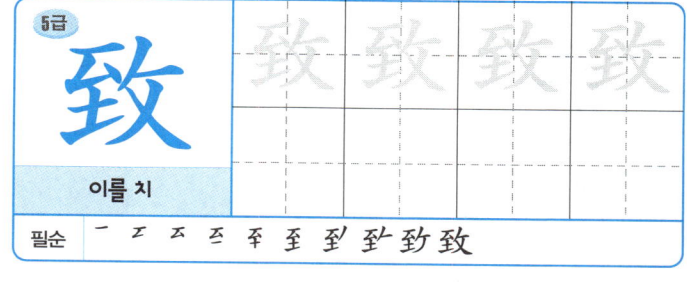
致 이를 치
필순: 一工工至至至至致致

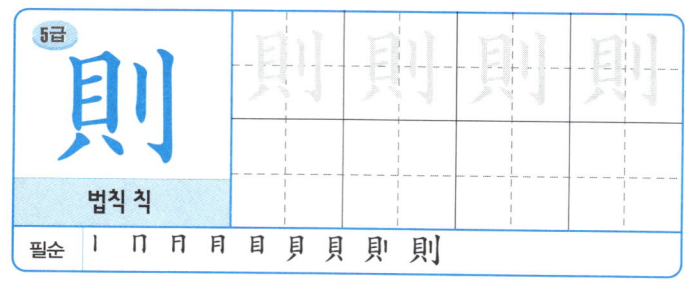
則 법칙 칙
필순: 丨冂冂月目目貝貝則

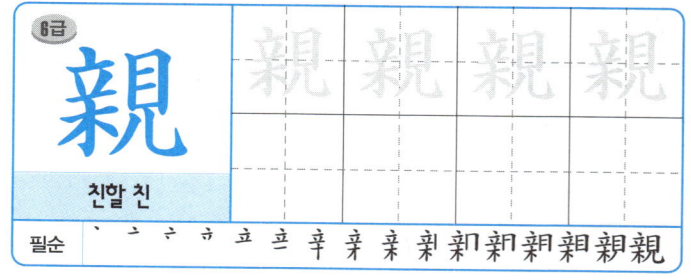
親 친할 친
필순: 丶亠辛辛立产亲亲亲新親親親

500자 다지기

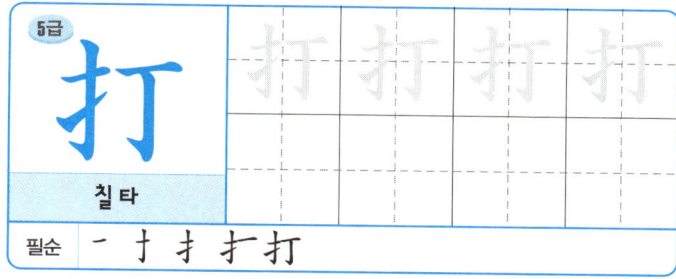
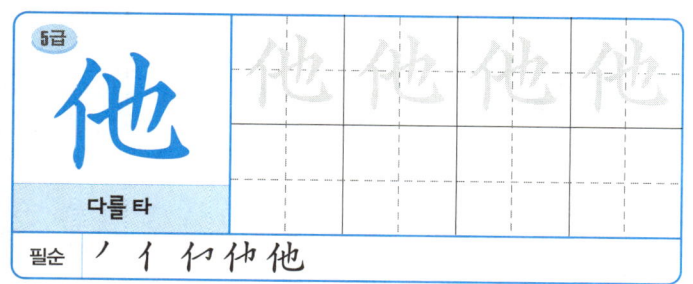
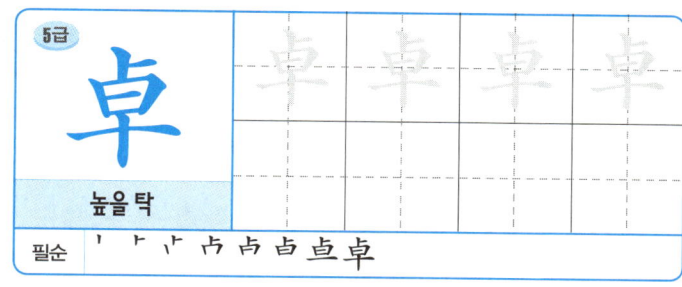
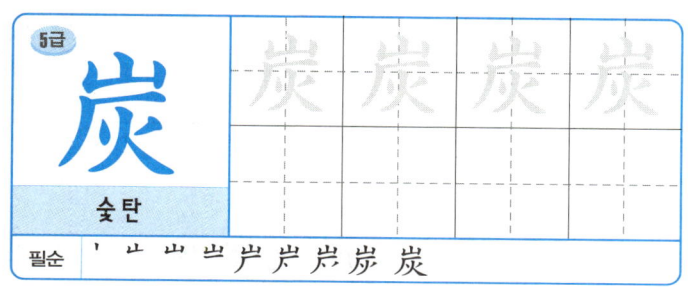
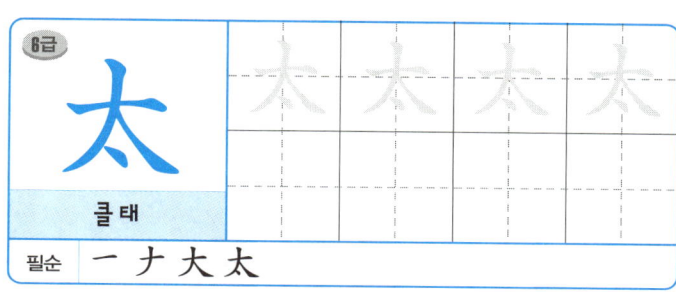
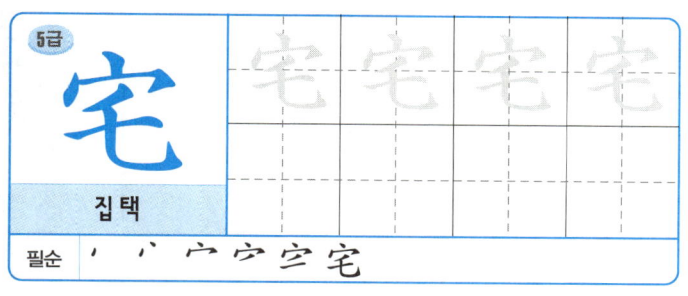
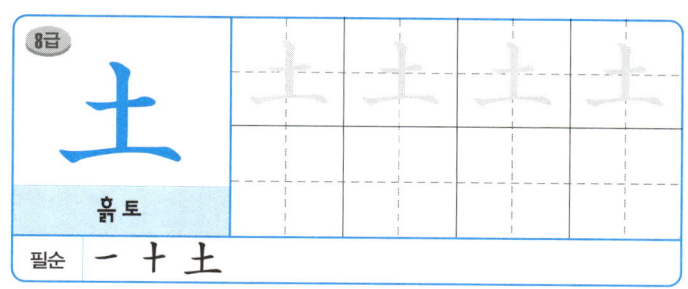
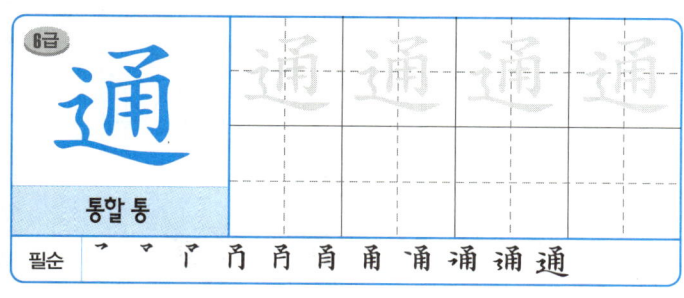
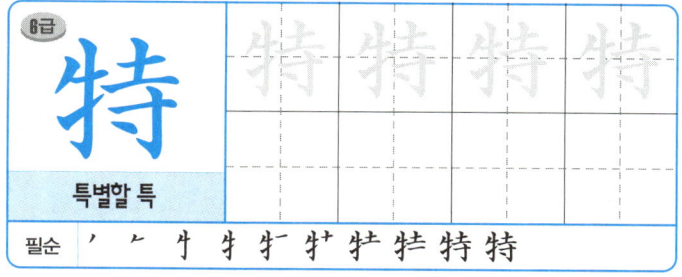
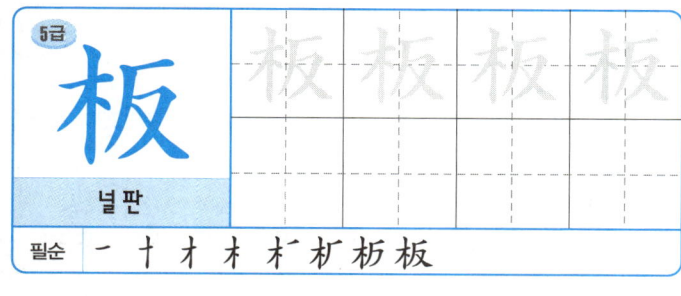
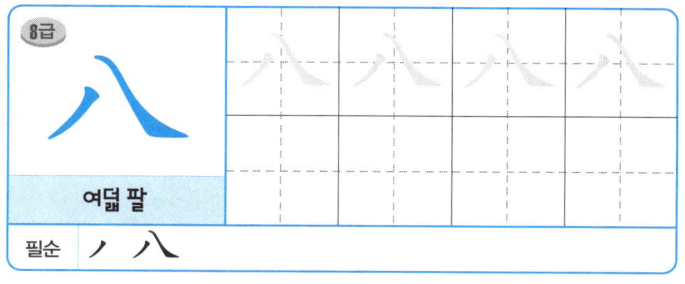

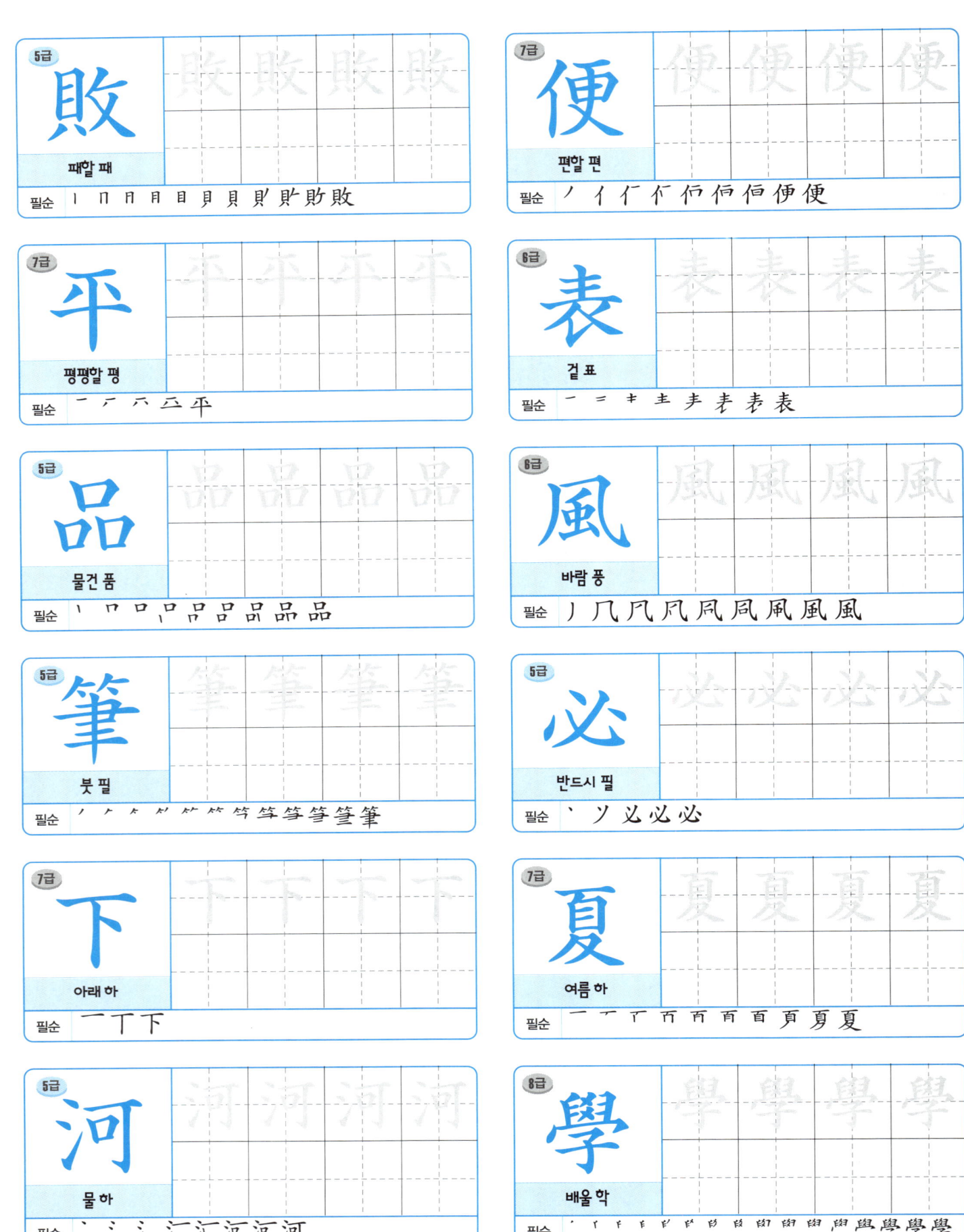

500자 다지기

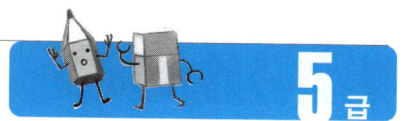

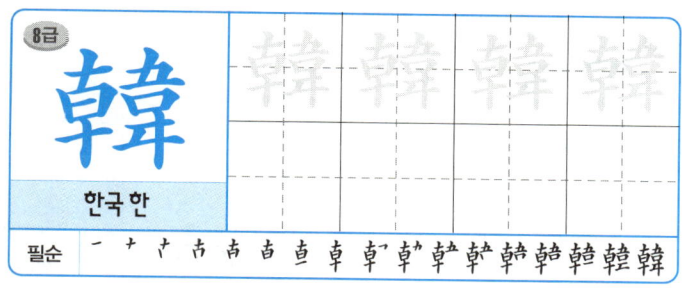
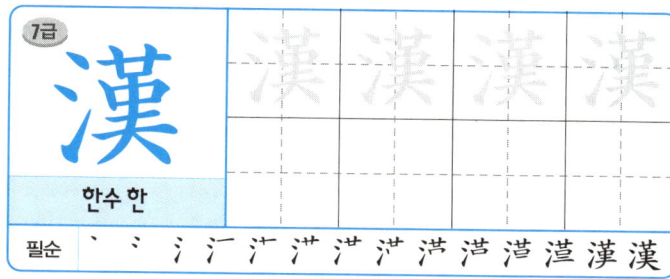
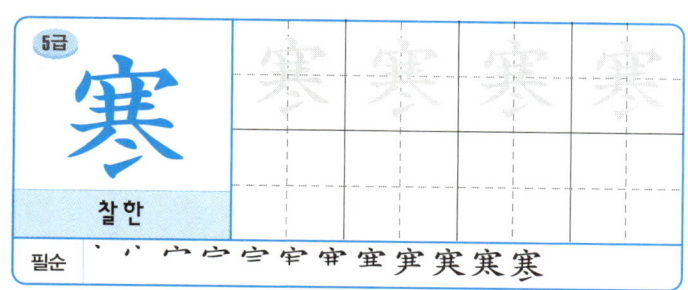
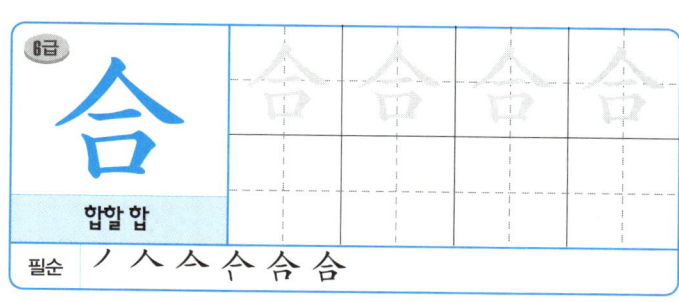
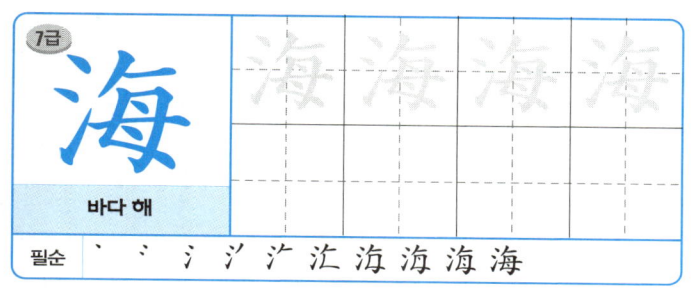
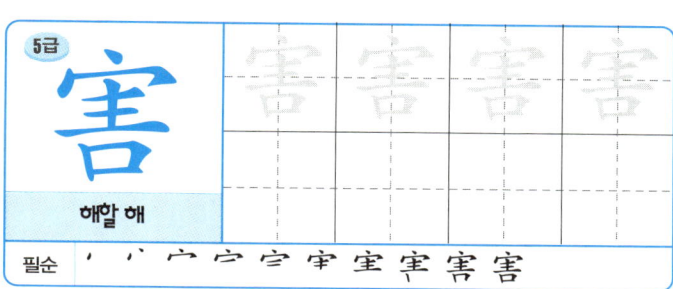
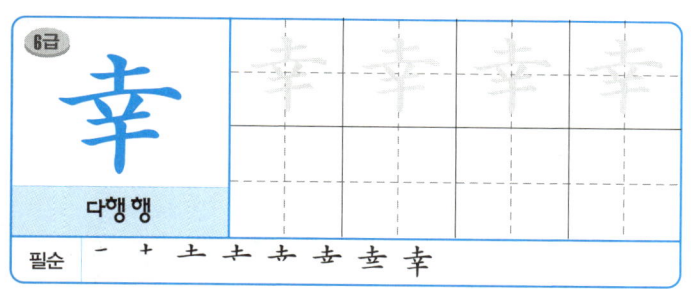
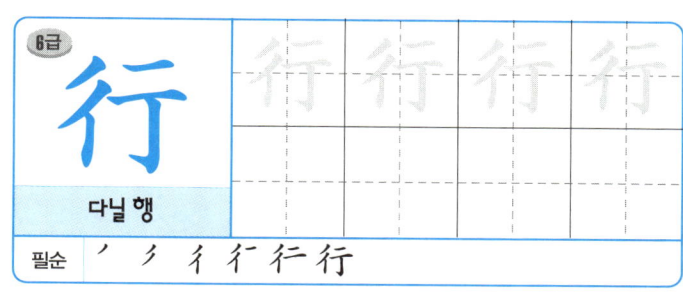
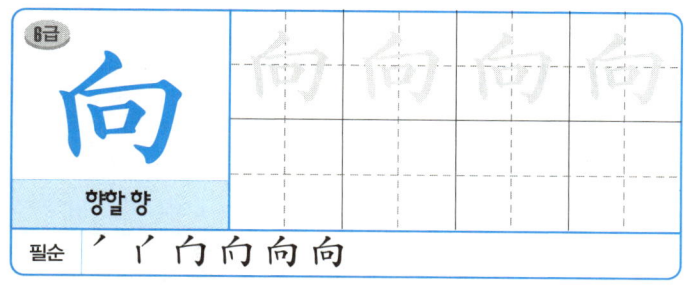
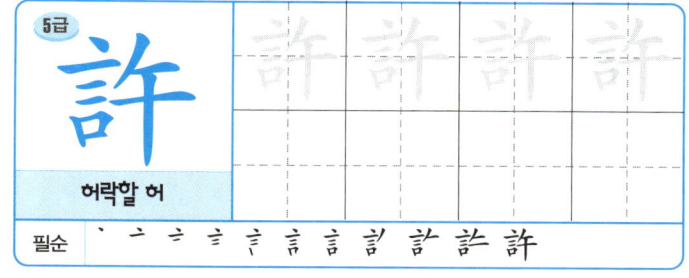
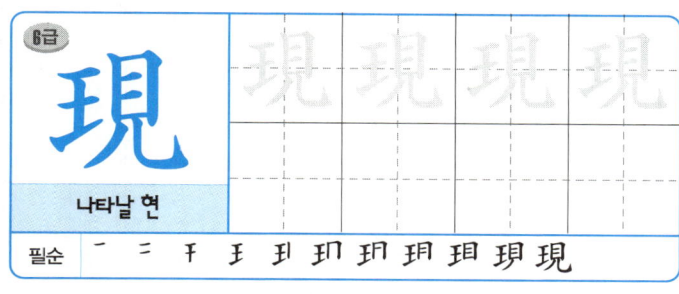
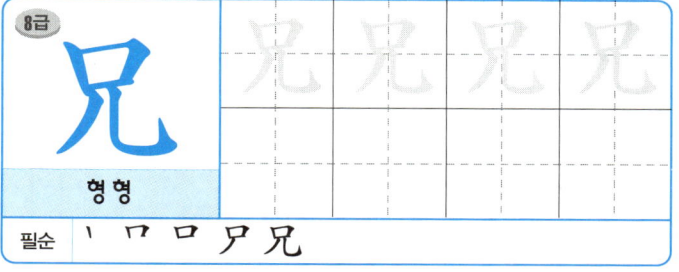

5급

5.급.배.정

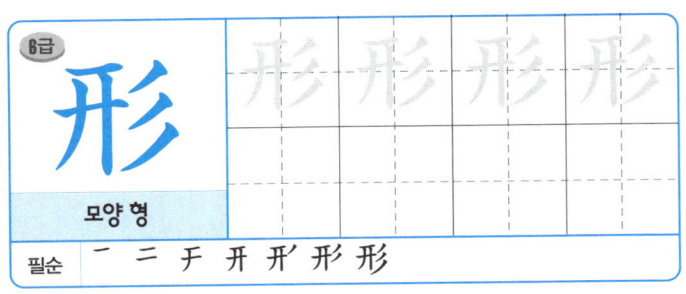
形 모양 형
필순: 一 二 テ 开 形 形 形

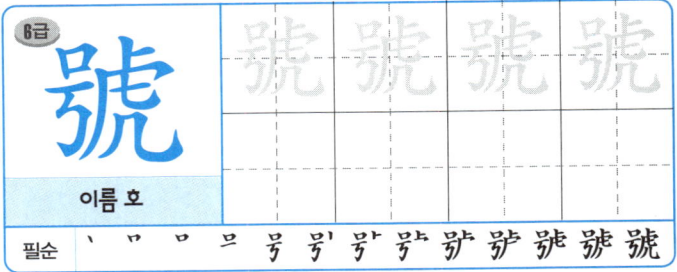
號 이름 호
필순: 丶 口 口 吕 号 号 号 号 虎 號 號 號

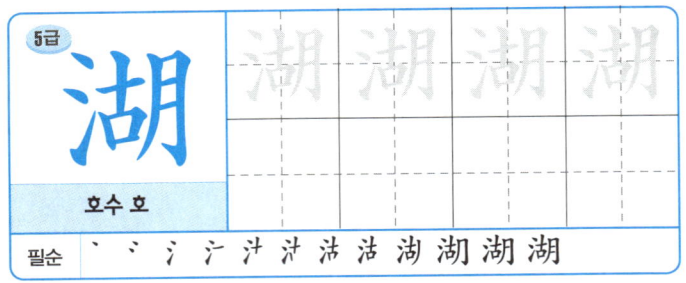
湖 호수 호
필순: 丶 丶 氵 汁 汁 浩 浩 浩 湖 湖 湖

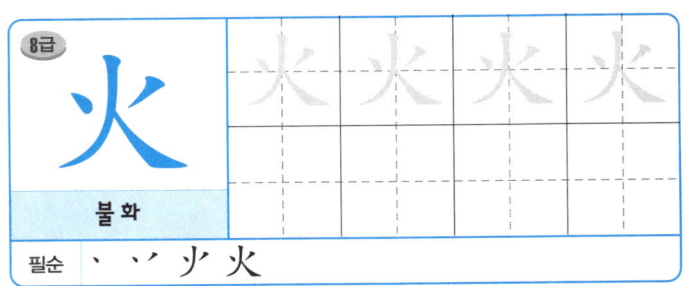
火 불 화
필순: 丶 丶 少 火

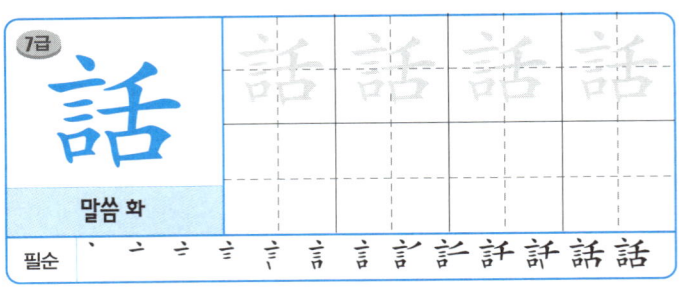
話 말씀 화
필순: 丶 亠 亠 言 言 言 言 訁 訐 話 話

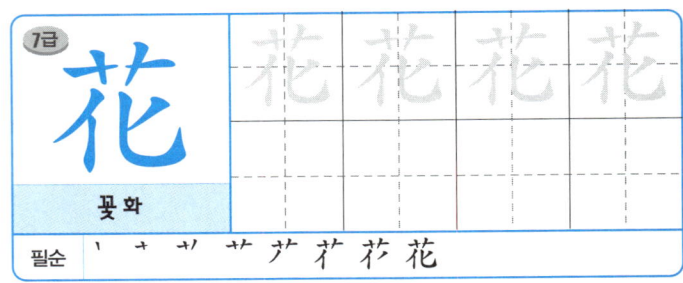
花 꽃 화
필순: 丶 亠 亠 艹 艹 花 花

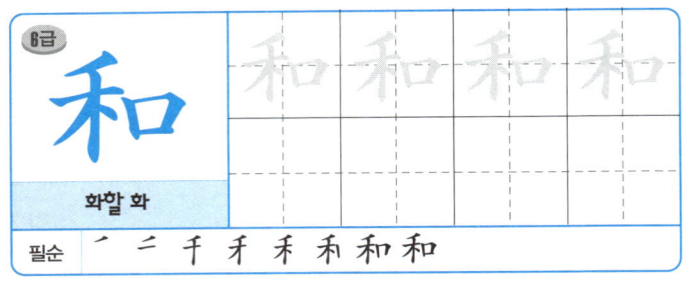
和 화할 화
필순: 一 二 千 千 禾 禾 和 和

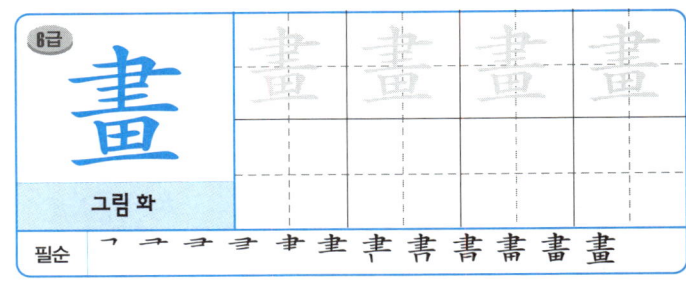
畫 그림 화
필순: 一 ㅋ ㅋ ㅋ 聿 畫 畫 書 書 畫 畫

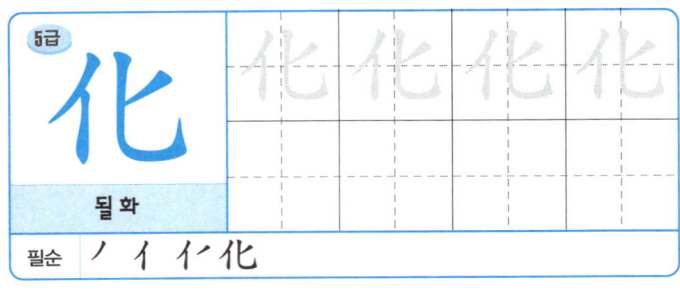
化 될 화
필순: 丿 亻 亻 化

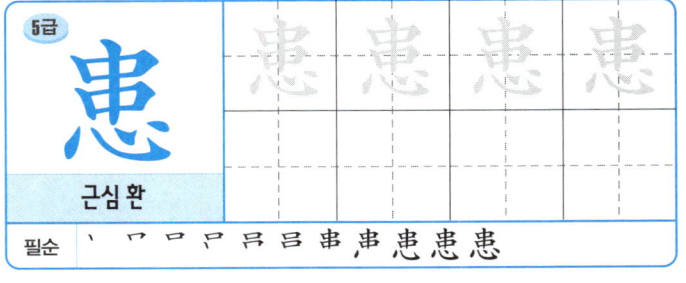
患 근심 환
필순: 丶 口 口 口 吕 吕 串 串 患 患 患

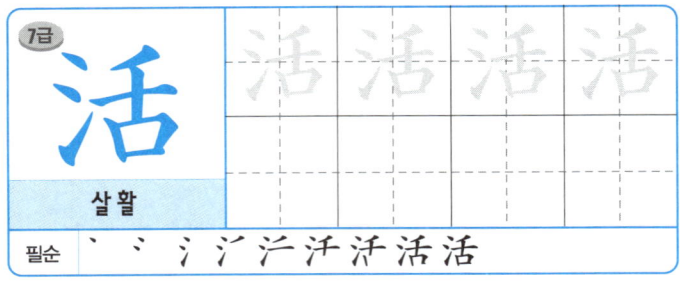
活 살 활
필순: 丶 丶 氵 汁 汗 汗 活 活

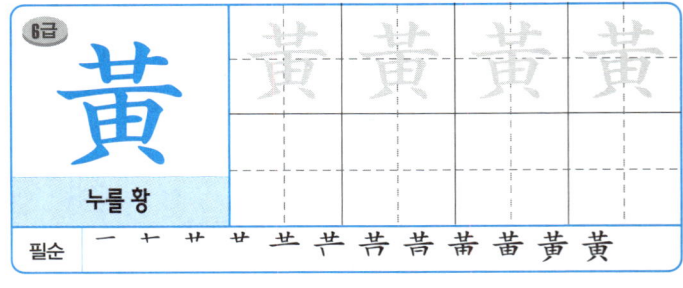
黃 누를 황
필순: 一 十 艹 艹 丗 芇 苛 苛 黃 黃 黃 黃

500자 다지기

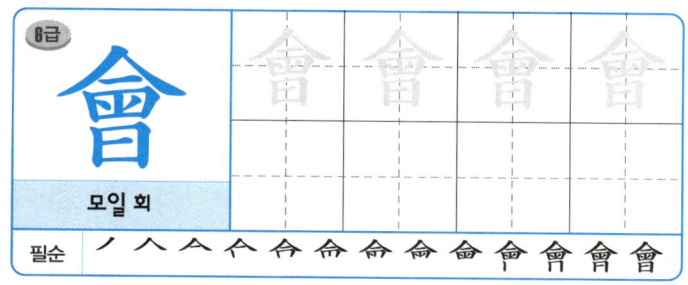
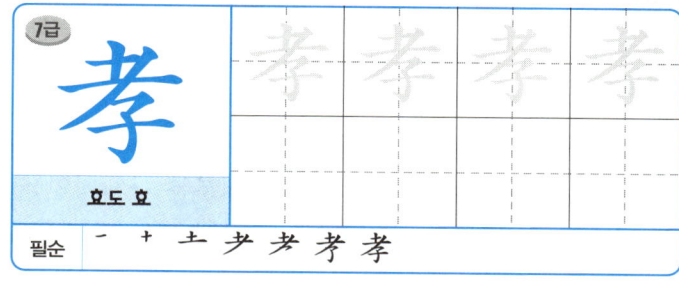
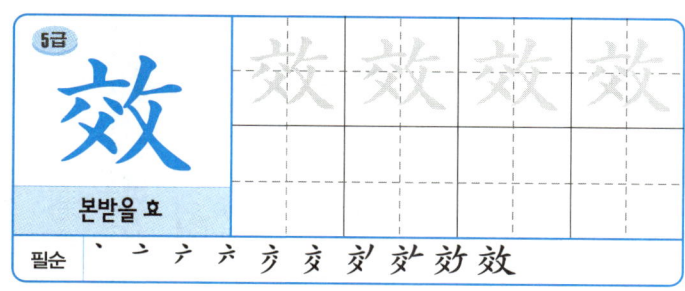
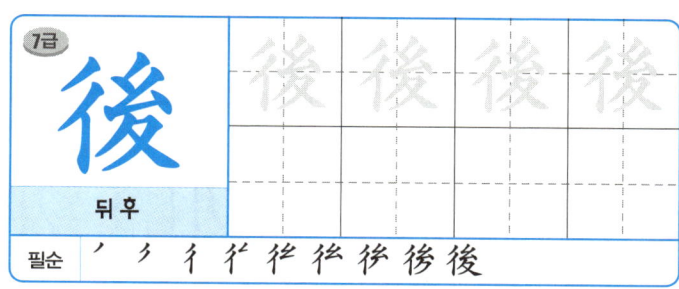
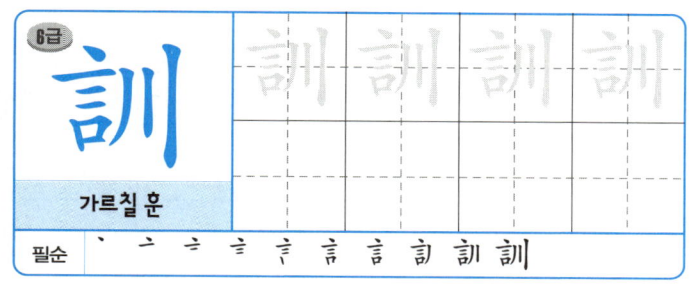
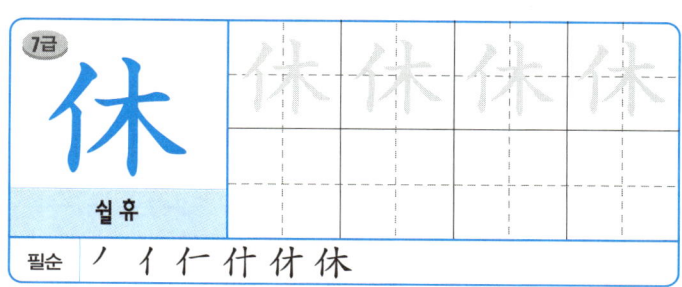
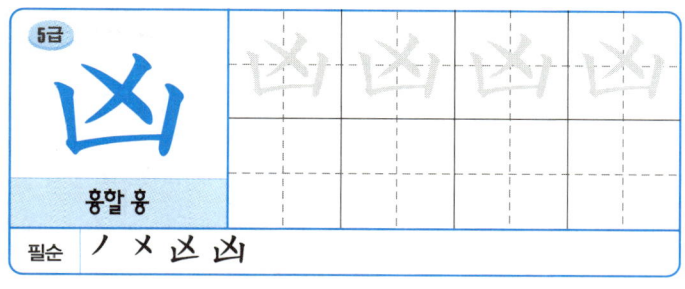
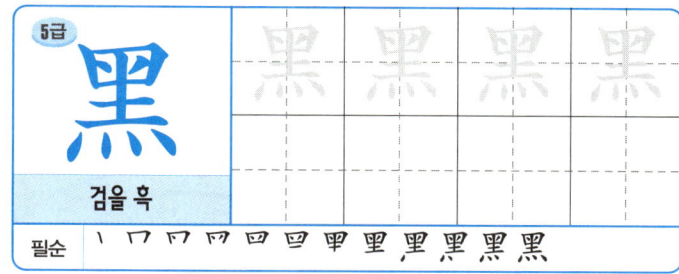

六書(육서) 익히기

한자의 형성을 설명하는 6가지 기본 원리

| 象形(상형) 문자 | 대부분 구체적인 사물의 모양을 본떠 만든 글자로 한자가 만들어진 가장 기본이 되는 원리입니다. |

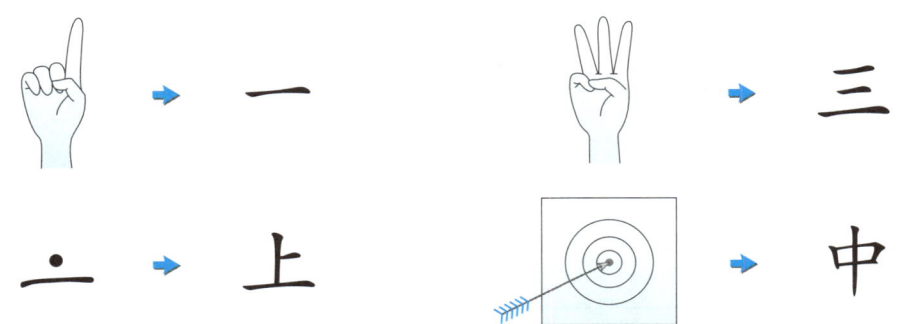

| 指事(지사) 문자 | 상형문자처럼 구체적인 모양을 나타낼 수 없는 개념이나 사상 등을 선이나 점으로 나타낸 글자를 말합니다. |

| 會意(회의) 문자 | 이미 만들어진 두 개 이상의 글자를 결합하여 새로운 의미를 갖는 한자를 만든 것을 말합니다. |

木 + 木 = 林　　日 + 月 = 明
(나무 목) (나무 목) (수풀 림)　(날 일) (달 월) (밝을 명)

宀 + 至 = 室　　女 + 子 = 好
(집 면) (이를 지) (집 실)　(계집 녀) (아들 자) (좋을 호)

| 形聲(형성) 문자 | 이미 만들어진 글자를 합하여 한 쪽은 음(音)을 다른 한 쪽은 뜻(意)를 나타낸 글자를 말합니다. |

豆 + 頁 = 頭   耳 + 門 = 聞
(콩 두) (머리 혈) (머리 두)   (귀 이) (문 문) (들을 문)

言 + 己 = 記   水 + 靑 = 淸
(말씀 언) (몸 기) (기록할 기)   (물 수) (푸를 청) (맑을 청)

| 轉注(전주) 문자 | 이미 완성된 글자의 뜻에서 다른 뜻으로 바꾸어 쓰는 글자로 한 글자에 여러 가지 뜻과 음이 있게 됩니다. |

樂　　노래 악　　音樂(음악)
　　　즐길 락　　快樂(쾌락)

惡　　악할 악　　害惡(해악)
　　　미워할 오　憎惡(증오)

| 假借(가차) 문자 | 글자의 뜻과는 상관없이 소리가 같거나 형태가 비슷한 글자를 빌려 쓰는 것으로 외래어 등을 표현할 때 사용됩니다. |

亞細亞(아세아)　　　歐羅巴(구라파)

佛蘭西(불란서)　　　印度(인도)

部首(부수) 익히기

부수는 위치에 따라 여덟 가지 형태로 구분됩니다.

변(邊) 부수가 글자의 왼쪽에 있는 것

- 亻 사람인변   仁(어질 인)   代(대신할 대)   件(사건 건)
- 氵 삼수변   江(강 강)   法(법 법)   油(기름 유)
- 言 말씀언변   計(셀 계)   記(기록할 기)   訓(가르칠 훈)

방(傍) 부수가 글자의 오른쪽에 있는 것

- 刂 선칼도방   利(이할 리)   刊(새길 간)   前(앞 전)
- 阝 우부방   郡(고을 군)   部(떼 부)   邦(나라 방)
- 卩 병부절   印(도장 인)   卯(토끼 묘)   却(물리칠 각)

머리(頭) 부수가 글자의 윗부분에 있는 것

- 亠 돼지해머리 交(사귈 교)   亡(망할 망)   京(서울 경)
- 艹 초두머리   花(꽃 화)   草(풀 초)   苦(쓸 고)
- 宀 갓머리   守(지킬 수)   宇(집 우)   安(편안 안)

발(脚) 부수가 글자의 아래쪽에 있는 것

- 儿 어진사람인발 兄(형 형)   光(빛 광)   元(으뜸 원)
- 灬 연화발   然(그럴 연)   烏(까마귀 오)   無(없을 무)
- 皿 그릇명   益(더할 익)   盛(성할 성)   盡(다할 진)

| 엄(广) | 부수가 글자의 왼쪽과 위쪽을 에워싸고 있는 것 |

厂 민엄호　　原(언덕 원)　厚(두터울 후)　厄(재앙 액)
广 엄호　　　庭(뜰 정)　　序(차례 서)　　度(법도 도)
虍 범호엄　　虎(범 호)　　處(곳 처)　　　虛(빌 허)

| 받침 | 부수가 글자의 왼쪽과 아랫부분을 에워싸고 있는 것 |

辶 책받침　　近(가까울 근)　送(보낼 송)　迎(맞을 영)
廴 민책받침　建(세울 건)　　延(늘일 연)　廷(조정 정)

| 몸(構) | 부수가 글자 전체를 에워싸고 있는 것 |

囗 큰입구몸　　四(넉 사)　　　國(나라 국)　固(굳을 고)
門 문문　　　　間(사이 간)　　開(열 개)　　聞(들을 문)
匚 감출혜몸　　區(구분할 구)　匹(짝 필)　　醫(의원 의)
凵 위터진입구　出(날 출)　　　凶(흉할 흉)

| 제부수 | 부수가 그대로 글자로 쓰이는 것 |

馬 말 마　　角 뿔 각　　車 수레 거
鼻 코 비　　夕 저녁 석　豆 콩 두
行 다닐 행　風 바람 풍　鳥 새 조

필순(筆順) 익히기

한자의 쓰는 순서에는 다음과 같이 몇 가지 원칙이 있습니다.

① 위에서부터 차례로 씁니다.

　　丶　亠　亖　言　言　言

② 왼쪽부터 차례로 씁니다.

　　丿　丿丨　川

③ 가로획을 세로획보다 먼저 씁니다.

　　一　十　才　木

④ 좌우대칭에서 가운데 획을 먼저 씁니다.

　　亅　刂　氺　水

⑤ 꿰뚫는 획은 나중에 씁니다.

　　丨　口　口　中

⑥ 꿰뚫는 획의 아래가 막히면 먼저 씁니다.

　　丿　𠂉　𠂉　牛　生

⑦ 가로지르는 획은 나중에 씁니다.

　　く　夂　女

⑧ 삐침(丿)은 파임(丶)보다 먼저 씁니다.

　　丿　八　分　父

⑨ 바깥을 먼저 쓰고 안을 나중에 씁니다.

　　丨　冂　冂　同　同　同

⑩ 오른쪽 위의 획은 맨 나중에 씁니다.

　　一　ナ　大　犬

⑪ 아래를 감싼 획은 나중에 씁니다.

　　乛　力　也

⑫ 받침은 맨 나중에 씁니다.

　　丶　亇　斤　斤　斤　近　近　近

약자

약자(略字)란 복잡한 한자의 획수를 줄인 글자를 말합니다.

정자	약자	훈과 음		정자	약자	훈과 음	
價	価	값	가	賣	売	팔	매
擧	挙	들	거	發	発	필	발
輕	軽	가벼울	경	變	変	변할	변
觀	観	볼	관	寫	写	베낄	사
關	関	관계할	관	數	数	셈	수
廣	広	넓을	광	實	実	열매	실
敎	教	가르칠	교	兒	児	아이	아
區	区	구분할	구	惡	悪	악할	악
舊	旧	예	구	藥	薬	약	약
國	国	나라	국	溫	温	따뜻할	온
氣	気	기운	기	醫	医	의원	의
團	団	둥글	단	爭	争	다툴	쟁
當	当	마땅	당	傳	伝	전할	전
對	対	대할	대	戰	戦	싸움	전
圖	図	그림	도	參	参	참여할	참
獨	独	홀로	독	鐵	鉄	쇠	철
讀	読	읽을	독	體	体	몸	체
樂	楽	즐거울	락	學	学	배울	학
來	来	올	래	號	号	이름	호
禮	礼	예도	례	畫	画	그림	화
勞	労	일할	로	會	会	모을	회
萬	万	일만	만				

5급 한자 익히기

상대어 / 반의어

各 각각 각 ↔ 合 합할 합	强 강할 강 ↔ 弱 약할 약	去 갈 거 ↔ 來 올 래	輕 가벼울 경 ↔ 重 무거울 중
競 다툴 경 ↔ 和 화할 화	苦 쓸 고 ↔ 樂 즐길 락	古 예 고 ↔ 今 이제 금	曲 굽을 곡 ↔ 直 곧을 직
敎 가르칠 교 ↔ 學 배울 학	吉 길할 길 ↔ 凶 흉할 흉	南 남녘 남 ↔ 北 북녘 북	男 사내 남 ↔ 女 계집 녀
內 안 내 ↔ 外 바깥 외	多 많을 다 ↔ 少 적을 소	當 마땅 당 ↔ 落 떨어질 락	大 큰 대 ↔ 小 적을 소
同 한가지 동 ↔ 別 다를 별	冷 찰 랭 ↔ 溫 따뜻할 온	老 늙을 로 ↔ 少 젊을 소	利 이할 리 ↔ 害 해할 해
末 끝 말 ↔ 初 처음 초	買 살 매 ↔ 賣 팔 매	問 물을 문 ↔ 答 대답 답	福 복 복 ↔ 災 재앙 재
父 아비 부 ↔ 子 아들 자	分 나눌 분 ↔ 合 합할 합	上 윗 상 ↔ 下 아래 하	生 날 생 ↔ 死 죽을 사
善 착할 선 ↔ 惡 악할 악	消 사라질 소 ↔ 現 나타날 현	水 물 수 ↔ 火 불 화	手 손 수 ↔ 足 발 족

유의어

5급 한자 익히기

根本	急速	年歲	大太偉
뿌리 근 / 근본 본	급할 급 / 빠를 속	해 년 / 해 세	큰 대 / 클 태 / 클 위

圖畫	道路	度例式則	等級
그림 도 / 그림 화	길 도 / 길 로	법도 도 / 법식 례 / 법 식 / 법칙 칙	무리 등 / 등급 급

冷寒	鍊習	里村	名號
찰 랭 / 찰 한	익힐 련 / 익힐 습	마을 리 / 마을 촌	이름 명 / 이름 호

文章書	番第序	別區	兵卒
글월 문 / 글 장 / 글 서	차례 번 / 차례 제 / 차례 서	다를 별 / 구분할 구	병사 병 / 마칠 졸

服衣	分班	社集合	思考念
옷 복 / 옷 의	나눌 분 / 나눌 반	모일 사 / 모을 집 / 합할 합	생각 사 / 생각할 고 / 생각 념

事業	算數計量	生出	前先
일 사 / 업 업	셈 산 / 셈 수 / 셀 계 / 헤아릴 량	날 생 / 날 출	앞 전 / 먼저 선

善良	消失	小少	樹木	術才
착할 선 / 어질 량	사라질 소 / 잃을 실	작을 소 / 적을 소	나무 수 / 나무 목	재주 술 / 재주 재

始初	身體	兒童	安便	養育
비로소 시 / 처음 초	몸 신 / 몸 체	아이 아 / 아이 동	편안 안 / 편할 편	기를 양 / 기를 육

陽	光	言	語	話	談	永	長	午	晝
볕 양	빛 광	말씀 언	말씀 어	말씀 화	말씀 담	길 영	긴 장	낮 오	낮 주

外	表	運	動	有	在	邑	洞	意	思
바깥 외	겉 표	옮길 운	움직일 동	있을 유	있을 재	고을 읍	골 동	뜻 의	생각 사

競	爭	庭	園	正	直	終	末	住	活
다툴 경	다툴 쟁	뜰 정	동산 원	바를 정	곧을 직	마칠 종	끝 말	살 주	살 활

地	土	知	識	集	合	集	會	親	近
땅 지	흙 토	알 지	알 식	모을 집	합할 합	모을 집	모일 회	친할 친	가까울 근

海	洋
바다 해	큰바다 양

모양이 닮은 한자

各	名	間	問	開	聞	江	工
각각 각	이름 명	사이 간	물을 문	열 개	들을 문	강 강	장인 공

去	法	車	軍	健	建	件	仕
갈 거	법 법	수레 거	군사 군	굳셀 건	세울 건	물건 건	섬길 사

5급 한자 익히기

計 셀 계	訓 가르칠 훈		固 굳을 고	因 인할 인		曲 굽을 곡	典 법 전		功 공 공	切 끊을 절
光 빛 광	米 쌀 미		今 이제 금	分 나눌 분		金 쇠 금	全 온전 전		當 마땅 당	堂 집 당
待 기다릴 대	特 특별할 특		大 큰 대	太 클 태		圖 그림 도	園 동산 원	團 둥글 단	度 법도 도	席 자리 석
動 움직일 동	重 무거울 중	種 씨 종				樂 즐길 락	藥 약 약		冷 찰 랭	令 하여금 령
老 늙을 로	孝 효도 효	者 놈 자	考 생각할 고			綠 푸를 록	線 줄 선		流 흐를 류	洗 씻을 세
林 수풀 림	朴 성 박	材 재목 재		每 매양 매	母 어미 모	海 바다 해			木 나무 목	不 아닐 불	本 근본 본
文 글월 문	父 아비 부		反 돌이킬 반	友 벗 우		百 일백 백	白 흰 백		北 북녘 북	比 견줄 비
士 선비 사	土 흙 토		色 빛 색	邑 고을 읍		書 글 서	晝 낮 주	畫 그림 화	石 돌 석	右 오른 우

仙	休	雪	雲	電	姓	性	成	感
신선 선	쉴 휴	눈 설	구름 운	번개 전	성 성	성품 성	이룰 성	느낄 감

速	遠	水	永	氷	植	直	心	必
빠를 속	멀 원	물 수	길 영	얼음 빙	심을 식	곧을 직	마음 심	반드시 필

陽	場	五	正	王	主	油	由
볕 양	마당 장	다섯 오	바를 정	임금 왕	주인 주	기름 유	말미암을 유

有	育	音	意	人	入	八	自	目
있을 유	기를 육	소리 음	뜻 의	사람 인	들 입	여덟 팔	스스로 자	눈 목

子	字	昨	作	在	左	財	貯	敗
아들 자	글자 자	어제 작	지을 작	있을 재	왼 좌	재물 재	쌓을 저	패할 패

弟	第	調	週	住	注	地	他
아우 제	차례 제	고를 조	주일 주	살 주	부을 주	땅 지	다를 타

川	州	千	午	牛	天	夫
내 천	고을 주	일천 천	낮 오	소 우	하늘 천	지아비 부

青	春	淸	責	情	寸	村	致	到
푸를 청	봄 춘	맑을 청	꾸짖을 책	뜻 정	마디 촌	마을 촌	이를 치	이를 도

한자성어

각인각색 | 사람마다 제각각 특색이 있음

各人各色

견물생심 | 물건을 보면 욕심이 생김

見物生心

공명정대 | 조금도 사사로움이 없이 바름

公明正大

교우이신 | 친구를 사귈 때는 믿으므로 사귀어야 함.

交友以信

구사일생 | 죽을 고비를 여러 번 넘기고 살아남

九死一生

금시초문 | 이제야 비로서 처음 들음

今始初聞

낙화유수 | 떨어지는 꽃과 흐르는 물

落花流水

다정다감 | 정이 많고 느낌이 많음

多情多感

대 대 손 손	대대로 내려오는 자손

代 代 孫 孫

대 도 무 문	지극히 큰 도에는 들어가는 문이 따로 없다.

大 道 無 門

대 동 단 결	많은 사람이 한데 뭉침

大 同 團 結

동 고 동 락	함께 고생도 하고 즐거움도 나눔

同 苦 同 樂

동 문 서 답	질문에 적절한 대답을 하지 않고 엉뚱한 대답을 함

東 問 西 答

양 약 고 구	좋은 약은 입에 씀

良 藥 苦 口

마 이 동 풍	남의 말을 흘려보냄을 의미

馬 耳 東 風

만 고 불 변	오랜 세월을 두고 변하지 않음

萬 古 不 變

한자성어

명명백백	의심의 여지가 없이 매우 분명함
明明白白	

명산대천	이름난 산과 큰 내를 이르는 것으로 자연 경관이 빼어난 곳
名山大川	

문일지십	하나를 듣고 열 가지를 미루어 앎
聞一知十	

문전성시	사람들로 매우 붐비는 모습을 비유
門前成市	

백년대계	먼 장래를 내다보고 세우는 계획
百年大計	

백년하청	아무리 기다려도 가망이 없음을 의미
百年河清	

백면서생	글만 읽어서 세상 물정에 어두운 사람
白面書生	

백발백중	백번 쏘아 백번 모두 정확히 맞힘
百發百中	

백전백승	싸울 때마다 번번이 다 이김

百 戰 百 勝

불원천리	천리도 멀다고 여기지 않음

不 遠 千 里

부자유친	아버지와 아들 사이에는 친함이 있어야 함.

父 子 有 親

부전자전	대대로 아버지가 아들에게 전함

父 傳 子 傳

불문가지	묻지 않고도 알 수 있음

不 問 可 知

불문곡직	어찌된 영문인지 묻지 아니함

不 問 曲 直

빙산일각	보이지 않은 부분이 훨씬 더 큼

氷 山 一 角

사농공상	선비, 농민, 장인, 상인의 네 가지 신분

士 農 工 商

한자성어

산고수장	산은 높고 물은 영원히 흐른다는 뜻
山 高 水 長	

산전수전	세상일의 온갖 고난을 겪은 경험
山 戰 水 戰	

산천초목	산과 내와 풀과 나무 즉 자연을 이르는 말
山 川 草 木	

삼삼오오	서너 명이나 대여섯 명의 사람들이 무리지어 다니거나 어떤 일을 하는 모습
三 三 五 五	

삼한사온	삼일은 춥고 사일은 따뜻함
三 寒 四 溫	

생로병사	태어나서 늙고 병들고 죽는 것
生 老 病 死	

생면부지	처음 보는 사람이나 관계
生 面 不 知	

생사고락	삶과 죽음, 괴로움과 즐거움
生 死 苦 樂	

선 남 선 녀 — 착하고 어진 사람들
善男善女

세 상 만 사 — 세상에서 일어나는 모든 일을 말함
世上萬事

속 전 속 결 — 싸움을 오래 끌지 않고 빨리 끝을 냄
速戰速決

십 년 지 기 — 오래 전부터 사귀어 온 친한 친구
十年知己

십 중 팔 구 — 열 중 여덟이나 아홉은 그러하다는 의미로 거의 틀림없다는 말
十中八九

어 불 성 설 — 말이 전혀 사리에 맞지 않음
語不成說

요 산 요 수 — 산을 좋아하고 물을 좋아함
樂山樂水

월 하 노 인 — 중국에서 유래한 말로 부부의 연을 맺어 주는 중매쟁이 노인을 말함
月下老人

한자성어

유구무언	입이 있어도 할 말이 없음

有 口 無 言

유명무실	이름뿐이고 실상이 없음

有 名 無 實

이목구비	귀, 눈, 입, 코를 함께 이르는 말

耳 目 口 鼻

이실직고	사실 그대로 고함

以 實 直 告

이심전심	마음에서 마음으로 뜻이 통함

以 心 傳 心

인명재천	사람의 목숨은 하늘의 뜻에 달려 있음.

人 命 在 天

인사불성	정신을 잃고 의식이 없음

人 事 不 省

인산인해	사람들이 아주 많아 산과 바다처럼 보이는 상태

人 山 人 海

일구이언	한 입으로 두 말을 함

一 口 二 言

일심동체	여러 사람이 한 사람처럼 마음을 합침

一 心 同 體

일일삼성	하루에 세 번 스스로를 살핌

一 日 三 省

일일삼추	하루가 삼 년 같다는 뜻으로 매우 지루함을 말함

一 日 三 秋

일장일단	장점도 있고 단점도 있음

一 長 一 短

일조일석	하루 아침이나 하루 저녁

一 朝 一 夕

입신출세	입신하여 세상에 이름을 날림

立 身 出 世

자문자답	스스로 묻고 스스로 대답함

自 問 自 答

한자성어

자 수 성 가	스스로의 힘으로 성공을 이룸

自 手 成 家

자 유 자 재	구속이나 제한이 없이 마음대로 할 수 있음

自 由 自 在

작 심 삼 일	결심한 일이 삼일을 넘기지 못함

作 心 三 日

전 광 석 화	매우 짧거나 빠른 동작을 비유한 말

電 光 石 火

조 변 석 개	계획이나 결정을 자주 변경함

朝 變 夕 改

좌 지 우 지	제 마음대로 다루거나 휘두름

左 之 右 之

주 야 장 천	밤낮 쉬지 않고 잇달아 흐름

晝 夜 長 川

천 만 다 행	위험이 있었지만 쉽게 넘김

千 萬 多 幸

청산유수	말을 거침없이 잘하는 모양

青₈ 山₈ 流₅ 水₈

청천백일	환하게 밝은 대낮

靑₈ 天₇ 白₈ 日₈

청풍명월	맑은 바람과 밝은 달

淸₆ 風₆ 明₆ 月₈

초록동색	이름은 달라도 성질은 같다는 뜻

草₇ 綠₆ 同₇ 色₇

추풍낙엽	가을바람에 떨어지는 잎

秋₇ 風₆ 落₅ 葉₅

춘하추동	봄, 여름, 가을, 겨울을 함께 이르는 말

春₇ 夏₇ 秋₇ 冬₇

팔방미인	여러 방면으로 재주가 뛰어난 사람

八₈ 方₇ 美₆ 人₈

훈민정음	세종대왕께서 만든 한글의 처음 이름

訓₆ 民₈ 正₇ 音₆

주의하여 읽기

두음법칙

단어의 첫소리에 'ㄴ'이나 'ㄹ'이 오는 것을 꺼리는 현상으로 이런 한자어가 단어의 맨 처음에 올 때는 다음과 같이 표기합니다.

年 (해 년)	○ 生年 (생년) ○ 年金 (연금)	念 (생각 념)	○ 記念 (기념) ○ 念頭 (염두)

年이 맨 앞에 올 때는 '연'으로 읽습니다.　　念이 맨 앞에 올 때는 '염'으로 읽습니다.

禮 (예도 례)	○ 目禮 (목례) ○ 禮物 (예물)	老 (늙을 로)	○ 長老 (장로) ○ 老人 (노인)

禮가 맨 앞에 올 때는 '예'로 읽습니다.　　老가 맨 앞에 올 때는 '노'로 읽습니다.

숫자가 달을 나타낼 때

숫자 六과 十을 달로 나타낼 때는 원래의 소리로 나타내지 않고 다음과 같이 소리 나는 대로 나타냅니다.

六 (여섯 륙) → 六月 (유월)　　十 (열 십) → 十月 (시월)

두 가지 음으로 읽는 한자

車	○ 수레 거 / 人力車(인력거) ○ 차 차 / 下車(하차)	見	○ 볼 견 / 見聞(견문) ○ 뵈올 현 / 見身(현신)	金	○ 쇠 금 / 萬金(만금) ○ 성 김 / 金氏(김씨)
度	○ 법도 도 / 用度(용도) ○ 헤아릴 탁 / 度地(탁지)	讀	○ 읽을 독 / 速讀(속독) ○ 구절 두 / 讀點(두점)	洞	○ 골 동 / 洞內(동내) ○ 밝을 통 / 洞開(통개)
不	○ 아닐 불 / 不問(불문) ○ 아닐 부 / 不正(부정)	北	○ 북녘 북 / 南北(남북) ○ 달아날 배 / 敗北(패배)	樂	○ 즐길 락 / 樂園(낙원) ○ 노래 악 / 音樂(음악)
說	○ 말씀 설 / 說話(설화) ○ 달랠 세 / 說客(세객)	省	○ 살필 성 / 反省(반성) ○ 덜 생 / 省略(생략)	宿	○ 잘 숙 / 宿所(숙소) ○ 별자리 수 / 星宿(성수)
識	○ 알 식 / 知識(지식) ○ 기록할 지 / 識文(지문)	惡	○ 악할 악 / 惡行(악행) ○ 미워할 오 / 惡寒(오한)	切	○ 끊을 절 / 切感(절감) ○ 온통 체 / 一切(일체)
參	○ 참여할 참 / 參席(참석) ○ 석 삼 / 參千(삼천)	則	○ 법칙 칙 / 學則(학칙) ○ 곧 즉 / 然則(연즉)	宅	○ 집 택 / 宅地(택지) ○ 집 댁 / 宅內(댁내)
便	○ 편할 편 / 便安(편안) ○ 똥오줌 변 / 便所(변소)	行	○ 다닐 행 / 行動(행동) ○ 항렬 항 / 行列(항렬)	畫	○ 그림 화 / 名畫(명화) ○ 그을 획 / 畫數(획수)

5급 한자능력검정시험 기출 예상문제

제1회 〈제한시간 50분〉

1. 다음 漢字語의 讀音을 쓰세요. [(1)~(35)]

例: 讀音 → 독음

(1) 效用 (2) 賞金
(3) 末期 (4) 明窓
(5) 選擧 (6) 重要
(7) 費用 (8) 公任
(9) 白雪 (10) 耳鼻
(11) 歷史 (12) 筆記
(13) 參加 (14) 順序
(15) 作家 (16) 方今
(17) 商業 (18) 發展
(19) 風習 (20) 計算
(21) 注意 (22) 出馬
(23) 景致 (24) 首長
(25) 廣告 (26) 當然
(27) 兒童 (28) 頭角
(29) 完工 (30) 變名
(31) 相生 (32) 過去
(33) 終身 (34) 調査
(35) 競買

2. 다음 漢字의 訓과 音을 쓰세요. [(36)~(58)]

例: 字 → 글자 자

(36) 太 (37) 救
(38) 充 (39) 勇
(40) 庭 (41) 植
(42) 林 (43) 使
(44) 億 (45) 番
(46) 氷 (47) 令
(48) 具 (49) 號
(50) 度 (51) 吉
(52) 答 (53) 患
(54) 章 (55) 勞
(56) 店 (57) 界
(58) 聞

3. 다음 밑줄 친 漢字語를 漢字로 쓰세요. [(59)~(73)]

例: 한자 → 漢字

(59) 여기가 학교 후문입니다.
(60) 정직한 사람이 되어야 합니다.
(61) 나는 미술 전시회를 다녀왔습니다.
(62) 위로의 말에 안심되었습니다.
(63) 우리 집은 조상 대대로 이 동네에서 살아왔습니다.
(64) 방학을 하자 시골로 내려갔습니다.
(65) 그 정신을 젊은 세대에게 알려야 합니다.
(66) 배가 아프면 내과에 가야 합니다.
(67) 사막 기후는 고온 건조합니다.
(68) 식당에 사람이 많습니다.
(69) 강당으로 모두 집합했습니다.
(70) 예금을 하기 위해 은행에 갔습니다.
(71) 부족하지만 최선을 다했습니다.
(72) 지리 시간에 세계지도를 그렸습니다.
(73) 우리는 친근한 사이입니다.

4 다음 訓과 音에 맞는 漢字를 쓰세요.
[(74)~(78)]

例: 쇠 철 → 鐵

(74) 푸를 록   (75) 이길 승
(76) 옷 복   (77) 여름 하
(78) 쉴 휴

5 다음 漢字와 뜻이 相對 또는 反對되는 漢字를 쓰세요. [(79)~(81)]

(79) (　) ↔ 活   (80) 日 ↔ (　)
(81) 和 ↔ (　)

6 다음 (　)에 들어갈 漢字를 例에서 찾아 그 번호를 써서 漢字語를 만드세요.
[(82)~(85)]

例:
① 有口 ② 青山 ③ 同苦 ④ 仙山
⑤ 有名 ⑥ 一體 ⑦ 海水 ⑧ 長者

(82) (　)流水   (83) (　)同樂
(84) (　)無實   (85) 主客(　)

7 다음 漢字와 뜻이 같거나 비슷한 漢字를 골라 그 번호를 쓰세요. [(86)~(88)]

例:
① 止 ② 奉 ③ 冷
④ 大 ⑤ 害 ⑥ 案

(86) 寒   (87) 停   (88) 偉

8 다음 漢字와 음은 같은데 뜻이 다른 漢字를 例에서 찾아 그 번호를 쓰세요. [(89)~(91)]

例:
① 開 ② 旗 ③ 決
④ 性 ⑤ 失 ⑥ 洋

(89) 室   (90) 養   (91) 己

9 다음 뜻에 맞는 漢字語를 例에서 찾아 그 번호를 쓰세요. [(92)~(94)]

例:
① 願書 ② 再建 ③ 動感
④ 原書 ⑤ 再健 ⑥ 洞感
⑦ 院書 ⑧ 再件 ⑨ 同感

(92) 번역하거나 복사한 책의 바탕이 되는 책
(93) 움직이는 듯한 느낌
(94) 무너진 것을 다시 건설함

10 다음 漢字의 약자(획수를 줄인 漢字)를 쓰세요. [(95)~(97)]

例: 醫 → 医

(95) 萬   (96) 賣
(97) 氣

11 다음 한자의 ㉠획의 쓰는 순서를 아래에서 골라 번호를 쓰세요. (화살표는 ㉠획의 위치와 더불어 획을 쓰는 방향을 나타냅니다.)
[(98)~(100)]

(98) 部㉠   ① 여덟 번째 ② 아홉 번째
            ③ 열 번째   ④ 열한 번째

(99) 線㉠   ① 네 번째   ② 다섯 번째
            ③ 여섯 번째 ④ 일곱 번째

(100) 由㉠ ① 세 번째   ② 네 번째
            ③ 다섯 번째 ④ 여섯 번째

5급 한자능력검정시험 기출 예상문제

제2회

〈제한시간 50분〉

1 다음 漢字語의 讀音을 쓰세요. [(1)~35)]

> 例 讀音 → 독음

(1) 景致 (2) 奉仕
(3) 良質 (4) 規則
(5) 價格 (6) 完結
(7) 病院 (8) 感知
(9) 實費 (10) 歷史
(11) 熱望 (12) 賞品
(13) 觀客 (14) 傳說
(15) 德性 (16) 展示
(17) 可決 (18) 漁具
(19) 患者 (20) 要約
(21) 效果 (22) 參加
(23) 卓球 (24) 順序
(25) 開局 (26) 祝福
(27) 鐵橋 (28) 責任
(29) 練習 (30) 種類
(31) 最初 (32) 兒童
(33) 筆寫 (34) 養魚
(35) 明朗

2 다음 漢字의 訓과 音을 쓰세요. [(36)~(58)]

> 例 字 → 글자 자

(36) 堂 (37) 愛
(38) 晝 (39) 油
(40) 雲 (41) 葉
(42) 識 (43) 旅
(44) 的 (45) 偉
(46) 領 (47) 待
(48) 術 (49) 庭
(50) 速 (51) 操
(52) 炭 (53) 島
(54) 競 (55) 勇
(56) 廣 (57) 席
(58) 近

3 다음 밑줄 친 漢字語를 漢字로 쓰세요. [(59)~(73)]

> 例 한자 → 漢字

(59) 오늘이 내 생일입니다.
(60) 백두산은 우리나라 산입니다.
(61) 한자 교육을 합니다.
(62) 체육 시간은 즐겁습니다.
(63) 동해는 우리 나라 바다입니다.
(64) 나는 해양 소년 단원입니다.
(65) 군인들이 군가를 부릅니다.
(66) 오늘은 오전만 수업합니다.
(67) 당번 활동을 합니다.
(68) 우리는 단일 민족입니다.
(69) 계산 문제가 어렵습니다.
(70) 산천초목이 곱습니다.
(71) 세계는 넓습니다.
(72) 우리는 삼형제입니다.
(73) 효행은 인간의 근본입니다.

4 다음 訓과 音에 맞는 漢字를 쓰세요 [(74)~(78)]

例: 나라 국 → 國

(74) 맑을 청   (75) 친할 친   (76) 길 로
(77) 심을 식   (78) 믿을 신

5 다음 漢字와 뜻이 相對 또는 反對되는 漢字를 쓰세요. [(79)~(81)]

(79) 害 ↔ (   )   (80) 末 ↔ (   )
(81) 朝 ↔ (   )

6 다음 (   )에 들어갈 漢字를 例에서 찾아 그 번호를 써서 漢字語를 만드세요. [(82)~(85)]

例:
① 多幸 ② 風化 ③ 自中 ④ 速度
⑤ 賣買 ⑥ 敗家 ⑦ 九死 ⑧ 百戰

(82) (   )亡身   (83) (   )作用
(84) (   )商談   (85) 千萬(   )

7 다음 漢字와 뜻이 같거나 비슷한 漢字를 例에서 찾아 그 번호를 쓰세요. [(86)~(88)]

例:
① 恩 ② 着 ③ 來
④ 法 ⑤ 過 ⑥ 課

(86) 去   (87) 念   (88) 倒

8 다음 漢字와 음은 같은데 뜻이 다른 漢字를 例에서 두 개씩 찾아 그 번호를 쓰세요. [(89)~(91)]

例:
① 苦   ② 爭   ③ 財   ④ 基
⑤ 再   ⑥ 汽   ⑦ 件   ⑧ 停
⑨ 告   ⑩ 調   ⑪ 共   ⑫ 給

(89) 固   (90) 災   (91) 技

9 다음 뜻풀이에 맞는 漢字語를 例에서 찾아 그 번호를 쓰세요. [(92)~(94)]

例:
① 都書 ② 新選 ③ 成功
④ 圖書 ⑤ 新鮮 ⑥ 成工
⑦ 道書 ⑧ 新善 ⑨ 成公

(92) 뜻을 이룸.
(93) 새롭고 산뜻함.
(94) 책, 그림, 글씨 따위를 통틀어 말함.

10 다음 漢字의 略字(약자 : 획수를 줄인 漢字)를 쓰세요. [(95)~(97)]

例: 體 → 体

(95) 區   (96) 醫
(97) 數

11 다음 漢字의 ㉠획은 몇 번째 쓰는지 例에서 찾아 그 번호를 쓰세요. (화살표는 ㉠획의 위치와 더불어 획을 쓰는 방향을 나타냅니다.) [(98)~(100)]

例:
① 첫 번째   ② 두 번째   ③ 세 번째
④ 네 번째   ⑤ 다섯 번째 ⑥ 여섯 번째
⑦ 일곱 번째 ⑧ 여덟 번째 ⑨ 아홉 번째

(98) 平㉠
(99) 別㉠
(100) 每㉠

5급 한자능력검정시험 기출 예상문제 제3회

〈제한시간 50분〉

1 다음 漢字語의 讀音을 쓰세요. [(1)~(35)]

例: 讀音 → 독음

(1) 晝夜 (2) 許可
(3) 見習 (4) 亡命
(5) 材質 (6) 倍加
(7) 號令 (8) 種族
(9) 當然 (10) 海兵
(11) 物件 (12) 牛角
(13) 長打 (14) 再活
(15) 愛重 (16) 人類
(17) 風化 (18) 魚頭
(19) 親切 (20) 生産
(21) 獨立 (22) 大氣
(23) 家具 (24) 溫和
(25) 短調 (26) 便紙
(27) 原因 (28) 過熱
(29) 唱法 (30) 氷水
(31) 在宅 (32) 末席
(33) 道理 (34) 決心
(35) 賣店

2 다음 漢字의 訓과 音을 쓰세요. [(36)~(58)]

例: 字 → 글자 자

(36) 元 (37) 知
(38) 參 (39) 板
(40) 今 (41) 勞
(42) 筆 (43) 爭
(44) 患 (45) 面
(46) 輕 (47) 曜
(48) 客 (49) 放
(50) 料 (51) 美
(52) 河 (53) 船
(54) 湖 (55) 都
(56) 直 (57) 鼻
(58) 色

3 다음 밑줄 친 漢字語를 漢字로 쓰세요. [(59)~(73)]

例: 한자 → 漢字

(59) 아침과 저녁을 조석이라고 합니다.
(60) 산림을 보호해야 합니다.
(61) 남부 지방에 비가 옵니다.
(62) 식사를 거르면 건강에 나쁩니다.
(63) 운동을 하면 건강에 좋습니다.
(64) 형식보다 실질을 중시합니다.
(65) 화초가 화단에 가득합니다.
(66) 산에 오르다 중간에서 쉬었습니다.
(67) 일기를 쓰면 글을 잘 쓰게 됩니다.
(68) 오후에 수업이 없습니다.
(69) 오늘은 야외 수업이 있습니다.
(70) 지금 선수단이 입장합니다.
(71) 동양 과학자가 다수 참석했습니다.
(72) 창문을 닫아야 합니다.
(73) 할아버지께서 내년에 한국에 오십니다.

4 다음 訓과 音에 맞는 漢字를 쓰세요. [(74)~(78)]

例: 글자 자 → 字

(74) 꽃부리 영   (75) 집 당
(76) 누를 황   (77) 어제 작
(78) 필 발

5 다음 漢字와 뜻이 相對 또는 反對되는 漢字를 쓰세요. [(79)~(81)]

(79) (　) ↔ 樂   (80) 分 ↔ (　)
(81) (　) ↔ 終

6 다음 (　)에 들어갈 漢字를 예에서 찾아 그 번호를 써서 漢字語를 만드세요. [(82)~(85)]

例:
① 擧手 ② 效果 ③ 立身 ④ 成功
⑤ 不良 ⑥ 擧案 ⑦ 價格 ⑧ 不要

(82) 公定(　)   (83) (　)不急
(84) 展示(　)   (85) (　)敬禮

7 다음 漢字와 뜻이 같거나 비슷한 漢字를 예에서 찾아 그 번호를 쓰세요. [(86)~(88)]

例:
① 改 ② 念 ③ 服
④ 等 ⑤ 靑 ⑥ 樹

(86) 綠   (87) 衣   (88) 變

8 다음 漢字와 音은 같은데 뜻이 다른 漢字를 예에서 찾아 그 번호를 쓰세요. [(89)~(91)]

例:
① 考 ② 團 ③ 弱
④ 飮 ⑤ 充 ⑥ 寫
⑦ 線 ⑧ 速 ⑨ 葉

(89) 壇   (90) 約   (91) 鮮

9 다음 뜻에 맞는 漢字語를 예에서 찾아 그 번호를 쓰세요. [(92)~(94)]

例:
① 待用 ② 善果 ③ 前文
④ 代用 ⑤ 選果 ⑥ 全文
⑦ 大用 ⑧ 選科 ⑨ 電文

(92) 대신하여 다른 것을 씀
(93) 글의 전체
(94) 과목을 선택함

10 다음 漢字의 약자(획수를 줄인 漢字)를 쓰세요. [(95)~(97)]

例: 號 → 号

(95) 藥   (96) 畫
(97) 圖

11 다음 漢字의 ㉠획은 몇 번째 쓰는지 예에서 찾아 그 번호를 쓰세요. (화살표는 ㉠획의 위치와 더불어 획을 쓰는 방향을 나타냅니다.) [(98)~(100)]

例:
① 첫 번째   ② 두 번째   ③ 세 번째
④ 네 번째   ⑤ 다섯 번째 ⑥ 여섯 번째
⑦ 일곱 번째 ⑧ 여덟 번째 ⑨ 아홉 번째

(98) 球

(99) 身

(100) 特

5급 한자능력검정시험 기출 예상문제

〈제한시간 50분〉

1 다음 漢字語의 讀音을 쓰세요. [(1)~(35)]

> 例: 讀音 → 독음

(1) 改良 (2) 情念
(3) 許可 (4) 品位
(5) 奉唱 (6) 熱願
(7) 筆致 (8) 性質
(9) 案件 (10) 過歲
(11) 種類 (12) 德望
(13) 祝客 (14) 識見
(15) 到着 (16) 最惡
(17) 結實 (18) 耳目
(19) 士兵 (20) 財産
(21) 鐵馬 (22) 廣板
(23) 序曲 (24) 告示
(25) 獨身 (26) 調査
(27) 景觀 (28) 要約
(29) 發給 (30) 開院
(31) 變化 (32) 原罪
(33) 初期 (34) 冷寒
(35) 放任

2 다음 漢字의 訓과 音을 쓰세요. [(36)~(58)]

> 例: 字 → 글자 자

(36) 固 (37) 效
(38) 打 (39) 都
(40) 量 (41) 朗
(42) 價 (43) 善
(44) 健 (45) 貯
(46) 湖 (47) 葉
(48) 淸 (49) 具
(50) 倍 (51) 的
(52) 勞 (53) 災
(54) 養 (55) 曜
(56) 領 (57) 勇
(58) 談

3 다음 밑줄 친 漢字語를 漢字로 쓰세요. [(59)~(73)]

> 例: 한자 → 漢字

(59) 오전에는 공부를 합니다.
(60) 어두운데서 광명을 찾습니다.
(61) 국민은 나라의 주인입니다.
(62) 넓은 도로를 달립니다.
(63) 대문 앞을 씁니다.
(64) 자동차는 빠릅니다.
(65) 놀 장소를 찾아 봅시다.
(66) 생명은 소중합니다.
(67) 먹는 물을 식수라고 합니다.
(68) 천년은 긴 세월입니다.
(69) 동화 책을 읽습니다.
(70) 폐품을 잘 이용합시다.
(71) 출입문을 엽니다.
(72) 소화기로 불을 끕니다.
(73) 쌀은 농촌에서 납니다.

4 다음 訓과 音에 맞는 漢字를 쓰세요. [(74)~(78)]

> 例
> 글자 자 → 字

(74) 믿을 신   (75) 쓸 고
(76) 다스릴 리   (77) 큰 바다 양
(78) 길 영

5 다음 한자와 뜻이 相對 또는 反對되는 漢字를 쓰세요. [(79)~(81)]

(79) (　) ↔ 舊   (80) 遠 ↔ (　)
(81) (　) ↔ 無

6 다음 (　)에 들어갈 漢字를 例에서 찾아 그 번호를 써서 漢字語를 만드세요. [(82)~(85)]

> 例
> ① 孝親　② 男女　③ 春秋　④ 愛族
> ⑤ 現代　⑥ 公正　⑦ 交通　⑧ 勝戰

(82) (　)平等   (83) 敬老(　)
(84) (　)去來   (85) (　)規則

7 다음 漢字와 뜻이 같거나 비슷한 漢字를 例에서 찾아 그 번호를 쓰세요. [(86)~(88)]

> 例
> ① 關　② 爭　③ 輕
> ④ 術　⑤ 雄　⑥ 止

(86) 技   (87) 停   (88) 競

8 다음 漢字와 음은 같은데 뜻이 다른 漢字를 골라 그 번호를 쓰세요. [(89)~(91)]

> 例
> ① 畫　② 練　③ 思　④ 典
> ⑤ 敗　⑥ 展　⑦ 臣　⑧ 患
> ⑨ 說　⑩ 店　⑪ 州　⑫ 使

(89) 寫   (90) 週   (91) 傳

9 다음 뜻에 맞는 漢字語를 例에서 찾아 그 번호를 쓰세요. [(92)~(94)]

> 例
> ① 天材　② 操賞　③ 先數
> ④ 天才　⑤ 朝商　⑥ 選手
> ⑦ 天在　⑧ 祖上　⑨ 選首

(92) 집안 대대의 어른
(93) 뛰어난 재주를 가진 사람
(94) 운동 등에서 대표로 뽑힌 사람

10 다음 漢字의 약자(획수를 줄인 漢字)를 쓰세요. [(95)~(97)]

> 例
> 體 → 体

(95) 圖   (96) 氣   (97) 會

11 다음 漢字의 ㉠획은 몇 번째 쓰는지 例에서 찾아 그 번호를 쓰세요. (화살표는 ㉠획의 위치와 더불어 획을 쓰는 방향을 나타냅니다.) [(98)~(100)]

> 例
> ① 첫 번째　② 두 번째　③ 세 번째
> ④ 네 번째　⑤ 다섯 번째　⑥ 여섯 번째
> ⑦ 일곱 번째　⑧ 여덟 번째　⑨ 아홉 번째

(98) 米㉠

(99) 死㉠

(100) 世㉠

※ 5급 과정을 모두 마친 후, 가위로 잘라 기출 예상문제의 답안지로 사용합니다.

수험번호 ☐☐☐-☐☐-☐☐☐☐ 성명 ☐☐☐☐☐

주민등록번호 ☐☐☐☐☐☐-☐☐☐☐☐☐☐

※ 유성 싸인펜, 붉은색 필기구 사용 불가.

※ 답안지는 컴퓨터로 처리되므로 구기거나 더럽히지 마시고 정답 칸 안에만 쓰십시오.
  글씨가 채점란으로 들어오면 오답처리가 됩니다.

제1회 한자능력검정시험 5급 답안지(1)

답안란		채점란		답안란		채점란		답안란		채점란	
번호	정답	1검	2검	번호	정답	1검	2검	번호	정답	1검	2검
1				17				33			
2				18				34			
3				19				35			
4				20				36			
5				21				37			
6				22				38			
7				23				39			
8				24				40			
9				25				41			
10				26				42			
11				27				43			
12				28				44			
13				29				45			
14				30				46			
15				31				47			
16				32				48			

감독위원	채점위원(1)		채점위원(2)		채점위원(3)	
(서명)	(득점)	(서명)	(득점)	(서명)	(득점)	(서명)

※ 뒷면으로 이어짐

※ 본 답안지는 컴퓨터로 처리되므로 구겨지거나 더럽혀지지 않도록 조심하시고 글씨를 칸 안에 또박또박 쓰십시오.

제1회 한자능력검정시험 5급 답안지(2)

답안란		채점란		답안란		채점란		답안란		채점란	
번호	정답	1검	2검	번호	정답	1검	2검	번호	정답	1검	2검
49				67				85			
50				68				86			
51				69				87			
52				70				88			
53				71				89			
54				72				90			
55				73				91			
56				74				92			
57				75				93			
58				76				94			
59				77				95			
60				78				96			
61				79				97			
62				80				98			
63				81				99			
64				82				100			
65				83							
66				84							

제1회 한자능력검정시험 5급 답안지(2)

※ 5급 과정을 모두 마친 후, 가위로 잘라 기출 예상문제의 답안지로 사용합니다.

| 수험번호 | □□□-□□-□□□□ | | | | | 성명 | □□□□□ |

| 주민등록번호 | □□□□□□-□□□□□□□ | | | | | | ※ 유성 싸인펜, 붉은색 필기구 사용 불가. |

※ 답안지는 컴퓨터로 처리되므로 구기거나 더럽히지 마시고 정답 칸 안에만 쓰십시오.
　글씨가 채점란으로 들어오면 오답처리가 됩니다.

제2회 한자능력검정시험 5급 답안지(1)

답안란		채점란		답안란		채점란		답안란		채점란	
번호	정답	1검	2검	번호	정답	1검	2검	번호	정답	1검	2검
1				17				33			
2				18				34			
3				19				35			
4				20				36			
5				21				37			
6				22				38			
7				23				39			
8				24				40			
9				25				41			
10				26				42			
11				27				43			
12				28				44			
13				29				45			
14				30				46			
15				31				47			
16				32				48			

감독위원	채점위원(1)		채점위원(2)		채점위원(3)	
(서명)	(득점)	(서명)	(득점)	(서명)	(득점)	(서명)

※ 뒷면으로 이어짐

제2회 한자능력검정시험 5급 답안지(2)

번호	정답	1검	2검	번호	정답	1검	2검	번호	정답	1검	2검
49				67				85			
50				68				86			
51				69				87			
52				70				88			
53				71				89			
54				72				90			
55				73				91			
56				74				92			
57				75				93			
58				76				94			
59				77				95			
60				78				96			
61				79				97			
62				80				98			
63				81				99			
64				82				100			
65				83							
66				84							

※ 본 답안지는 컴퓨터로 처리되므로 구겨지거나 더럽혀지지 않도록 조심하시고 글씨를 칸 안에 또박또박 쓰십시오.

※ 5급 과정을 모두 마친 후, 가위로 잘라 기출 예상문제의 답안지로 사용합니다.

수험번호 □□□-□□-□□□□   성명 □□□□

주민등록번호 □□□□□□-□□□□□□□

※ 유성 싸인펜, 붉은색 필기구 사용 불가.

※ 답안지는 컴퓨터로 처리되므로 구기거나 더럽히지 마시고 정답 칸 안에만 쓰십시오.
　글씨가 채점란으로 들어오면 오답처리가 됩니다.

제3회 한자능력검정시험 5급 답안지(1)

번호	답안란 정답	채점란 1검	채점란 2검	번호	답안란 정답	채점란 1검	채점란 2검	번호	답안란 정답	채점란 1검	채점란 2검
1				17				33			
2				18				34			
3				19				35			
4				20				36			
5				21				37			
6				22				38			
7				23				39			
8				24				40			
9				25				41			
10				26				42			
11				27				43			
12				28				44			
13				29				45			
14				30				46			
15				31				47			
16				32				48			

감독위원	채점위원(1)		채점위원(2)		채점위원(3)	
(서명)	(득점)	(서명)	(득점)	(서명)	(득점)	(서명)

※ 뒷면으로 이어짐

※ 본 답안지는 컴퓨터로 처리되므로 구겨지거나 더럽혀지지 않도록 조심하시고 글씨를 칸 안에 또박또박 쓰십시오.

제3회 한자능력검정시험 5급 답안지(2)

번호	정답	1검	2검	번호	정답	1검	2검	번호	정답	1검	2검
49				67				85			
50				68				86			
51				69				87			
52				70				88			
53				71				89			
54				72				90			
55				73				91			
56				74				92			
57				75				93			
58				76				94			
59				77				95			
60				78				96			
61				79				97			
62				80				98			
63				81				99			
64				82				100			
65				83							
66				84							

※ 5급 과정을 모두 마친 후, 가위로 잘라 기출 예상문제의 답안지로 사용합니다.

수험번호 ☐☐☐-☐☐-☐☐☐☐   성명 ☐☐☐☐☐

주민등록번호 ☐☐☐☐☐☐-☐☐☐☐☐☐☐

※ 유성 싸인펜, 붉은색 필기구 사용 불가.

※ 답안지는 컴퓨터로 처리되므로 구기거나 더럽히지 마시고 정답 칸 안에만 쓰십시오.
  글씨가 채점란으로 들어오면 오답처리가 됩니다.

제4회 한자능력검정시험 5급 답안지(1)

번호	답안란 정답	채점란 1검	채점란 2검	번호	답안란 정답	채점란 1검	채점란 2검	번호	답안란 정답	채점란 1검	채점란 2검
1				17				33			
2				18				34			
3				19				35			
4				20				36			
5				21				37			
6				22				38			
7				23				39			
8				24				40			
9				25				41			
10				26				42			
11				27				43			
12				28				44			
13				29				45			
14				30				46			
15				31				47			
16				32				48			

감독위원	채점위원(1)		채점위원(2)		채점위원(3)	
(서명)	(득점)	(서명)	(득점)	(서명)	(득점)	(서명)

※ 뒷면으로 이어짐

※ 본 답안지는 컴퓨터로 처리되므로 구겨지거나 더럽혀지지 않도록 조심하시고 글씨를 칸 안에 또박또박 쓰십시오.

제4회 한자능력검정시험 5급 답안지(2)

번호	정답	1검	2검	번호	정답	1검	2검	번호	정답	1검	2검
49				67				85			
50				68				86			
51				69				87			
52				70				88			
53				71				89			
54				72				90			
55				73				91			
56				74				92			
57				75				93			
58				76				94			
59				77				95			
60				78				96			
61				79				97			
62				80				98			
63				81				99			
64				82				100			
65				83							
66				84							

5급 적중 예상문제 제1회

〈제한시간 50분〉

1 다음 漢字語의 讀音을 쓰세요. [(1)~(35)]

> 例: 讀音 → 독음

(1) 必要 (2) 客室
(3) 凶計 (4) 直線
(5) 參席 (6) 流行
(7) 敬老 (8) 出生
(9) 太風 (10) 道德
(11) 兄弟 (12) 最初
(13) 祖上 (14) 待望
(15) 平和 (16) 英雄
(17) 河川 (18) 相面
(19) 勇者 (20) 洗手
(21) 實習 (22) 幸福
(23) 健全 (24) 飮食
(25) 高價 (26) 週末
(27) 別種 (28) 氷山
(29) 木材 (30) 說敎
(31) 水路 (32) 外科
(33) 入養 (34) 品質
(35) 歌曲

2 다음 漢字의 訓과 音을 쓰세요. [(36)~(58)]

> 例: 字 → 글자 자

(36) 産 (37) 赤
(38) 任 (39) 唱
(40) 特 (41) 州
(42) 兒 (43) 基
(44) 雨 (45) 院
(46) 具 (47) 談
(48) 活 (49) 約
(50) 重 (51) 敗
(52) 運 (53) 知
(54) 爭 (55) 結
(56) 獨 (57) 界
(58) 宿

3 다음 밑줄 친 漢字語를 漢字로 쓰세요. [(59)~(73)]

> 例: 한자 → 漢字

(59) 어머니의 정성이 감동스러웠다.
(60) 우리 모두 행복한 가정을 만들자.
(61) 우주에서 본 지구는 무척 아름답다.
(62) 체력은 국력이다.
(63) 소수 의견을 존중해야 한다.
(64) 나는 우리 집안의 장자이다.
(65) 새로 전학 한 학교가 마음에 든다.
(66) 아침부터 전화가 시끄럽게 울렸다.
(67) 이제 공부 할 시간이다.
(68) 노력은 성공의 어머니
(69) 친구 어머니는 세계적으로 유명한 가수이다.
(70) 주소가 변경되었다.
(71) 우리 민족은 흰 색을 좋아한다.
(72) 무엇보다 안전에 주의하세요.
(73) 정확히 표현된 부분을 찾아라.

4 다음 訓과 音에 맞는 漢字를 쓰세요 [(74)~(78)]

> 例   일 사 → 事

(74) 밤 야 (75) 누를 황
(76) 모일 집 (77) 옷 복
(78) 그림 도

5 다음 漢字와 뜻이 상대 또는 반대되는 漢字를 쓰세요. [(79)~(81)]

(79) (　) ↔ 先 (80) (　) ↔ 終
(81) (　) ↔ 冬

6 다음 (　)에 들어갈 漢字를 例에서 찾아 그 번호를 써서 漢字語를 만드세요. [(82)~(85)]

> 例
> ① 典 ② 電 ③ 手 ④ 計
> ⑤ 苦 ⑥ 數 ⑦ 年 ⑧ 九

(82) 自(　)成家 (83) 百年大(　)
(84) 家(　)用品 (85) (　)死一生

7 다음 漢字와 뜻이 같거나 비슷한 漢字를 골라 그 번호를 쓰세요. [(86)~(88)]

> 例
> ① 成 ② 頭 ③ 速
> ④ 始 ⑤ 場 ⑥ 致

(86) 初 (87) 急 (88) 首

8 다음 漢字와 음은 같은데 뜻이 다른 漢字를 例에서 찾아 그 번호를 쓰세요. [(89)~(91)]

> 例
> ① 以 ② 示 ③ 校 ④ 各
> ⑤ 園 ⑥ 完 ⑦ 固 ⑧ 要
> ⑨ 停 ⑩ 江 ⑪ 共 ⑫ 同

(89) 願 (90) 情 (91) 橋

9 다음 뜻에 맞는 漢字語를 例에서 찾아 그 번호를 쓰세요. [(92)~(94)]

> 例
> ① 利用 ② 見學 ③ 古今
> ④ 利害 ⑤ 見聞 ⑥ 昨今

(92) 이로움과 해로움
(93) 어제와 오늘
(94) 실제로 보고 학식을 넓힘

10 다음 漢字의 약자(획수를 줄인 漢字)를 쓰세요. [(95)~(97)]

> 例   學 → 学

(95) 區 (96) 發
(97) 禮

11 다음 漢字의 ㉠획은 몇 번째 쓰는지 例에서 찾아 그 번호를 쓰세요. (화살표는 ㉠획의 위치와 더불어 획을 쓰는 방향을 나타냅니다.) [(98)~(100)]

> 例
> ① 첫 번째 ② 두 번째 ③ 세 번째
> ④ 네 번째 ⑤ 다섯 번째 ⑥ 여섯 번째
> ⑦ 일곱 번째 ⑧ 여덟 번째 ⑨ 아홉 번째

(98) 村
(99) 祖
(100) 不

5급 한자능력검정시험 적중 예상문제 제2회

〈제한시간 50분〉

1 다음 漢字語의 讀音을 쓰세요. [(1)~(35)]

> 例   讀音 → 독음

(1) 觀客　　(2) 結果
(3) 德談　　(4) 敎室
(5) 卒兵　　(6) 家庭
(7) 原因　　(8) 卓球
(9) 展示　　(10) 天性
(11) 商店　　(12) 雪景
(13) 當局　　(14) 奉仕
(15) 考案　　(16) 救急
(17) 參見　　(18) 數量
(19) 過去　　(20) 船首
(21) 倍加　　(22) 要約
(23) 雨期　　(24) 養魚
(25) 牛馬　　(26) 無能
(27) 法典　　(28) 原價
(29) 責任　　(30) 患者
(31) 品切　　(32) 宿願
(33) 種類　　(34) 順序
(35) 可能

2 다음 漢字의 訓과 音을 쓰세요. [(36)~(58)]

> 例   字 → 글자 자

(36) 首　　(37) 建
(38) 店　　(39) 客
(40) 可　　(41) 識
(42) 陸　　(43) 雲
(44) 爭　　(45) 任
(46) 福　　(47) 吉
(48) 能　　(49) 良
(50) 性　　(51) 寒
(52) 財　　(53) 他
(54) 知　　(55) 當
(56) 思　　(57) 貯
(58) 效

3 다음 밑줄 친 漢字語를 漢字로 쓰세요. [(59)~(73)]

> 例   한자 → 漢字

(59) 할아버지는 농사를 지으신다.
(60) 등산은 참 좋은 취미이다.
(61) 우리 동네에는 큰 시장이 없다.
(62) 친구에게 편지를 썼다.
(63) 비가 온 후 기온이 뚝 떨어졌다.
(64) 하루 종일 창문을 열어두었다.
(65) 정직한 사람이 되어야 한다.
(66) 내 취미는 음악을 듣는 것이다.
(67) 자연 보호에 앞장 서야 한다.
(68) 내가 가장 좋아하는 스포츠는 야구이다.
(69) 그를 이기려면 좋은 작전을 세워야 한다.
(70) 느낀 대로 정확히 표현하면 된다.
(71) 지금이라도 반성하면 용서될 것이다.
(72) 두 나라가 평화를 이어 갔으면 좋겠다.
(73) 휴일에는 조용히 쉬고 싶다.

4 다음 訓과 음에 맞는 漢字를 쓰세요. [(74)~(78)]

> 例
> 일 사 → 事

(74) 특별할 특 (75) 베낄 사
(76) 쉴 휴   (77) 아이 동
(78) 기다릴 대

5 다음 漢字와 뜻이 相對 또는 反對되는 漢字를 쓰세요. [(79)~(81)]

(79) (　) ↔ 曲　(80) (　) ↔ 害
(81) (　) ↔ 弱

6 다음 (　)에 들어갈 漢字를 例에서 찾아 그 번호를 써서 漢字語를 만드세요. [(82)~(85)]

> 例
> ① 識　② 海　③ 育　④ 年
> ⑤ 吉　⑥ 日　⑦ 發　⑧ 川

(82) 立春大(　)　(83) 人山人(　)
(84) 百(　)河淸　(85) 同時多(　)

7 다음 漢字와 뜻이 같거나 비슷한 漢字를 골라 그 번호를 쓰세요. [(86)~(88)]

> 例
> ① 神　② 思　③ 家
> ④ 席　⑤ 體　⑥ 示

(86) 宅　(87) 身　(88) 念

8 다음 漢字와 음은 같은데 뜻이 다른 漢字를 例에서 찾아 그 번호를 쓰세요. [(89)~(91)]

> 例
> ① 科　② 世　③ 校　④ 板
> ⑤ 孝　⑥ 救　⑦ 能　⑧ 汽

(89) 洗　(90) 效　(91) 期

9 다음 뜻풀이에 맞는 漢字語를 例에서 찾아 그 번호를 쓰세요. [(92)~(94)]

> 例
> ① 學級　② 景致　③ 球根
> ④ 求命　⑤ 輕重　⑥ 學習

(92) 배워서 익힘
(93) 목숨을 구해 줌
(94) 가볍고 무거움

10 다음 漢字의 약자(획수를 줄인 漢字)를 쓰세요. [(95)~(97)]

> 例
> 學 → 学

(95) 傳　(96) 醫
(97) 會

11 다음 한자의 ㉠획의 쓰는 순서를 아래에서 골라 번호를 쓰세요. (화살표는 ㉠획의 위치와 더불어 획을 쓰는 방향을 나타냅니다.) [(98)~(100)]

> 例
> ① 첫 번째　② 두 번째　③ 세 번째
> ④ 네 번째　⑤ 다섯 번째　⑥ 여섯 번째
> ⑦ 일곱 번째　⑧ 여덟 번째　⑨ 아홉 번째

(98) 休

(99) 面

(100) 里

5급 한자능력검정시험 적중 예상문제 제3회

〈제한시간 50분〉

1 다음 漢字語의 讀音을 쓰세요. [(1)~(35)]

> 例: 讀音 → 독음

(1) 質量　　(2) 到着
(3) 落葉　　(4) 圖案
(5) 參加　　(6) 觀客
(7) 改作　　(8) 品貴
(9) 特種　　(10) 溫情
(11) 學習　　(12) 待期
(13) 德望　　(14) 明朗
(15) 平和　　(16) 養育
(17) 黃河　　(18) 過勞
(19) 直路　　(20) 家具
(21) 流行　　(22) 卒業
(23) 祝歌　　(24) 競買
(25) 鐵板　　(26) 舊屋
(27) 雨量　　(28) 到着
(29) 品質　　(30) 最初
(31) 商船　　(32) 許可
(33) 告示　　(34) 責任
(35) 相當

2 다음 漢字의 訓과 音을 쓰세요. [(36)~(58)]

> 例: 字 → 글자 자

(36) 用　　(37) 班
(38) 鐵　　(39) 集
(40) 葉　　(41) 省
(42) 熱　　(43) 給
(44) 宿　　(45) 效
(46) 査　　(47) 堂
(48) 福　　(49) 序
(50) 洗　　(51) 湖
(52) 朗　　(53) 操
(54) 輕　　(55) 根
(56) 勇　　(57) 淸
(58) 族

3 다음 밑줄 친 漢字語를 漢字로 쓰세요. [(59)~(73)]

> 例: 한자 → 漢字

(59) 오전에 집중이 잘 됩니다.
(60) 내일 등산 모임이 있습니다.
(61) 다수 의견을 존중해야 합니다.
(62) 아주 위험한 장면이 생각납니다.
(63) 지금부터는 안전한 곳입니다.
(64) 오늘 수업은 다섯 시간입니다.
(65) 형제 간의 우애가 좋습니다.
(66) 표현의 자유는 어느 정도 필요합니다.
(67) 서풍이 붑니다.
(68) 남녀 노소가 다 모였습니다.
(69) 즐거운 체육 시간입니다.
(70) 학교 생활이 즐겁습니다.
(71) 세상은 넓습니다.
(72) 민호는 언행이 단정합니다.
(73) 자유스러운 분위기가 좋습니다.

4. 다음 訓과 음에 맞는 漢字를 쓰세요. [(74)~(78)]

> 例: 차례 제 → 第

(74) 다행 행   (75) 사귈 교
(76) 높을 고   (77) 통할 통
(78) 빠를 속

5. 다음 漢字와 뜻이 相對또는 反對되는 漢字를 쓰세요. [(79)~(81)]

(79) 今 ↔ (   )   (80) 輕 ↔ (   )
(81) 祖 ↔ (   )

6. 다음 ( )에 들어갈 漢字를 例에서 찾아 그 번호를 써서 漢字語를 만드세요. [(82)~(85)]

> 例:
> ① 千 ② 共 ③ 部 ④ 再
> ⑤ 傳 ⑥ 苦 ⑦ 發 ⑧ 大

(82) 百年(　)計   (83) 國土開(　)
(84) 同(　)同樂   (85) 以心(　)心

7. 다음 漢字와 뜻이 같거나 비슷한 漢字를 例에서 찾아 그 번호를 쓰세요. [(86)~(88)]

> 例:
> ① 注 ② 冷 ③ 木
> ④ 思 ⑤ 植 ⑥ 式

(86) 樹   (87) 法   (88) 寒

8. 다음 글에서 밑줄 친 뜻에 맞는 漢字語를 찾아 그 번호를 쓰세요. [(89)~(91)]

(89) 잘못을 하여 반성문을 썼습니다.
 ① 班性 ② 反省 ③ 半成 ④ 反姓
(90) 더 이상의 도움은 바람직하지 않습니다.
 ① 二上 ② 以相 ③ 以上 ④ 二相
(91) 첨단 기술을 적극 개발해야 합니다.
 ① 記術 ② 基術 ③ 氣術 ④ 技術

9. 다음 뜻풀이에 맞는 漢字語를 例에서 찾아 그 번호를 쓰세요. [(92)~(94)]

> 例:
> ① 平等 ② 朝例 ③ 淸雲
> ④ 平常 ⑤ 朝事 ⑥ 靑雲
> ⑦ 平和 ⑧ 朝禮 ⑨ 草雲

(92) 푸른 구름   (93) 평온하고 화목함
(94) 아침 인사

10. 다음 漢字의 약자(획수를 줄인 漢字)를 쓰세요. [(95)~(97)]

> 例: 醫 → 医

(95) 寫   (96) 戰
(97) 萬

11. 다음 한자의 ㉠획의 쓰는 순서를 아래에서 골라 번호를 쓰세요. (화살표는 ㉠획의 위치와 더불어 획을 쓰는 방향을 나타냅니다.) [(98)~(100)]

(98) 方 ① 세 번째   ② 네 번째
        ③ 다섯 번째 ④ 여섯 번째

(99) 果 ① 다섯 번째 ② 여섯 번째
        ③ 일곱 번째 ④ 여덟 번째

(100) 門 ① 다섯 번째 ② 여섯 번째
        ③ 일곱 번째 ④ 여덟 번째

5급 적중 예상문제 제4회

〈제한시간 50분〉

1. 다음 漢字語의 讀音을 쓰세요. [(1)~(35)]

例: 讀音 → 독음

(1) 量産
(2) 首領
(3) 考案
(4) 結束
(5) 患者
(6) 德談
(7) 必敗
(8) 無望
(9) 獨島
(10) 冷待
(11) 發賣
(12) 特賞
(13) 消費
(14) 合唱
(15) 信念
(16) 要件
(17) 法典
(18) 節約
(19) 害惡
(20) 調理
(21) 急變
(22) 結束
(23) 加筆
(24) 吉凶
(25) 材料
(26) 領海
(27) 當局
(28) 出所
(29) 藥室
(30) 凶計
(31) 花壇
(32) 洗手
(33) 別名
(34) 改良
(35) 陸橋

2. 다음 漢字의 訓과 音을 쓰세요. [(36)~(58)]

例: 字 → 글자 자

(36) 花
(37) 格
(38) 打
(39) 技
(40) 貯
(41) 熱
(42) 固
(43) 曜
(44) 敬
(45) 展
(46) 規
(47) 客
(48) 任
(49) 仙
(50) 湖
(51) 馬
(52) 友
(53) 財
(54) 幸
(55) 消
(56) 動
(57) 勝
(58) 汽

3. 다음 밑줄 친 漢字語를 漢字로 쓰세요. [(59)~(73)]

例: 한자 → 漢字

(59) 선생님께서 교문에 서 계십니다.
(60) 우리집은 남향 집입니다.
(61) 아침에 출석을 부릅니다.
(62) 사무실 주소는 어디 입니까?
(63) 정수기에서 온수가 나옵니다.
(64) 석유는 귀중한 땔감입니다.
(65) 우리 나라 산천은 아름답습니다.
(66) 비행기는 속도가 빠릅니다.
(67) 형은 어릴 때 신동으로 불렸습니다.
(68) 합숙소 생활이 즐겁습니다.
(69) 붉은 태양이 솟아오릅니다.
(70) 건너오라고 신호를 보냈습니다.
(71) 집으로 전화해 주세요.
(72) 유리한 조건입니다.
(73) 선생님은 노모를 모시고 삽니다.

4. 다음 訓과 음에 맞는 漢字를 쓰세요. [(74)~(78)]

> 例   쇠 철 → 鐵

(74) 겨울 동 (75) 느낄 감
(76) 친할 친 (77) 들 야
(78) 아침 조

5. 다음 漢字와 뜻이 相對 또는 反對되는 漢字를 쓰세요. [(79)~(81)]

(79) (　) ↔ 勞   (80) (　) ↔ 足
(81) (　) ↔ 遠

6. 다음 (　)에 들어갈 漢字를 例에서 찾아 그 번호를 써서 漢字語를 만드세요. [(82)~(85)]

> 例
> ① 産業 ② 孝道 ③ 平等 ④ 路線
> ⑤ 大計 ⑥ 始終 ⑦ 身土 ⑧ 馬耳

(82) (　)光觀   (83) (　)不二
(84) 百年(　)   (85) (　)團地

7. 다음 漢字와 뜻이 같거나 비슷한 漢字를 골라 그 번호를 쓰세요. [(86)~(88)]

> 例
> ① 正 ② 過 ③ 止
> ④ 意 ⑤ 動 ⑥ 庭

(86) 停   (87) 去   (88) 情

8. 다음 글에서 밑줄 친 뜻에 맞는 漢字語를 찾아 그 번호를 쓰세요. [(89)~(91)]

(89) 잘못된 법도는 개선되어야 합니다.
　① 改善 ② 改選 ③ 開鮮 ④ 開先

(90) 도를 많이 닦은 사람을 도사라고 합니다.
　① 道士 ② 都使 ③ 都事 ④ 道使

(91) 철수는 수학 영재로 뽑혔습니다.
　① 永材 ② 英財 ③ 永才 ④ 英才

9. 다음 뜻풀이에 맞는 漢字語를 例에서 찾아 그 번호를 쓰세요. [(92)~(94)]

> 例
> ① 公事 ② 空汽 ③ 思室
> ④ 工事 ⑤ 空氣 ⑥ 史實
> ⑦ 共仕 ⑧ 功期 ⑨ 事實

(92) 실제로 있는 일.
(93) 지구를 둘러 싸고 있는 기체
(94) 건축을 하거나 도로를 만드는 일.

10. 다음 漢字의 약자(획수를 줄인 漢字)를 쓰세요. [(95)~(97)]

> 例   醫 → 医

(95) 對   (96) 體   (97) 號

11. 다음 한자의 ㉠획의 쓰는 순서를 아래에서 골라 번호를 쓰세요. (화살표는 ㉠획의 위치와 더불어 획을 쓰는 방향을 나타냅니다.) [(98)~(100)]

> 例
> ① 첫 번째 ② 두 번째 ③ 세 번째
> ④ 네 번째 ⑤ 다섯 번째 ⑥ 여섯 번째

(98) 姓
(99) 命
(100) 校

※ 5급 과정을 모두 마친 후, 가위로 잘라 적중 예상문제의 답안지로 사용합니다.

| 수험번호 | □□□-□□-□□□□ | | 성명 | □□□□□ |

주민등록번호 □□□□□□-□□□□□□□

※ 유성 싸인펜, 붉은색 필기구 사용 불가.

※ 답안지는 컴퓨터로 처리되므로 구기거나 더럽히지 마시고 정답 칸 안에만 쓰십시오.
글씨가 채점란으로 들어오면 오답처리가 됩니다.

제4회 한자능력검정시험 5급 답안지(1)

답안란		채점란		답안란		채점란		답안란		채점란	
번호	정답	1검	2검	번호	정답	1검	2검	번호	정답	1검	2검
1				17				33			
2				18				34			
3				19				35			
4				20				36			
5				21				37			
6				22				38			
7				23				39			
8				24				40			
9				25				41			
10				26				42			
11				27				43			
12				28				44			
13				29				45			
14				30				46			
15				31				47			
16				32				48			

감독위원	채점위원(1)		채점위원(2)		채점위원(3)	
(서명)	(득점)	(서명)	(득점)	(서명)	(득점)	(서명)

※ 뒷면으로 이어짐

※ 본 답안지는 컴퓨터로 처리되므로 구겨지거나 더렵혀지지 않도록 조심하시고 글씨를 칸 안에 또박또박 쓰십시오.

제1회 한자능력검정시험 5급 답안지(2)

번호	정답	1검	2검	번호	정답	1검	2검	번호	정답	1검	2검
49				67				85			
50				68				86			
51				69				87			
52				70				88			
53				71				89			
54				72				90			
55				73				91			
56				74				92			
57				75				93			
58				76				94			
59				77				95			
60				78				96			
61				79				97			
62				80				98			
63				81				99			
64				82				100			
65				83							
66				84							

※ 5급 과정을 모두 마친 후, 가위로 잘라 적중 예상문제의 답안지로 사용합니다.

수험번호 ☐☐☐-☐☐-☐☐☐☐   성명 ☐☐☐☐☐

주민등록번호 ☐☐☐☐☐☐-☐☐☐☐☐☐☐   ※ 유성 싸인펜, 붉은색 필기구 사용 불가.

※ 답안지는 컴퓨터로 처리되므로 구기거나 더럽히지 마시고 정답 칸 안에만 쓰십시오.
  글씨가 채점란으로 들어오면 오답처리가 됩니다.

제2회 한자능력검정시험 5급 답안지(1)

번호	정답	1검	2검	번호	정답	1검	2검	번호	정답	1검	2검
1				17				33			
2				18				34			
3				19				35			
4				20				36			
5				21				37			
6				22				38			
7				23				39			
8				24				40			
9				25				41			
10				26				42			
11				27				43			
12				28				44			
13				29				45			
14				30				46			
15				31				47			
16				32				48			

감독위원	채점위원(1)		채점위원(2)		채점위원(3)	
(서명)	(득점)	(서명)	(득점)	(서명)	(득점)	(서명)

※ 뒷면으로 이어짐

※ 본 답안지는 컴퓨터로 처리되므로 구겨지거나 더럽혀지지 않도록 조심하시고 글씨를 칸 안에 또박또박 쓰십시오.

제2회 한자능력검정시험 5급 답안지(2)

번호	정답	1검	2검	번호	정답	1검	2검	번호	정답	1검	2검
49				67				85			
50				68				86			
51				69				87			
52				70				88			
53				71				89			
54				72				90			
55				73				91			
56				74				92			
57				75				93			
58				76				94			
59				77				95			
60				78				96			
61				79				97			
62				80				98			
63				81				99			
64				82				100			
65				83							
66				84							

※ 5급 과정을 모두 마친 후, 가위로 잘라 적중 예상문제의 답안지로 사용합니다.

수험번호	☐☐☐-☐☐-☐☐☐☐		성명 ☐☐☐☐☐
주민등록번호	☐☐☐☐☐☐-☐☐☐☐☐☐☐		※ 유성 싸인펜, 붉은색 필기구 사용 불가.

※ 답안지는 컴퓨터로 처리되므로 구기거나 더럽히지 마시고 정답 칸 안에만 쓰십시오.
 글씨가 채점란으로 들어오면 오답처리가 됩니다.

제3회 한자능력검정시험 5급 답안지(1)

답안란		채점란		답안란		채점란		답안란		채점란	
번호	정답	1검	2검	번호	정답	1검	2검	번호	정답	1검	2검
1				17				33			
2				18				34			
3				19				35			
4				20				36			
5				21				37			
6				22				38			
7				23				39			
8				24				40			
9				25				41			
10				26				42			
11				27				43			
12				28				44			
13				29				45			
14				30				46			
15				31				47			
16				32				48			

감독위원	채점위원(1)		채점위원(2)		채점위원(3)	
(서명)	(득점)	(서명)	(득점)	(서명)	(득점)	(서명)

※ 뒷면으로 이어짐

※ 본 답안지는 컴퓨터로 처리되므로 구겨지거나 더럽혀지지 않도록 조심하시고 글씨를 칸 안에 또박또박 쓰십시오.

제3회 한자능력검정시험 5급 답안지(2)

번호	정답	1검	2검	번호	정답	1검	2검	번호	정답	1검	2검
49				67				85			
50				68				86			
51				69				87			
52				70				88			
53				71				89			
54				72				90			
55				73				91			
56				74				92			
57				75				93			
58				76				94			
59				77				95			
60				78				96			
61				79				97			
62				80				98			
63				81				99			
64				82				100			
65				83							
66				84							

※ 5급 과정을 모두 마친 후, 가위로 잘라 적중 예상문제의 답안지로 사용합니다.

수험번호 ☐☐☐-☐☐-☐☐☐☐   성명 ☐☐☐☐☐

주민등록번호 ☐☐☐☐☐☐-☐☐☐☐☐☐☐

※ 유성 싸인펜, 붉은색 필기구 사용 불가.

※ 답안지는 컴퓨터로 처리되므로 구기거나 더럽히지 마시고 정답 칸 안에만 쓰십시오.
글씨가 채점란으로 들어오면 오답처리가 됩니다.

제4회 한자능력검정시험 5급 답안지(1)

번호	정답	1검	2검	번호	정답	1검	2검	번호	정답	1검	2검
1				17				33			
2				18				34			
3				19				35			
4				20				36			
5				21				37			
6				22				38			
7				23				39			
8				24				40			
9				25				41			
10				26				42			
11				27				43			
12				28				44			
13				29				45			
14				30				46			
15				31				47			
16				32				48			

감독위원	채점위원(1)		채점위원(2)		채점위원(3)	
(서명)	(득점)	(서명)	(득점)	(서명)	(득점)	(서명)

※ 뒷면으로 이어짐

제4회 한자능력검정시험 5급 답안지(2)

번호	정답	번호	정답	번호	정답
49		67		85	
50		68		86	
51		69		87	
52		70		88	
53		71		89	
54		72		90	
55		73		91	
56		74		92	
57		75		93	
58		76		94	
59		77		95	
60		78		96	
61		79		97	
62		80		98	
63		81		99	
64		82		100	
65		83			
66		84			

※ 본 답안지는 컴퓨터로 처리되므로 구겨지거나 더럽혀지지 않도록 조심하시고 글씨를 칸 안에 또박또박 쓰십시오.

모범답안

확인평가 1강

1. (1) 가 (2) 객 (3) 거 (4) 건 (5) 건
   (6) 견 (7) 개 (8) 가 (9) 경 (10) 결
2. (1) ① (2) ⑧ (3) ④ (4) ⑥ (5) ⑦ (6) ③
3. (1) 結 (2) 改 (3) 價 (4) 健
4. (1) 거수 (2) 경치 (3) 참견 (4) 결성
   (5) 정가 (6) 개선 (7) 건국 (8) 합격
   (9) 허가 (10) 객지 (11) 사건
5. (1) 決心 (2) 參加 (3) 去來 (4) 健兒
6. (1) 選擧 (2) 物件 (3) 過去

확인평가 2강

1. (1) 고 (2) 고 (3) 경 (4) 경 (5) 구
   (6) 교 (7) 광 (8) 관 (9) 과 (10) 곡
2. (1) ① (2) ④ (3) ⑨ (4) ⑩ (5) ② (6) ⑧
3. (1) 課 (2) 輕 (3) 關 (4) 具
4. (1) 경로 (2) 관심 (3) 고체 (4) 고사
   (5) 대교 (6) 가구 (7) 고백 (8) 과거
   (9) 관광 (10) 경주 (11) 과외
5. (1) 作曲 (2) 廣野 (3) 輕視 (4) 救命
6. (1) 觀客 (2) 夜景 (3) 筆記具

확인평가 3강

1. (1) 기 (2) 기 (3) 기 (4) 구 (5) 귀
   (6) 급 (7) 기 (8) 념 (9) 단 (10) 단
2. (1) ⑨ (2) ③ (3) ⑦ (4) ⑤ (5) ① (6) ⑧
3. (1) 團 (2) 給 (3) 壇 (4) 技
4. (1) 급식 (2) 기말 (3) 친구 (4) 신념
   (5) 가능 (6) 교단 (7) 기금 (8) 경기
   (9) 기차 (10) 지기 (11) 고귀
5. (1) 當局 (2) 規格 (3) 吉凶 (4) 團結
6. (1) 貴族 (2) 技術 (3) 吉鳥

확인평가 4강

1. (1) 량 (2) 력 (3) 련 (4) 도 (5) 덕
   (6) 랑 (7) 락 (8) 독 (9) 당 (10) 담
2. (1) ⑦ (2) ④ (3) ⑥ (4) ⑨ (5) ⑤ (6) ③
3. (1) 朗 (2) 練 (3) 當 (4) 獨
4. (1) 도달 (2) 도시 (3) 역량 (4) 수련
   (5) 미덕 (6) 냉정 (7) 도민 (8) 역사
   (9) 당연 (10) 개량 (11) 하락
5. (1) 獨立 (2) 朗讀 (3) 俗談 (4) 旅費
6. (1) 首都 (2) 旅行 (3) 半島

확인평가 5강

1. (1) 로 (2) 매 (3) 매 (4) 망 (5) 륙
   (6) 류 (7) 랭 (8) 마 (9) 배 (10) 류
2. (1) ③ (2) ⑦ (3) ④ (4) ① (5) ⑨ (6) ⑥
3. (1) 陸 (2) 倍 (3) 勞 (4) 令
4. (1) 요금 (2) 법령 (3) 육로 (4) 무명
   (5) 배수 (6) 유례 (7) 영해 (8) 패망
   (9) 무력 (10) 마차 (11) 결말
5. (1) 過勞 (2) 流行 (3) 失望 (4) 賣買
6. (1) 人類 (2) 週末 (3) 發賣

확인평가 6강

1. (1) 병 (2) 복 (3) 사 (4) 사 (5) 사
   (6) 비 (7) 빙 (8) 비 (9) 비 (10) 봉
2. (1) ① (2) ⑩ (3) ⑧ (4) ④ (5) ⑦ (6) ⑨
3. (1) 費 (2) 士 (3) 變 (4) 奉
4. (1) 법칙 (2) 조사 (3) 사상 (4) 병법
   (5) 사학 (6) 봉사 (7) 대비 (8) 신봉
   (9) 비음 (10) 빙하 (11) 변화
5. (1) 寫眞 (2) 會費 (3) 祝福 (4) 士大夫
6. (1) 兵士 (2) 比重 (3) 耳目口鼻

확인평가 7강

1. (1) 선 (2) 설 (3) 성 (4) 상 (5) 상
   (6) 선 (7) 선 (8) 속 (9) 세 (10) 산
2. (1) ⑧ (2) ⑥ (3) ⑩ (4) ④ (5) ⑦ (6) ⑤
3. (1) 産 (2) 性 (3) 賞 (4) 歲
4. (1) 상대 (2) 신선 (3) 선악 (4) 결속
   (5) 산물 (6) 선약 (7) 선출 (8) 설명
   (9) 상금 (10) 상품 (11) 성품
5. (1) 順序 (2) 漁船 (3) 洗手 (4) 性格
6. (1) 土産物 (2) 約束 (3) 洗車

확인평가 8강

1. (1) 신 (2) 아 (3) 양 (4) 어 (5) 약
   (6) 안 (7) 순 (8) 수 (9) 식 (10) 실
2. (1) ⑥ (2) ⑧ (3) ③ (4) ⑨ (5) ④ (6) ①
3. (1) 約 (2) 漁 (3) 順 (4) 兒
4. (1) 실력 (2) 육아 (3) 양자 (4) 식견
   (5) 숙명 (6) 억만 (7) 활어 (8) 순서
   (9) 악동 (10) 안건 (11) 군신
5. (1) 表示 (2) 公約 (3) 首相 (4) 漁夫
6. (1) 案內 (2) 實現 (3) 自首

확인평가 9강

1. (1) 욕 (2) 요 (3) 요 (4) 옥 (5) 열
   (6) 우 (7) 웅 (8) 원 (9) 우 (10) 완
2. (1) ① (2) ⑥ (3) ⑨ (4) ③ (5) ④ (6) ⑦
3. (1) 浴 (2) 原 (3) 牛 (4) 要
4. (1) 욕실 (2) 풍우 (3) 열기 (4) 학우
   (5) 원서 (6) 웅지 (7) 초원 (8) 완전
   (9) 우각 (10) 요일 (11) 한옥
5. (1) 落葉 (2) 雲集 (3) 重要 (4) 元祖
6. (1) 交友 (2) 英雄 (3) 屋上

확인평가 10강

1. (1) 원 (2) 위 (3) 이 (4) 인 (5) 임
   (6) 재 (7) 재 (8) 쟁 (9) 저 (10) 적
2. (1) ⑩ (2) ⑤ (3) ① (4) ⑦ (5) ⑧ (6) ⑥
3. (1) 貯 (2) 院 (3) 耳 (4) 任
4. (1) 이후 (2) 재건 (3) 재물 (4) 위업
   (5) 목적 (6) 적토 (7) 교재 (8) 저수
   (9) 이순 (10) 방임 (11) 왕위
5. (1) 原因 (2) 再生 (3) 病院 (4) 戰爭
6. (1) 任命 (2) 災害 (3) 文化財

확인평가 11강

1. (1) 주 (2) 종 (3) 졸 (4) 조 (5) 정
   (6) 접 (7) 절 (8) 절 (9) 전 (10) 전
2. (1) ① (2) ⑨ (3) ⑦ (4) ⑤ (5) ⑥ (6) ③
3. (1) 調 (2) 情 (3) 展 (4) 卒
4. (1) 절개 (2) 정보 (3) 청주 (4) 종류
   (5) 접원 (6) 무죄 (7) 자전 (8) 예절
   (9) 조업 (10) 조리 (11) 전설
5. (1) 停電 (2) 情談 (3) 終結 (4) 展開
6. (1) 節約 (2) 卒業 (3) 調査

확인평가 12강

1. (1) 지 (2) 착 (3) 창 (4) 최 (5) 초
   (6) 칙 (7) 치 (8) 축 (9) 질 (10) 주
2. (1) ⑥ (2) ⑤ (3) ④ (4) ② (5) ⑧ (6) ⑦
3. (1) 唱 (2) 致 (3) 週 (4) 質
4. (1) 질문 (2) 철도 (3) 합창 (4) 최선
   (5) 정지 (6) 치부 (7) 주일 (8) 벌칙
   (9) 초행 (10) 무지 (11) 충족
5. (1) 止血 (2) 自祝 (3) 着陸 (4) 問責
6. (1) 知能 (2) 先唱 (3) 鐵工所

확인평가 13강

1. (1) 하 (2) 한 (3) 필 (4) 패 (5) 택 (6) 탄
   (7) 탁 (8) 타 (9) 호 (10) 효 (11) 흑 (12) 환
2. (1) ⑥ (2) ⑬ (3) ⑤ (4) ③
   (5) ① (6) ⑭ (7) ④ (8) ⑧
3. (1) 效 (2) 黑 (3) 宅 (4) 湖 (5) 寒 (6) 必
4. (1) 택지 (2) 하구 (3) 패배 (4) 화학
   (5) 강호 (6) 효용 (7) 타산 (8) 필승
   (9) 흑판 (10) 특허 (11) 탄전 (12) 흑심
5. (1) 名品 (2) 無名 (3) 寒氣 (4) 患部
   (5) 筆順 (6) 食卓
6. (1) 他地 (2) 住宅 (3) 品質

기출 예상문제 1회

1. (1) 효용 (2) 상금 (3) 말기 (4) 명창 (5) 선거
   (6) 중요 (7) 비용 (8) 공임 (9) 백설 (10) 이비
   (11) 역사 (12) 필기 (13) 참가 (14) 순서 (15) 작가
   (16) 방금 (17) 상업 (18) 발전 (19) 풍습 (20) 계산
   (21) 주의 (22) 출마 (23) 경치 (24) 수장 (25) 광고
   (26) 당연 (27) 아동 (28) 두각 (29) 완공 (30) 변명
   (31) 상생 (32) 과거 (33) 종신 (34) 조사 (35) 경매
2. (36) 클 태 (37) 구원할 구 (38) 채울 충
   (39) 날랠 용 (40) 뜰 정 (41) 심을 식
   (42) 수풀 림 (43) 하여금 사 (44) 억 억
   (45) 차례 번 (46) 얼음 빙 (47) 하여금 령
   (48) 갖출 구 (49) 이름 호 (50) 법도 도
   (51) 길할 길 (52) 대답 답 (53) 근심 환
   (54) 글 장 (55) 일할 로 (56) 가게 점
   (57) 지경 계 (58) 들을 문
3. (59) 後門 (60) 正直 (61) 美術 (62) 安心 (63) 祖上
   (64) 放學 (65) 世代 (66) 內科 (67) 高溫 (68) 食堂
   (69) 集合 (70) 銀行 (71) 不足 (72) 地理 (73) 親近
4. (74) 綠 (75) 勝 (76) 服 (77) 夏 (78) 休
5. (79) 死 (80) 月 (81) 戰
6. (82) ② (83) ③ (84) ⑤ (85) ⑥
7. (86) ③ (87) ① (88) ④
8. (89) ⑤ (90) ⑥ (91) ②
9. (92) ④ (93) ③ (94) ②
10. (95) 万 (96) 売 (97) 気
11. (98) ④ (99) ① (100) ②

기출 예상문제 2회

1. (1) 경치 (2) 봉사 (3) 양질 (4) 규칙 (5) 가격
   (6) 완결 (7) 병원 (8) 감지 (9) 실비 (10) 역사
   (11) 열망 (12) 상품 (13) 관객 (14) 전설 (15) 덕성
   (16) 전시 (17) 가결 (18) 어구 (19) 환자 (20) 요약

   (21) 효과 (22) 참가 (23) 탁구 (24) 순서 (25) 개국
   (26) 축복 (27) 철교 (28) 책임 (29) 연습 (30) 종류
   (31) 최초 (32) 아동 (33) 필사 (34) 양어 (35) 명랑
2. (36) 집 당   (37) 사랑 애   (38) 낮 주
   (39) 기름 유   (40) 구름 운   (41) 잎 엽
   (42) 알 식   (43) 나그네 려   (44) 과녁 적
   (45) 클 위   (46) 거느릴 령   (47) 기다릴 대
   (48) 재주 술   (49) 뜰 정   (50) 빠를 속
   (51) 잡을 조   (52) 숯 탄   (53) 섬 도
   (54) 다툴 경   (55) 날랠 용   (56) 넓을 광
   (57) 자리 석   (58) 가까울 근
3. (59) 生日 (60) 白頭 (61) 敎育 (62) 時間 (63) 東海
   (64) 少年 (65) 軍歌 (66) 午前 (67) 活動 (68) 民族
   (69) 計算 (70) 草木 (71) 世界 (72) 兄弟 (73) 孝行
4. (74) 淸 (75) 親 (76) 路 (77) 植 (78) 信
5. (79) 利 (80) 始/本 (81) 夕
6. (82) ⑥ (83) ② (84) ⑤ (85) ①
7. (86) ⑤ (87) ① (88) ②
8. (89) ①, ⑨ (90) ③, ⑨ (91) ④, ⑥
9. (92) ③ (93) ⑤ (94) ④
10. (95) 区 (96) 医 (97) 数
11. (98) ⑤ (99) ④ (100) ⑦

10. (95) 楽 (96) 画 (97) 図
11. (98) ⑥ (99) ⑦ (100) ③

기출 예상문제 4회

1. (1) 개량 (2) 정념 (3) 허가 (4) 품위 (5) 봉창
   (6) 열원 (7) 필치 (8) 성질 (9) 안건 (10) 과세
   (11) 종류 (12) 덕망 (13) 축객 (14) 식견 (15) 도착
   (16) 최악 (17) 결실 (18) 이목 (19) 사병 (20) 재산
   (21) 철마 (22) 광판 (23) 서곡 (24) 고시 (25) 독신
   (26) 조사 (27) 경관 (28) 요약 (29) 발급 (30) 개원
   (31) 변화 (32) 원죄 (33) 초기 (34) 냉한 (35) 방임
2. (36) 굳을 고   (37) 본받을 효   (38) 칠 타
   (39) 도읍 도   (40) 헤아릴 량   (41) 밝을 랑
   (42) 값 가   (43) 착할 선   (44) 굳셀 건
   (45) 쌓을 저   (46) 호수 호   (47) 잎 엽
   (48) 맑을 청   (49) 갖출 구   (50) 곱 배
   (51) 과녁 적   (52) 일할 로   (53) 재앙 재
   (54) 기를 양   (55) 빛날 요   (56) 거느릴 령
   (57) 날랠 용   (58) 말씀 담
3. (59) 午前 (60) 光明 (61) 主人 (62) 道路 (63) 大門
   (64) 自動 (65) 場所 (66) 生命 (67) 食水 (68) 千年
   (69) 童話 (70) 利用 (71) 出入 (72) 消火 (73) 農村
4. (74) 信 (75) 苦 (76) 理 (77) 洋 (78) 永
5. (79) 新 (80) 近 (81) 有
6. (82) ② (83) ① (84) ⑥ (85) ⑦
7. (86) ④ (87) ⑥ (88) ②
8. (89) ③, ⑫ (90) ①, ⑪ (91) ④, ⑥
9. (92) ⑧ (93) ④ (94) ⑥
10. (95) 図 (96) 気 (97) 会
11. (98) ③ (99) ⑥ (100) ⑤

기출 예상문제 3회

1. (1) 주야 (2) 허가 (3) 견습 (4) 망명 (5) 재질
   (6) 배가 (7) 호령 (8) 종족 (9) 당연 (10) 해병
   (11) 물건 (12) 우각 (13) 장타 (14) 재활 (15) 애중
   (16) 인류 (17) 풍화 (18) 어두 (19) 친절 (20) 생산
   (21) 독립 (22) 대기 (23) 가구 (24) 온화 (25) 단조
   (26) 편지 (27) 원인 (28) 과열 (29) 창법 (30) 빙수
   (31) 재택 (32) 말석 (33) 도리 (34) 결심 (35) 매점
2. (36) 으뜸 원   (37) 알 지   (38) 참여할 참
   (39) 널 판   (40) 이제 금   (41) 일할 로
   (42) 붓 필   (43) 다툴 쟁   (44) 근심 환
   (45) 낯 면   (46) 가벼울 경   (47) 빛날 요
   (48) 손 객   (49) 놓을 방   (50) 헤아릴 료
   (51) 아름다울 미 (52) 물 하   (53) 배 선
   (54) 호수 호   (55) 도울 조   (56) 곧을 직
   (57) 코 비   (58) 빛 색
3. (59) 朝夕 (60) 山林 (61) 南部 (62) 食事 (63) 運動
   (64) 形式 (65) 花草 (66) 中間 (67) 日記 (68) 午後
   (69) 野外 (70) 入場 (71) 東洋 (72) 窓門 (73) 來年
4. (74) 英 (75) 堂 (76) 黃 (77) 昨 (78) 發
5. (79) 苦 (80) 合 (81) 始
6. (82) ⑦ (83) ⑧ (84) ② (85) ①
7. (86) ⑤ (87) ③ (88) ①
8. (89) ② (90) ③ (91) ①
9. (92) ④ (93) ⑥ (94) ⑧

적중 예상문제 1회

1. (1) 필요 (2) 객실 (3) 흥계 (4) 직선 (5) 참석
   (6) 유행 (7) 경로 (8) 출생 (9) 태풍 (10) 도덕
   (11) 형제 (12) 최초 (13) 조상 (14) 대망 (15) 평화
   (16) 영웅 (17) 하천 (18) 상면 (19) 용자 (20) 세수
   (21) 실습 (22) 행복 (23) 건전 (24) 음식 (25) 고기
   (26) 주말 (27) 별종 (28) 빙산 (29) 목재 (30) 설교
   (31) 수로 (32) 외과 (33) 입양 (34) 품질 (35) 가곡
2. (36) 낳을 산   (37) 붉을 적   (38) 맡길 임
   (39) 부를 창   (40) 특별할 특   (41) 고을 주
   (42) 아이 아   (43) 터 기   (44) 비 우
   (45) 집 원   (46) 갖출 구   (47) 말씀 담
   (48) 살 활   (49) 맺을 약   (50) 무거울 중
   (51) 패할 패   (52) 옮길 운   (53) 알 지
   (54) 다툴 쟁   (55) 맺을 결   (56) 홀로 독
   (57) 지경 계   (58) 잘 숙, 별자리 수

3. (59) 感動 (60) 家庭 (61) 地球 (62) 國力 (63) 小數
   (64) 長子 (65) 學校 (66) 電話 (67) 時間 (68) 成功
   (69) 世界 (70) 住所 (71) 民族 (72) 安全 (73) 表現
4. (74) 夜 (75) 黃 (76) 集 (77) 服 (78) 圖
5. (79) 後 (80) 始 (81) 夏
6. (82) ③ (83) ④ (84) ② (85) ⑧
7. (86) ④ (87) ③ (88) ②
8. (89) ⑤ (90) ⑥ (91) ②
9. (92) ④ (93) ⑥ (94) ②
10. (95) 区 (96) 発 (97) 礼
11. (98) ⑤ (99) ⑦ (100) ④

적중 예상문제 2회

1. (1) 관객 (2) 결과 (3) 덕담 (4) 교실 (5) 졸병
   (6) 가정 (7) 원인 (8) 탁구 (9) 전시 (10) 천성
   (11) 상점 (12) 설경 (13) 당국 (14) 봉사 (15) 고안
   (16) 구급 (17) 참견 (18) 수량 (19) 과거 (20) 선수
   (21) 배가 (22) 요약 (23) 우기 (24) 양어 (25) 우마
   (26) 무능 (27) 법전 (28) 원가 (29) 책임 (30) 환자
   (31) 품절 (32) 숙원 (33) 종류 (34) 순서 (35) 가능
2. (36) 머리 수 (37) 세울 건 (38) 가게 점
   (39) 손 객 (40) 옳을 가 (41) 알 식
   (42) 뭍 육 (43) 구름 운 (44) 다툴 쟁
   (45) 맡길 임 (46) 복 복 (47) 길할 길
   (48) 능할 능 (49) 어질 량 (50) 성품 성
   (51) 찰 한 (52) 재물 재 (53) 다를 타
   (54) 알 지 (55) 마땅 당 (56) 생각 사
   (57) 쌓을 저 (58) 본받을 효
3. (59) 農事 (60) 登山 (61) 市場 (62) 便紙 (63) 氣溫
   (64) 窓門 (65) 正直 (66) 音樂 (67) 自然 (68) 野球
   (69) 作戰 (70) 表現 (71) 反省 (72) 平和 (73) 休日
4. (74) 特 (75) 寫 (76) 休 (77) 童 (78) 待
5. (79) 直 (80) 利 (81) 強
6. (82) ⑤ (83) ② (84) ④ (85) ⑦
7. (86) ③ (87) ⑤ (88) ②
8. (89) ② (90) ⑤ (91) ⑧
9. (92) ⑥ (93) ④ (94) ⑤
10. (95) 伝 (96) 医 (97) 会
11. (98) ③ (99) ④ (100) ⑤

적중 예상문제 3회

1. (1) 질량 (2) 도착 (3) 낙엽 (4) 도안 (5) 참가
   (6) 관객 (7) 개작 (8) 품귀 (9) 특종 (10) 온정
   (11) 학습 (12) 대기 (13) 덕망 (14) 명량 (15) 평화
   (16) 양육 (17) 황하 (18) 과로 (19) 직로 (20) 가구
   (21) 유행 (22) 졸업 (23) 축가 (24) 경매 (25) 철판
   (26) 구옥 (27) 우량 (28) 도착 (29) 품질 (30) 최초
   (31) 상선 (32) 허가 (33) 고시 (34) 책임 (35) 상당
2. (36) 쓸 용 (37) 나눌 반 (38) 쇠 철
   (39) 모을 집 (40) 잎 엽 (41) 살필 성
   (42) 더울 열 (43) 줄 급 (44) 잘 숙
   (45) 본받을 효 (46) 조사할 사 (47) 집 당
   (48) 복 복 (49) 차례 서 (50) 씻을 세
   (51) 호수 호 (52) 밝을 랑 (53) 잡을 조
   (54) 가벼울 경 (55) 뿌리 근 (56) 날랠 용
   (57) 맑을 청 (58) 겨레 족
3. (59) 午前 (60) 登山 (61) 多數 (62) 場面 (63) 安全
   (64) 時間 (65) 兄弟 (66) 表現 (67) 西風 (68) 老少
   (69) 時間 (70) 生活 (71) 世上 (72) 言行 (73) 自由
4. (74) 幸 (75) 交 (76) 高 (77) 通 (78) 速
5. (79) 古, 昨 (80) 重 (81) 孫
6. (82) ⑧ (83) ⑦ (84) ⑥ (85) ⑤
7. (86) ③ (87) ⑥ (88) ②
8. (89) ② (90) ⑤ (91) ④
9. (92) ⑥ (93) ⑦ (94) ⑧
10. (95) 写 (96) 战/戰 (97) 万
11. (98) ② (99) ② (100) ②

적중 예상문제 4회

1. (1) 양산 (2) 수령 (3) 고안 (4) 결속 (5) 환자
   (6) 덕담 (7) 필패 (8) 무망 (9) 독도 (10) 냉대
   (11) 발매 (12) 특상 (13) 소비 (14) 합창 (15) 신념
   (16) 요건 (17) 법전 (18) 절약 (19) 해악 (20) 조리
   (21) 급변 (22) 결속 (23) 가필 (24) 길흉 (25) 재료
   (26) 영해 (27) 당국 (28) 출소 (29) 약실 (30) 흉계
   (31) 화단 (32) 세수 (33) 별명 (34) 개량 (35) 육교
2. (36) 꽃 화 (37) 격식 격 (38) 칠 타
   (39) 재주 기 (40) 쌓을 저 (41) 더울 열
   (42) 굳을 고 (43) 빛날 요 (44) 공경할 경
   (45) 펼 전 (46) 법 규 (47) 손 객
   (48) 맡길 임 (49) 신선 선 (50) 호수 호
   (51) 말 마 (52) 벗 우 (53) 재물 재
   (54) 다행 행 (55) 사라질 소 (56) 움직일 동
   (57) 이길 승 (58) 물끓는김 기
3. (59) 校門 (60) 南向 (61) 出席 (62) 住所 (63) 溫水
   (64) 石油 (65) 山川 (66) 速度 (67) 神童 (68) 生活
   (69) 太陽 (70) 信號 (71) 電話 (72) 有利 (73) 老母
4. (74) 冬 (75) 感 (76) 親 (77) 野 (78) 朝
5. (79) 使 (80) 手 (81) 近
6. (82) ② (83) ⑦ (84) ⑤ (85) ①
7. (86) ③ (87) ② (88) ④
8. (89) ① (90) ① (91) ④
9. (92) ⑨ (93) ⑤ (94) ④
10. (95) 対 (96) 体 (97) 号
11. (98) ③ (99) ④ (100) ⑥